普通高等学校"十四五"规划船舶与海洋工程学科
精品教材

船舶设计原理

主 编 孙江龙 张正艺 解 德

华中科技大学出版社
中国·武汉

内 容 简 介

本书着重介绍了船舶总体设计所涉及的基本原理和共性任务。全书共分6章，内容包括船舶设计概要、船舶重量重心、船舶容量、船舶主尺度确定、船舶型线设计、船舶总布置设计。

本书可作为船舶与海洋工程专业及相关专业的本科生教材，也可供从事船舶与海洋工程及航运领域的工程技术人员阅读和参考。

图书在版编目(CIP)数据

船舶设计原理/孙江龙，张正艺，解德主编．—武汉：华中科技大学出版社，2022.8
ISBN 978-7-5680-8519-9

Ⅰ.①船…　Ⅱ.①孙…　②张…　③解…　Ⅲ.①船舶设计-教材　Ⅳ.①U662

中国版本图书馆 CIP 数据核字(2022)第 136974 号

船舶设计原理　　　　　　　　　　　　　　　　　　　孙江龙　张正艺　解　德　主编
Chuanbo Sheji Yuanli

策划编辑：万亚军
责任编辑：刘　飞
封面设计：原色设计
责任监印：周治超
出版发行：华中科技大学出版社（中国·武汉）　　电话：(027)81321913
　　　　　武汉市东湖新技术开发区华工科技园　　邮编：430223
录　　排：武汉市洪山区佳年华文印部
印　　刷：武汉开心印印刷有限公司
开　　本：787mm×1092mm　1/16
印　　张：12
字　　数：315千字
版　　次：2022年8月第1版第1次印刷
定　　价：38.00元

本书若有印装质量问题，请向出版社营销中心调换
全国免费服务热线：400-6679-118　　竭诚为您服务
版权所有　侵权必究

普通高等学校"十四五"规划船舶与海洋工程学科精品教材

序

海洋是孕育生命的"摇篮",也是养育生命的"牧场",人类社会发展的历史进程与海洋息息相关。自古以来,人类在利用海洋获得"鱼盐之利"的同时,也获得了"舟楫之便",仅海上运输一项,就占到了目前国际贸易总运量的 2/3 以上。而今随着科学技术的发展,海洋油气开发、海洋能源开发、海水综合利用和海洋生物资源开发及保护等拉开了 21 世纪——海洋新世纪的帷幕。传统的船舶工程因海洋开发而焕发青春,越来越明朗地成为 21 世纪一道亮丽的风景线。

船舶与海洋工程学科是一个有着显著应用背景的学科。大型船舶和海上石油钻井平台是这个学科工程应用的两个典型标志。它们就如同海上的城市,除了宏大的外观,也装备有与陆上相类似的设施,如电站及电网系统、起吊设备、生活起居设施、直升机起降平台等,还装备有独特的设施,如驾控室、动力装置、推进系统、锚泊设备等。因此,该学科与其他相关学科,如土木工程、动力工程及工程热物理、机械工程、电气工程、控制科学与工程等学科,有着密切的联系。将现代化的船舶与海洋工程的产品称为集科技大成之作,毫不夸张。

为了满足船舶与海洋工程学科本科生的学习需要,我们在多年教学、科研工作的基础上,参考兄弟院校的相关教材及国内外有关资料文献,编写了本套教材。本套教材涵盖了船舶与海洋工程专业和轮机工程专业的主要学习课程,包括船舶与海洋工程概论、轮机工程概论、船舶流体力学、船舶设计原理、船舶与海洋工程结构力学、船舶摇摆与操纵、海洋平台设计原理、海洋资源与环境、舰船电力系统及自动装置、船舶动力装置原理与设计、深海机械与电子技术、舰船液压系统等。本套教材的编写,旨在为船舶与海洋工程学科相关专业的本科生提供系统的学习教材,同时也向从事造船、航运、海洋开发的科技工作者及对船舶与海洋工程知识有兴趣的广大读者提供一套系统介绍船舶与海洋工程知识的参考书。

教材建设是高校教学中的基础性工作,是一项长期的工作,需要不断吸取人才培养模式和教学改革成果,吸取学科和行业的知识、新技术、新成果。本套教材的编写出版只是对近年来华中科技大学船舶与海洋工程学院教学改革的初步总结,还需要各位专家、同行提出宝贵意见,以进一步修订、完善,不断提高教材质量。

华中科技大学船舶与海洋工程学科
精品教材编写组
2014 年 8 月

前　言

"船舶设计原理"是船舶与海洋工程专业的一门专业核心课程。本书遵照该课程教学的基本要求,吸取兄弟院校同名教材之长,结合编者多年来的教学实践和设计研究工作的经验编写而成。

本书在内容编排上与实船设计共性任务相呼应,以民用运输船舶为主线讲述船舶总体设计的基本原理和共性任务,内容包括船舶设计概要、船舶重量重心、船舶容量、船舶主尺度确定、船舶型线设计和船舶总布置设计,这些内容构成了船舶总体设计的共性任务。

众所周知,船始源于舟。舟的出现,在人类社会发展的历史进程中具有里程碑式的意义,标志着人类社会开始有意识地利用工具拓展自身的生存空间和发展空间。随着人类文明的进步和技术能力的提升,舟逐渐演化成船舶,进而发展出形式多样的海洋结构物,以满足人类不断增长的水体空间利用和水中资源开发的需求。船舶具有运输成本较低、装载能力大的特点,是世界上大宗货物的主要运载工具。目前,全球范围内,大部分货物是通过海上运输来完成的。因此,对于推动经济全球化发展,船舶有不可替代的作用,它具有三个基本特征。第一,尺度大、营运环境复杂;第二,种类多、设计差异性强;第三,投入高、建造工作量大。船舶的全生命周期技术历程包括设计、建造、营运和拆解。显然,船舶设计是其他三个技术历程的基础和前提,重要性不言而喻。

本书内容是人们造船和用船的经验结晶,是科学技术不断发展的成果总结。在船舶的演变和发展过程中,存在着由其使用任务所决定的基本共性问题,这就决定了船舶设计必然具有其内在的技术特征和技术规律。这些特征和规律是人们在长期船舶设计的实践中合理解决众多矛盾所形成的经验总结。

"船舶设计原理"是一门实践性很强的课程,故本书各章中穿插有图表和例题,每章最后附有习题,读者可以结合课程内容来思考和练习。这将有助于读者理解船舶设计的技术特征和技术规律,掌握船舶设计的技术知识,从而减少船舶设计工作中的盲目性,为实船设计进行知识上的准备和能力上的储备。

本书由孙江龙、张正艺、解德主编。其中,解德编写第 1～3 章;孙江龙编写第 4、5 章;张正艺编写第 6 章;孙江龙负责全书的修改和定稿工作。

本书在编写过程中,得到了同行专家及师生、学校和学院各级领导的热情支持和帮助,谨此表示衷心感谢。

由于编者水平有限,书中难免存在不妥之处,恳请读者批评指正,以便今后进一步完善。

编　者
2022 年 2 月于华中科技大学

目 录

第 1 章 船舶设计概要 …………………………………………………… (1)
  1.1 船舶设计的基本特点和基本要求 ……………………………………… (1)
  1.2 船舶设计技术任务书 …………………………………………………… (4)
  1.3 船舶法规和规范 ………………………………………………………… (9)
  1.4 船舶设计的阶段划分 …………………………………………………… (12)
  1.5 船舶设计的工作方法 …………………………………………………… (15)
  习题 ………………………………………………………………………… (19)

第 2 章 船舶重量重心 …………………………………………………… (20)
  2.1 船舶在静水中的平衡条件 ……………………………………………… (20)
  2.2 船舶重量的分类与估算 ………………………………………………… (22)
  2.3 船体钢料重量估算 ……………………………………………………… (25)
  2.4 舾装重量估算 …………………………………………………………… (32)
  2.5 机电设备重量估算 ……………………………………………………… (35)
  2.6 载重量估算 ……………………………………………………………… (37)
  2.7 排水量初步估算与排水量裕度 ………………………………………… (40)
  2.8 重力与浮力的平衡方法 ………………………………………………… (43)
  2.9 船舶重心估算 …………………………………………………………… (46)
  习题 ………………………………………………………………………… (49)

第 3 章 船舶容量 ………………………………………………………… (51)
  3.1 船舶容量的含义 ………………………………………………………… (51)
  3.2 货舱所需的型容积估算 ………………………………………………… (53)
  3.3 压载水舱所需的型容积估算 …………………………………………… (56)
  3.4 机舱、油水舱等舱室所需的型容积估算 ……………………………… (59)
  3.5 主船体所能提供的型容积估算 ………………………………………… (61)
  3.6 舱室容积的校核与调整 ………………………………………………… (63)
  3.7 舱室容量图 ……………………………………………………………… (65)
  3.8 液舱要素曲线 …………………………………………………………… (67)
  3.9 客船的布置地位 ………………………………………………………… (69)
  3.10 集装箱船的布置地位 ………………………………………………… (74)
  习题 ………………………………………………………………………… (78)

第 4 章 船舶主尺度确定 ………………………………………………… (79)
  4.1 确定船舶主尺度的基本要求 …………………………………………… (79)
  4.2 确定船舶主尺度的一般步骤 …………………………………………… (81)
  4.3 船舶长度的确定 ………………………………………………………… (84)
  4.4 船舶宽度的确定 ………………………………………………………… (87)

4.5　船舶吃水的确定 …………………………………………………… (89)
　　4.6　船舶型深的确定 …………………………………………………… (91)
　　4.7　船舶方形系数的确定 ……………………………………………… (93)
　　4.8　载重型船舶主尺度的确定 ………………………………………… (95)
　　4.9　布置地位型船舶主尺度的确定 …………………………………… (97)
　　习题 ……………………………………………………………………… (99)
第5章　船舶型线设计 ……………………………………………………… (101)
　　5.1　船舶型线设计的基本要求 ………………………………………… (101)
　　5.2　横剖面面积曲线的特征 …………………………………………… (104)
　　5.3　棱形系数和中横剖面系数的选择 ………………………………… (106)
　　5.4　浮心纵向位置的选择 ……………………………………………… (108)
　　5.5　横剖面面积曲线形状的选择 ……………………………………… (110)
　　5.6　横剖面面积曲线的生成 …………………………………………… (113)
　　5.7　设计水线形状的选择 ……………………………………………… (115)
　　5.8　首部型线的选择 …………………………………………………… (117)
　　5.9　尾部型线的选择 …………………………………………………… (119)
　　5.10　侧面轮廓线的选择 ……………………………………………… (120)
　　5.11　型线设绘的基本要求 …………………………………………… (123)
　　5.12　母型改造法生成型线 …………………………………………… (125)
　　习题 ……………………………………………………………………… (127)
第6章　船舶总布置设计 …………………………………………………… (128)
　　6.1　船舶总布置设计的基本要求 ……………………………………… (128)
　　6.2　主船体内体积空间的纵向划分 …………………………………… (131)
　　6.3　主船体内体积空间的垂向划分 …………………………………… (134)
　　6.4　主船体内主要舱室的布置 ………………………………………… (137)
　　6.5　上甲板平面空间的规划 …………………………………………… (141)
　　6.6　上甲板上层建筑的布置 …………………………………………… (145)
　　6.7　浮态计算与调整 …………………………………………………… (150)
　　6.8　生活舱室的布置 …………………………………………………… (154)
　　6.9　工作舱室的布置 …………………………………………………… (159)
　　6.10　通道的布置 ……………………………………………………… (163)
　　6.11　舵设备的布置 …………………………………………………… (166)
　　6.12　锚泊和系泊设备的布置 ………………………………………… (170)
　　6.13　起货设备的布置 ………………………………………………… (176)
　　6.14　其他舾装设备的布置 …………………………………………… (181)
　　习题 ……………………………………………………………………… (184)
参考文献 …………………………………………………………………… (186)

第 1 章　船舶设计概要

1.1　船舶设计的基本特点和基本要求

船舶的基本特征和船舶设计的基础地位,决定了船舶设计的基本特点,并对船舶设计提出了基本要求。

1.1.1　船舶设计的基本特点

船舶设计的基本特点可以概括为:系统集成、母型改造、逐步逼近。

(1) 船舶设计的第一个特点是系统集成。

船舶是一个由许多部分组成的系统。例如,自航的运输船舶至少包括以下部分:船体与结构、主机与控制、舵装置、电站、助航和通信、船体开口的关闭装置、货物装卸和配载、消防设施设备、救生设备、锚泊和系泊、防污染装置、生活舱室和设备等,见图1.1。因此,船舶设计必须贯彻系统工程的思想:考虑问题时,要全面周到;做出决定时,要统筹兼顾。总之,要处理好局部与全局、专业与总体之间的辩证关系。

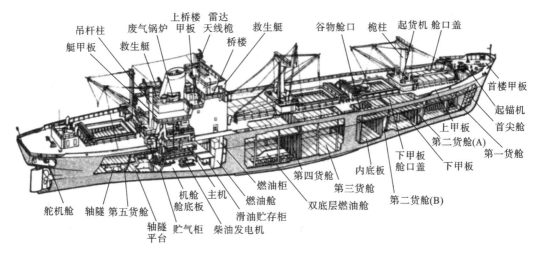

图 1.1　船舶系统组成

(2) 船舶设计的第二个特点是母型改造。

目前,船舶设计的通用做法是母型船改造设计方法,见图1.2。

现有船舶,是人们造船和用船经验的结晶,也是科学技术不断发展的成果。某型船舶在发展和演变过程中,存在着由其使用任务所决定的共性问题,这就决定了同类型船舶必然具有许多相近的技术特征和内在的技术规律,这些特征和规律也是人们合理解决船舶设计中众多矛盾的结果。因此,合理地吸取和利用这些特征和规律,可以减少船舶设计工作中的盲目性,所设计的船舶有较为可靠的基础。需要特别指出的是,母型船的概念是广泛的,包括三个层面:

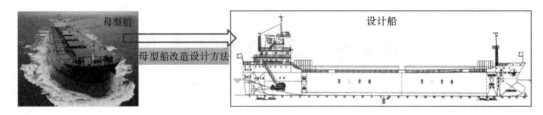

图 1.2 母型船改造设计

一是与设计船同类型船的优秀实船。这是最直接的母型船,经过实践检验的实船数据,设计者比较容易把握所设计船的主要性能以及改造的方向,可以作为设计的依据。

二是与设计船同类型船的统计资料。这些统计资料虽然代表的是某类船舶的统计值,但反映了该类船舶的一般规律和趋势,可以作为设计的指导。

三是与设计船同类型船的研究结果。这些结果包括模型试验结果和数值分析结果,可以作为设计的参考。

采用母型船改造的设计方法,应当注意克服下面三个认识上的误区。

首先,选用母型船,并不是说只限定选某一艘特定的船。例如,在快速性方面选择甲船,重量估算方面可参考乙船,而布置方面又可同时吸取甲、乙两船的经验。

其次,采用母型船改造法,并不意味着简单拼凑。每一艘设计船都有其特殊性,设计者应当根据设计船的特点和要求,在参考母型船的基础上有所改进、有所创新。那种不加分析地生搬硬套,不仅不可能产生优良的设计船,甚至会导致设计工作的失败。

最后,强调母型船改造法的有效性和可靠性,并不是排斥全新的设计船。特别是在新概念船型的设计开发中,有可能根本找不到合适的、完整的母型船数据资料。此时,设计者应该在熟练掌握船舶设计原理的基础上,结合新船的要求和特点创造性地开展工作。

因此,船舶设计应当充分利用人们已有的造船和用船经验。采用母型船时,要视野开阔、力戒教条僵化。总之,要处理好共性与个性、继承与发展之间的辩证关系。

(3) 船舶设计的第三个特点是逐步逼近。

船舶设计涉及多方利益和诸多因素,它们彼此交织、相互影响。因此,船舶设计可以抽象地看作是求解一个多参数、多目标、多约束、多学科的高度非线性问题。这就决定了船舶设计工作必然是一个逐步逼近的过程,见图 1.3。

首先,船舶设计工作不可能一蹴而就,只能是由粗到细、反复迭代才能完成。例如,最开始粗估的船舶主尺度有可能完全不符合要求,只有通过循序渐进的设计过程来校验和修正,才能最终得到合理的结果。

其次,船舶设计工作处于不同阶段时,有可能重复相同的工作任务。然而,这并非是简单的重复,也不是要求对每个具体的工作内容都要深化。而是应当根据具体情况、关注重点和详细程度的不同,决定不同工作内容的深化程度,有些侧重,有些简要,有些则可以省略。

因此,船舶设计过程是设计者对所设计船舶的一个认识过程。这是一个由表及里、由浅入深的过程。总之,要处理好肯定与否定、重复与变化之间的辩证关系。

1.1.2 船舶设计的基本要求

船舶设计的基本要求也可以归结为:安全可靠、经济适用、绿色智能。

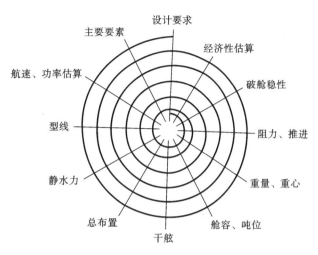

图 1.3　螺旋线式设计

（1）安全可靠是船舶设计的一项首要要求。

船舶的投资巨大，载货量大、且营运环境复杂。一旦发生事故，通常会造成重大的生命财产损失和严重的生态环境破坏。为此，在船舶设计中，要始终树立两个基本意识。

一是法规、规范意识。各国政府制定了相关法规，对本国所管辖船舶的安全措施提出了全面的要求。同时，凡是船籍国政府接受、承认或加入的国际公约和规则也都纳入政府法规之中。政府法规是强制执行的，船舶设计必须满足这些法规的要求。入级船舶还必须满足船级社制定的入级与建造规范，规范主要是基于船舶安全方面的考虑。

二是可靠性、互换性意识。船舶使用周期长，船上重要设备和部件的可靠性对船舶的安全性影响很大。某些设计或设备虽然能满足有关规定，但其可靠性仍可能有很大差距。因此，在紧急情况下，某些设计或设备要能够被迅速替换。所以说，在船舶设计过程中，方案优选和设备选用时，应对可靠性、互换性予以足够的重视。

（2）经济适用是船舶设计的一项重要要求。

船舶是世界上大宗货物的主要运载工具，载货量大、投资大且使用周期长。如果设计得不好，极有可能导致赢利困难，造成无法挽回的财产损失。因此，在船舶设计过程中，应该把经济适用放在十分突出的地位来加以考虑。

经济性是指船舶在完成规定任务时，资金的耗费和积累。具体而言，涉及建造成本、营运开支和营运收入等三个基本要素。例如，主尺度小但较丰满的船型，通常载货量大而航速低；主尺度大但较纤瘦的船型，通常载货量小但航速高。显然，两种船型方案在投资和运输成本上会有所不同。前者的造价和营运开支较低，但后者因航速提高，缩短了每个航次的时间，从而可以增加航次，并节省燃料开支。为此，应当对不同的船型方案进行技术性能与经济效果的综合论证，客观分析、合理评估、全面衡量，以便实现技术性与经济性的有效统一。

适用性是指船舶能够较好地完成规定的使用任务。对于民用运输船舶而言，主要是保证运输能力、提高运输质量。例如，在船舶设计中，要保证船舶的载重量和相应的舱容，尽可能高的装卸效率，适应所载货物的理化性质，营运中方便理货，有良好的航行性能，满足航线和港口对船舶主尺度的限制，船员的生活设施等等。为此，应当围绕船舶主尺度的确定、型线选择、建筑形式及总布置的考虑、起货设备的配置等方面进行综合分析，以保证运输能力、提高运输质量。

（3）绿色智能是船舶设计的一项时代要求。

绿色船舶和智能船舶是随着时代发展提出的新要求，是当代船舶发展的趋势。在船舶设计中，绿色智能应当引起足够重视并在实践中付诸行动。

2012年7月10日，中国船级社发布了全球首部《绿色船舶规范》。2012年12月13日，又发布了《内河绿色船舶规范》。中国船级社将绿色船舶定义为"系采用相对先进技术（绿色技术）在其生命周期内能经济地满足其预定功能和性能，同时实现提高能源使用效率、减少或消除环境污染，并对操作和使用人员具有良好保护的船舶"。

2015年12月1日，中国船级社发布了《智能船舶规范》。中国船级社将智能船舶定义为"系指利用传感器、通信、物联网、互联网等技术手段，自动感知和获得船舶自身、海洋环境、物流、港口等方面的信息和数据，并基于计算机技术、自动控制技术和大数据处理分析技术，在船舶航行、管理、维护保养、货物运输等方面实现智能化运行的船舶，以使船舶更加安全、更加环保、更加经济和更加可靠"。

至此，我们已经对船舶设计的基本特点和基本要求有所认知。总之，船舶设计工作者要努力保持学习的能力，关注科学技术发展的最新前沿，并注重理论联系实际，从而不断完善自己的知识结构、提升自身的工程素养。只有这样，船舶设计工作者才能适应时代要求，设计出安全可靠、经济适用、绿色智能的优秀船舶，为建设海洋强国做出贡献。

1.2 船舶设计技术任务书

船东对船舶的预期和要求，通常以船舶设计技术任务书的形式给出。因此，船舶设计技术任务书将规定设计船舶的使用任务、主要技术指标、主要设备以及设计的限制条件，等等。

船舶设计技术任务书，通常简称为"设计任务书"。

1.2.1 船舶设计技术任务书涉及的基本内容

下面以民用运输船舶为例，介绍船舶设计技术任务书所涉及的基本内容。

1. 航区和航线

航区和航线规定了所设计船舶的具体航行区域和航行路线。航区不同，对船舶的安全性和设备配置的要求会有所不同。

海船的航区主要是根据航线、离岸距离和风浪情况来划分的船舶航行区域。对于国际航行海船而言，其航区分为无限航区和有限航区。无限航区系指船舶可无限制水域航行；有限航区是1类航区、2类航区和3类航区的统称。对于国内航行海船而言，其航区分为远海航区、近海航区、沿海航区和遮蔽航区。

内河船舶的航区主要是根据内河水域的水文和气象条件来划分的船舶航行区域。中国境内内河航区分为A、B、C三级，按滩上流速大小划分为J1和J2两个急流航段，急流航段从属于所在水域的航区。

【问题1.1】 J1和J2两个急流航段的滩上流速大小分别是多少？

【答案】 根据《内河船舶法定检验技术规则》，J1航段是指航区内滩上流速为5 m/s以上但不超过6.5 m/s的航段，J2航段是指航区内滩上流速为3.5 m/s以上但不超过5 m/s的航段。

2. 用途

用途规定了所设计船舶的使用要求。设计船舶时,通常应给出载运的货物种类和装载数量以及理化性质等。

例如:散货船的载货种类、载重量或载货量、货舱容量、积载因数;集装箱船的载箱数、平均箱重和冷藏集装箱数;液货船的液货种类、货舱容积和液货的密度;客船的乘客人数和客舱等级标准,以及公共处所的面积及设备标准。此外,危险品货物要说明其等级或品名;特大件货物要说明其尺寸及特点,等等。

3. 船型

船型给出了船舶的建筑特征。

建筑特征包括上层建筑、甲板层数、甲板间高、货舱划分、机舱部位、首尾形状等特征。

例如,按船舶侧面形状,船舶可分为平甲板船、设有首楼的平甲板船、设有首楼和尾楼的凹形甲板船,以及同时设有首楼、桥楼和尾楼的三岛型甲板船;按机舱在船长方向的位置,船舶可分为尾机型船、中尾机型船和中机型船,见图 1.4。

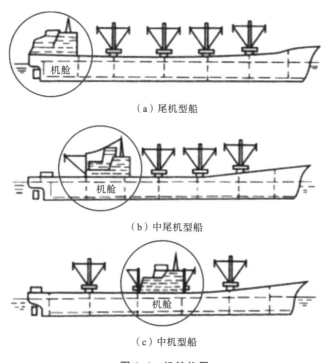

(a)尾机型船

(b)中尾机型船

(c)中机型船

图 1.4 机舱位置

4. 船籍和船级

船籍,是指船舶在哪个国家登记注册,确定船舶应遵守的船籍国政府颁布的法定检验规则。

船级,是指船舶在哪个船级社入级,取得什么船级标志,确定船舶设计应满足的规范。

例如,悬挂中国国旗的海船,表明其在中国登记注册。无论其是否入级中国船级社,都应遵守中华人民共和国《船舶与海上设施法定检验规则》。

5. 动力装置

动力装置给出了主机和发电机组的类型、功率、转速、台数、燃油品质和推进方式等。

船用主机的类型主要有内燃机、蒸汽轮机、推进电机及核动力装置等。民用运输船舶的主机绝大多数为柴油机。船用柴油机根据转速不同,分为低速机、中速机和高速机。

在额定转速下,主机在规定的正常维修周期内,按标准环境条件连续运转的最大功率,称为额定功率或最大持续功率(maximum continuous rating,MCR)。在考虑经济性和维护性的情况下,须将最大持续功率扣除10%左右的裕度,扣除裕度后的主机功率,称为常用功率或连续运转功率(continuous service rating,CSR)。

6. 航速和功率储备

航速是指船舶的航行速度。

民用船舶的航速常分为试航航速与服务航速。

试航航速是指主机发出额定功率的新船,在静深水中不超过三级风二级浪满载试航时所测得的船速。大型船舶常以压载状态试航,然后再换算得到满载状态时的航速。

服务航速是指在一定功率储备下的新船,满载航行所能达到的航速。功率储备,是指主机最大持续功率的某个百分数。例如,低速机取10%,中速机取15%。

如果主机已确定,则不应提出与主机功率相矛盾的航速要求,否则如果航速要求过高,势必将船设计得瘦长,这对船舶经济性不利。

7. 续航力和自持力

续航力,是指在规定的航速或主机功率下,船上所带的燃料储备量可供船舶连续航行的距离或连续航行的时间。

自持力,也称自给力,是指船上所带的淡水和食品可供船上人员维持使用的天数。

8. 船体结构

提出和船体结构有关的要求。

例如:船体的结构形式、船体与上层建筑的材料、甲板的负载、冰区加强的等级,以及其他结构加强方面的特殊要求。

一般而言,船体结构是由船壳、船体骨架、甲板、船舱和上层建筑所组成,见图1.5。

图1.5 船体结构

船壳又称船壳板、船板的外壳,包括船侧板和船底板。船体的几何形状是由船壳板的形状所决定的。船体骨架由龙骨、旁龙骨、肋骨、龙筋、舭龙骨、船首柱和船尾柱等所构成。甲板是指位于内底板以上的平面结构,用于封盖船内空间,并将其水平分隔成若干层。船舱,一般是指甲板以下的各种用途空间,诸如船首舱、船尾舱、客舱、货舱,以及机舱、锅炉舱等各种专门用途的空间。上层建筑,一般是指主甲板以上的建筑,主要用于布置各种用途的舱室,诸如工作舱室、生活舱室、贮藏舱室、仪器设备舱室等。

9. 船舶性能

提出和船舶性能有关的要求。

一般而言,船舶性能泛指船舶各种性能的总和,可分为船舶静水力性能和船舶动水力性能。船舶最基本的性能包括船舶在不同航行工况下的浮性、稳性、抗沉性、快速性、耐波性,以及操纵性等。船舶性能与船舶的主尺度、型线、航行工况等密切相关。

10. 总体布置

提出设计船在建筑形式、舱室划分、货舱数量、布置地位等方面应满足的要求。

11. 设备

规定船上主要设备的形式和能力。

例如:甲板起货设备的类型和起重能力;油船的货油泵的类型及泵送能力;锚和锚机、舵和舵机、减摇装置、空调、通信设备,以及一些特殊设备的类型、规格等,见图1.6。

图1.6 主要设备

12. 船员定额和生活设施

给出船上人员编制的数量要求,以及起居处所和服务处所等生活设施的具体标准。

船员是指船上包括船长在内的一切任职人员。据分工的特点,货船将船员分为甲板部、轮机部和事务部。大副、轮机长、事务长分任部门长。船长是船舶领导人,对驾驶船舶和管理船舶负有全部责任。中国设置的政委,也是船舶领导人,分管思想政治、党务和部分行政工作。

13. 限制条件

提出因船闸、港口、航道以及码头装卸设备等因素对船舶主尺度的限制。

例如:船长主要受泊位长度、港池宽度、河道曲率以及船闸、船坞等方面的限制;船宽主要受运河、船闸、船坞等方面的限制;吃水主要受航道与港口的水深限制;船的水上部分高度,主要受桥梁高度的限制,等等,见图1.7。

图 1.7 限制条件

1.2.2 编制船舶设计技术任务书的注意事项

在了解设计任务书所包含的基本内容后,需要进一步了解有关设计任务书编制的一些注意事项。

船舶设计技术任务书是进行船舶设计的文字依据和技术基础。理论上讲,任务书制订以后,所设计的船舶将是一艘什么样的船,其实就已经明确了。

如果任务书对所设计船舶提出的要求不合理,那么,即使在后面的设计过程中,做了很大的努力,也有可能设计不出一艘成功的船舶,甚至会造成重大的损失。因此,设计人员在编制设计技术任务书时,应持认真审慎、高度负责的态度。因此,编制设计技术任务书时,应注意以下三点事项,但不仅仅局限于此。

首先,船舶设计技术任务书的编制,不仅涉及技术性能,还涉及经济性能等方面的因素。

设计技术任务书是用船部门根据需要和可能,对设计船的船型进行技术经济论证后得出的。船型技术经济论证就是针对不同的船型方案,进行投资规模、经济效益和技术可行性等方面的比较和分析。可见,设计技术任务书的制定,本身还包含了大量的经济论证工作。

其次,船舶设计技术任务书的编制,并无严格规定的格式要求,其详尽程度要结合实际。

设计技术任务书的详细程度与船舶的复杂程度,以及前期工作的深度有关。如果在编制之前,已进行了充分而深入的分析和论证,甚至完成了方案设计,那么提出的任务书往往较为详细具体。如果在编制之前,只提出主要的使用任务和技术要求或设想,则此时的任务书条目较少,内容相对简要,往往需要待设计工作进行到一定程度后再补充完善。

最后,船舶设计技术任务书的编制,要以用船需求为根本,妥善处理好与船东的关系。

设计技术任务书,是船东用船要求的主要依据之一。除非任务书与法规、规范相抵触,或存在设计上不合理的情况,或因生产条件限制不能制造,否则,应尽力予以满足。在设计前期的论证分析阶段,如果发现任何不能满足任务书的情况,都应及时向船东反映,并与船东协商,进而取得一致的修改意见。

总之,船舶设计技术任务书既提供了船舶设计的基本"输入条件",也提出了船舶设计的总的"输出要求"。在船舶设计过程中,设计人员要认真地、反复地研读任务书,并把它作为设计工作的最根本的指导文件和最基本的技术依据。只有这样,才能统一认识、减少分歧、提高效率,才有可能设计出性能优良的船舶。

【问题1.2】 设计技术任务书是船舶设计的依据,其中的各项规定和要求,会对设计船的什么性能有很大的影响?

【答案】 技术性能和经济性能。

1.3 船舶法规和规范

船舶设计的首要要求是要保证船舶的安全。

一般来说,所设计的船舶至少应满足船舶法规和规范的最低要求。因此,设计人员要认真研究、学习船舶法规和规范,熟悉并掌握船舶法规和规范的具体规定,并对这些规定的基本精神加以深刻理解。

1.3.1 船舶法规与法定检验

船舶法规,是指政府为保障船舶和海上人身、财产的安全,防止水域环境污染以及保障设备安全作业而颁发的法令、条例等。

法定检验(statutory survey),是指船旗国政府或者其认可的船舶检验机构,按照法律、行政法规规章和法定检验技术规范,对船舶、水上设施、船用产品和船运货物集装箱的安全技术状况实施的强制性检验。

法定检验是强制执行的。船舶的设计和建造,必须接受船籍国政府的法定检验。

中华人民共和国海事局,或称中国海事局(China Maritime Safety Administration, China MSA),实行垂直管理体制,履行水上交通安全监督管理、船舶及相关水上设施的检验和登记、防止船舶污染和航海保障等行政管理和执法职责。

为了保证船舶、海上设施和船运货物集装箱具备安全航行、安全作业的技术条件,保障人民生命财产的安全和防止水域环境污染,中华人民共和国国务院第109号令发布了《中华人民共和国船舶和海上设施检验条例》。该检验条例共七章,包括总则、船舶检验、海上设施检验、集装箱检验、检验管理、罚则、附则。

根据上述条例的规定,中华人民共和国海事局制定了《船舶与海上设施法定检验规则》。该规则由一系列具体的技术规则组成。例如《国际航行海船法定检验技术规则》《国内航行海船法定检验技术规则》《内河船舶法定检验技术规则》,等等。

为加强船舶检验管理、规范船舶检验服务、保障船舶检验质量,中华人民共和国交通运输部2016年第2号令公布了《船舶检验管理规定》。该管理规定共八章,包括总则、船舶检验机构和人员、法定检验、入级检验、船舶法定检验技术规范、检验管理、法律责任、附则。

法定检验的主要形式有建造检验、定期检验、初次检验、临时检验、拖航检验、试航检验等。

船舶建造或者重大改建时,应当申请建造检验;营运中的中国籍船舶,应当申请定期检验;船籍改变、船型改变、检验证书失效时,应当申请初次检验;船舶发生海损、机损,航区用途改变,船名、船籍港或船舶所有人变更,以及其他原因而影响船舶航行安全和环境安全时,应当申请临时检验;中华人民共和国管辖水域内,对移动式平台、浮船坞和其他大型船舶、水上设施进行拖带航行,起拖前,应当申请拖航检验;船舶试航前,应当申请试航检验,并取得试航检验证书。

1.3.2 船舶规范与入级检验

船舶规范是指船级社为船舶入级,或维护船舶航行安全而公布的一系列关于船舶结构、性能、系统、装置、设备和材料等在安全质量方面的技术规定。

入级检验(class survey),是指应船舶、水上设施的所有人和经营人自愿申请,按照拟入级的船舶检验机构的入级检验技术规范,对船舶、水上设施进行的检验,并取得入级船舶检验机构的入级标识。

入级检验,由船级社执行。船东有决定入级哪个船级社的自由和权利。船舶入级表征其船体及其相关设备符合船级社规范的要求,可使该船舶获得通航的便利,降低保险费用,因而有较多的经营机会。

我国的船级社是中国船级社(China Classification Society,CCS)。中国船级社为船舶、海上设施及相关工业产品提供世界领先的技术规范和标准,并提供入级检验服务。同时,还依据国际公约、规则,以及授权船旗国或地区的有关法规,提供法定检验、鉴证检验、公证检验、认证认可等服务。中国船级社秉承"安全、环保,为客户和社会创造价值"的宗旨,坚持"技术立社、诚信为本、与众不同、国际一流"的建社方针,通过先进的技术和优质的服务,确保其品牌声誉和价值得以不断提升,得到了国际业界广泛和高度的认可。

船舶规范,主要由入级规则和建造规范等构成。例如:《国内航行海船入级规则》《国内航行海船建造规范》《钢质海船入级规范》,等等。

入级检验的基本过程包括申请、审图、检验和发证等。

(1) 申请。由船东或承建的船厂向船级社提出入级的书面申请。

(2) 审图。在设计阶段,就要按规定的送审图纸资料目录将设计资料送交审图部门审查。审图部门审查后,提出对设计图纸资料的审查意见书。设计单位依此修改设计,并提交对审图意见的答复书。

这个图纸审查的过程,通常称为"送审"。经批准后,方可开始建造。送审通过的图纸资料和审查意见书,是验船师进行后续船舶检验的技术依据。

(3) 检验。检验大致分为开工前检验和建造检验。

船舶开工前,必须对建造厂的条件是否符合规定做出认可,包括对生产设备、技术力量、焊工、无损检测人员、重要的工艺控制设备、材质控制、检验项目和船用产品等方面的认可。船舶建造过程中,按检验项目表的规定,验船师对船体和舾装质量进行检验,包括检查装船产品是否已经验船部门的认可。

(4) 发证。在验船师完成建造检验,并收到船厂的质量合格证明书后,签发入级证书。

【问题 1.3】 船舶入级和入哪个船级社由谁来决定?

【答案】 船东。

1.3.3 IMO 和 IACS

船舶海上运输具有全球化、国际性的固有特点。这就要求各海运参与国必须在便利运输方面密切合作,并协调船舶技术标准和与海运管理相关的事宜。

这些特点和要求,直接推动了国际海事组织(International Maritime Organization,IMO)和国际船级社协会(International Association of Classification Societies,IACS)的产生。

目前,国际海事组织(IMO)是世界上唯一的航运官方常设机构,总部设在英国伦敦。

1948年，联合国经济和社会理事会在日内瓦召开的一次会议上，通过了一项关于建立政府间海事协商组织的公约。1959年，政府间海事协商组织在伦敦正式成立。1982年，更名为国际海事组织(IMO)。

IMO的宗旨是：促进各国间的航运技术合作，鼓励各国在促进海上安全、提高船舶航行效率、防止和控制船舶污染方面采取统一的标准，处理与航运有关的法律问题。

IMO的主要活动是：制定和修改有关海上安全、防止船舶造成污染、便利海上运输和提高航行效率，以及与之相关的海事责任方面的公约和议定书、规则和建议案，交流这方面的实际经验和海事报告。

IMO著名的三大公约是：《国际海上人命安全公约》(SOLAS)、《国际防止船舶造成污染公约》(MARPOL)、《国际海员培训、发证和值班标准公约》(STCW)。

除中国船级社(CCS)外，世界上主要的船级社还有：英国劳氏船级社(LR)、法国船级社(BV)、意大利船级社(RINA)、美国船级社(ABS)、挪威-德国劳氏船级社(DNV-GL)、日本船级社(NK)、俄罗斯船舶登记局(RS)，等等。

1968年，在奥斯陆举行的主要船级社讨论会上，正式成立非政府组织国际船级社协会IACS，会址设在英国伦敦。

IACS的组织机构有理事会和下设的若干工作组。IACS的会员有地区会员和联系会员两种，世界上大多数著名的船级社都参加了该组织。1988年，中国船级社加入了IACS，是正式会员之一。

IACS的宗旨是：加强各国船级社之间的联系与合作，研究解决共同关心的海上安全问题。

IACS主要任务包括：保持与国际标准化组织等的联系与合作；参加国际海事组织的各种学术会议；统一解释有关的国际公约和国际海事组织的建议集中问题；统一各国船级社的船舶建造规范等。

1.3.4 船舶法规和规范的辩证观点

船舶法规和规范是船舶设计必须遵循的基本原则。

强调船舶法规和规范的普适性、严肃性的同时，并不意味着船舶法规和规范能够覆盖一切，更不能把船舶法规和规范看作是僵化的教条。因此，在学习、研究、应用船舶法规和规范时，应当注意采用辩证的立场和观点。

(1) 虽然船舶规范和法规具有普适性，但并不意味着能覆盖一切。

设计国际航行船舶时，除了要满足国际公约外，还要注意遵守某些相关国家或地区的规定。

例如，应遵守澳大利亚码头工人法规、苏伊士运河航行规则等。否则，等船造好后，才发现因不符合某项国际公约而不能进出他国或地区港口，就必然会给船东带来极大的经济损失。

又如，我国船舶法规对国际航行海船的法定检验技术规则与我国政府已批准、接受、承认或加入的国际公约、议定书和规则的内容是一致的。但是，国内航行的船舶不受国际公约和规则的约束。为此，我国海事局结合我国国情专门制定了《国内航行海船法定检验技术规则》。

(2) 虽然船舶法规和规范具有严肃性,但并不意味着是教条僵化。

应当指出,现行的船舶法规和规则是人们根据船舶设计建造和使用的经验和认识,并在现有的科学技术水平条件下制定的。

随着科学技术的发展和人们认识的深化,船舶法规和规范也在得到不断的补充和修订。因此,在新船型开发、新技术应用时,不可避免地会碰到一些现行船舶法规和规范无法解决的问题。在这种情况下,设计者应根据新船的具体情况,在保证安全和不污染环境的基本原则下有所创新。当然,这种创新应有科学依据,并应得到主管机关的审查同意。

船舶法规和规范的具体条款涉及船舶的诸多方面,内容非常庞大,不可能通过死记硬背的方式来掌握。只能通过不断学习、不断实践、学习与实践相结合的方式,才能熟悉其背后的知识体系、体会其隐含的工程背景,把握其内在的逻辑关系,才能真正做到准确、恰当、有效地应用。

1.4 船舶设计的阶段划分

根据现代造船的特点,船舶设计一般分为初步设计、详细设计、生产设计和完工文件(或完工设计)四个阶段。

1.4.1 初步设计

初步设计的主要工作任务是:在深入分析任务书和调查研究的基础上从全局出发,提出船体、轮机、电气不同专业方面的各种可行性方案并进行分析比较,从而得出一个能满足船东要求的、合理的设计方案。

在初步设计阶段,总体设计是关键的工作内容。

它需要确定船舶的主要要素,对总布置、主机选型、船体型线、主要性能等方面进行细致的工作。通过计算、绘图、必要的模型试验及分析论证等技术手段,得出决定全船技术形态的总体方案。与此同时,在船体基本结构、主要舾装设备、机舱布置、电力负荷及电站配置、机电设备选型等方面开展初步设计。

初步设计阶段结束时,应当形成的主要技术文件有:

(1) 船体说明书;

(2) 总布置图;

(3) 型线图;

(4) 中剖面结构图及构件计算书;

(5) 航速、稳性、舱容、干舷等估算书或计算书;

(6) 机舱布置图;

(7) 电力负荷估算书;

(8) 主要设备规格和厂商表。

显然,初步设计阶段的工作是初步的。但是,涉及全船主要技术形态的参数和指标应当是可靠的,技术措施应当是合理的。在初步设计阶段,应根据具体情况,决定所完成的工作内容的深度和广度。

例如,如果把初步设计的结果作为洽谈造船合同的依据,则初步设计得出的主要技术指标也是交船验收的依据。因此,初步设计的结果必须可靠、技术必须具备足够的把握,设备和材料等的数量和规格应当准确。

初步设计的结果应提交船东审查，主要图纸和技术文件应取得船东认可，作为下一阶段设计的依据。

1.4.2 详细设计

详细设计的主要工作任务是：在初步设计所形成的总体设计的基础上，依据造船合同和经审查通过的初步设计技术文件，对各个局部的技术问题进行深入分析，开展各个分项目的详细设计和计算，调整和解决船、机、电各方面具体的问题和矛盾。最终确定有关设计船的全部技术性能和船体结构，对重要的设备和材料提出选型订货的技术要求等。

在详细设计阶段，设计送审是核心的工作内容。

设计送审工作，即将设计图纸和技术文件送法定检验机构和所入船级社进行审查。法定检验机构和船级社对送审的图纸资料目录有具体的规定。审查通过后，还需根据审图意见对设计图纸进行修改。详细设计完成的主要技术文件，需得到船东的认可。

详细设计阶段结束时，应当形成的主要技术文件有：
(1) 船体说明书；
(2) 详细的总布置图；
(3) 正式的型线图；
(4) 重量重心计算书；
(5) 静水力曲线和各种装载情况下的稳性和浮态计算书；
(6) 干舷计算书、吨位计算书、舱容曲线；
(7) 航速计算书、螺旋架设计图及强度计算书；
(8) 船体构件规范计算书和总强度计算书；
(9) 典型横剖面图、基本结构图、外板展开图、肋骨型线图；
(10) 机舱结构图、首部结构图、尾部结构图、主要舱壁结构图、上层建筑结构图；
(11) 防火控制图；
(12) 锚泊、起货、舵、救生等设备的计算书和布置图；
(13) 各系统原理图；
(14) 舱室内部舾装图；
(15) 详细的设备、材料规格明细表；
(16) 船舶规范和法规有特殊要求的计算书以及试验报告等。

根据详细设计的结果，船厂可进行材料和设备的订购工作，同时可开展下一步的生产设计。

1.4.3 生产设计

生产设计的主要工作任务是：在详细设计的基础上，结合船厂的条件和特点，根据建造的技术设备、施工方案、工艺要求和流程、生产管理等的实际情况，设计和绘制施工图纸、制定和编制有关建造工艺和规程等的技术文件。

生产设计的完整程度、详细程度和深入程度，对于提高造船质量、缩短建造周期和提高生产效率都有很大的影响。

因此，生产设计要能反映建造厂的组装和管理的特点。

1.4.4 完工文件

完工文件的主要工作任务是：在船舶建造完工后，针对施工过程中对原有设计所作的变更，根据实际情况和实船试验结果，修改图纸并进行必要的修改计算等。为用船部门提供反映实船实际情况的竣工图纸和技术资料，制定完工文件。

由于船舶的复杂性，在建造施工中往往不可避免地会对原有设计作一些修改变更。这种修改变更主要来源于两个方面。

一是设计中的有些数据和指标本来就是估算的，当然要进行必要的修正。这是预料之中的修改变更。例如，重量、重心。

二是施工中受到某些客观因素的限制，导致原有的设计方案无法直接实施。这是预料之外的修改变更。例如，放样中对型线的修改，布置的局部变动，某些设备的更换，材料的代用，等等。

无论什么原因，这些修改变更必将使得建造出来的实船和设计船存在着某种程度上差异。这些修改变更，必然会引起船舶重量、重心以及浮态、稳性等性能方面的某些变化。因此，设计船在建造完工后应当进行以下工作：

① 应根据实际的型值和实际采用的材料、设备，并结合倾斜试验所确定的实船重心高度，修改原来的有关设计，并进行必要的计算，编制总体性能的完工计算书。

② 对有变动的布置图、控制图、原理图均要进行相应修改，绘出完工图纸。

③ 对实船的试验和检验项目，有关人员要编制报告书，并根据航行和操作需要编制有关的使用手册和操作手册。

上述工作构成了完工文件的主要内容。需要强调的是，应当采取辩证的观点看待修改变更。

① 承认修改变更是绝对的、正常的、不可避免的，不必大惊小怪。

② 修改变更不是恣意妄为，更不能成为降低设计工作质量的借口。修改变更不能是颠覆性的，而只能是局部的、非关键的。

③ 要及时总结修改变更的经验教训，举一反三，决不能熟视无睹、心存侥幸。

总之，完工文件的编制要反映实船的真实状态，并应详细完整。这些文件是今后船舶营运、维修和改装的依据，也是船舶设计和研究工作的宝贵资料。

完工文件是船舶设计的最后环节，有时称为完工设计。

1.4.5 一些说明

上面学习了船舶设计的四个阶段，下面对船舶设计的阶段划分做一些说明，见图 1.8。

(1) 前一阶段的设计结果是后一阶段设计的依据，后一阶段是前一阶段的深入和发展。这个观点比较容易理解。

(2) 各个设计阶段的具体工作内容并不是严格不变的，可以根据具体情况而有所不同。

例如，在初步设计阶段，当船舶的技术复杂程度较高或开发设计新船型时，初步设计之前应增加方案设计(或称为基本设计、概念设计)。方案设计一般只出较少的图纸，更着重于对全船技术形态的研究和方案比较、优化。如果以方案设计的结果作为签订造船合同的依据时，可用方案设计取代初步设计。

又如，在市场竞争中，为了对船东的询价要求作出迅速反应，可提出概要的技术规格书、简

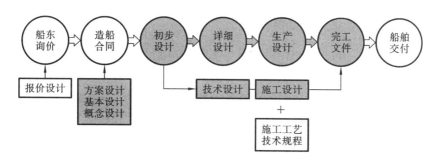

图 1.8 阶段划分

要的总布置图和主要的设备厂商表作为船厂初步报价的依据,这些工作通常称为报价设计。但是,报价设计不属于正式的一个设计阶段,其设计结果也不能作为签订造船合同的依据。

(3) 有时上述划分的各个设计阶段之间并无明确的界限。

例如,在详细设计阶段,当完成的工作内容的深度和广度较浅时,也称为技术设计。技术设计的深度一般至少应满足船检审图的要求。有些图纸虽然不要求送审,但因涉及船舶性能、设备配备以及对建造有重要影响,也应在技术设计阶段完成。

当详细设计阶段完成的是技术设计时,生产阶段的设计一般称为施工设计。施工设计的深度和广度一般不能完全满足船舶建造施工的要求。通常,施工设计的技术资料缺少施工工艺和施工技术规程等方面的内容,因此造船厂还需要补充此方面的设计工作。

总之,在整个船舶设计的过程中,不同阶段之间的工作任务,既相对独立,又相互联系。随着造船技术和管理方式的发展,船舶设计阶段的划分必将是变化的。特别是随着大数据、互联网、人工智能等技术在船舶行业全面深入应用之后,船舶设计阶段的划分以及设计方法都将不可避免地发生变革。

【问题 1.4】 根据现代造船的特点,船舶设计一般分为哪四个阶段?

【答案】 初步设计、详细设计、生产设计和完工文件(或完工设计)。

1.5 船舶设计的工作方法

科学研究的基本任务,就是探索和认识客观事物的内在本质及其变化规律。与科学研究不同,设计工作的基本任务则是造物。人类通过劳动创造物质财富和精神财富,而最基础、最主要的创造活动便是造物。

设计就是预先计划的造物活动,是把一种设想通过合理的规划、周密的计划,并以各种感觉形式表达出来的过程。因此,设计工作者必须首先理解用户的期望、需要和动机,以及业务、技术和行业上的需求和限制;然后将这些信息转化为对产品的规划,使得产品的形式、内容和行为变得有用、能用,令人向往,并且在经济和技术上可行。

就船舶设计而言,基本任务是造船。

这是一项实践性很强的创造性活动。船舶设计者除了需要掌握必备的专业知识,进行必要的专业训练外,还需要具有一定的人文情怀和工程素养。船舶设计工作,除了遵循设计工作的一般原则外,也有一个与其相适应的工作方法。下面,从一般层面上予以讲述。

1.5.1 调查研究、收集资料

深入地调查研究、全面地收集资料,是做好船舶设计工作的基本要素。

船舶设计的许多教训表明,没有正确领会用船部门的意图和要求,不能掌握有关的实际情况,设计工作常常徒劳无功,甚至失败。调查研究通常包括以下两个方面的主要内容。

一是用船部门的意图和要求。

船东从决定建造一艘船舶到制定出设计技术任务书常常有一个很长的反复过程,这个过程反映了客观情况的不断变化和人们认识的不断深入与更新。

设计人员在接到设计任务书后,应认真地了解用船部门对船舶的任务和使用所提出的具体要求、船舶设计的基本原则,以及各种客观因素对船舶的限制。

换句话说,就是对任务书中各项要求的背景情况和资料进行调查,弄清这些要求的来龙去脉。只有这样,才能使得设计工作真正做到有据可依,有源可寻。

二是船舶的限制条件和市场信息。

与船舶相关的情况涉及诸多方面,内容很多,需要针对设计船的特点来进行调查。一般来说,航线、航道、港口、码头、建造、维修信息等,这些都与确定船舶主要要素等关键设计参数有关,是需要掌握的第一手资料。

此外,市场信息对设计人员也非常重要,货源的波动、运费的涨落、燃料价格的变化、材料设备的变更等都直接影响船型方案的选取。

船舶设计的许多经验表明,如果没有足够的技术资料,工作将很难开展,即使勉强地去做了,也很难设计出一艘成功的好船。收集资料主要从以下两个方面入手。

一是来自母型船的直接数据资料。

母型船的资料是设计船所参考并直接应用的基础数据。母型船的资料包括主要要素、载重量、舱容、航速、主机参数、重量重心、总布置图、型线图、船模及实船试验资料、船用设备的样本及供应情况等。对于船舶总体设计来说,母型船的重量重心资料特别重要。在可能的情况下,重量重心资料越详细越好,一般至少应有船体钢料、机电设备、舾装设备三大项的分类资料。

二是来自同类船的统计数据资料。

掌握同类船的各种统计资料也很必要。同时,应当注意了解与设计船有关的新技术成果等。

设计工作所需的技术资料是保证设计工作顺利开展和进行的必要条件,也是保证设计质量的重要因素。以上这些资料在平时工作中就要随时注意收集和整理,丰富的技术资料是设计人员的宝贵财富。

1.5.2 分工协同、综合解决

有效的分工协同、客观的综合解决,是做好船舶设计工作的关键要素。

首先,船舶是一个由多个系统组成的结构物,涉及诸多专业。因此,船舶设计是分专业进行分部门完成的。

通常船舶设计分为船体、轮机、电气设计三大专业(不包括各种通用设备产品的设计)。其中,船体设计又分为总体设计、结构设计和舾装设计三大部分。各专业部门的设计工作相互间的关系见图1.9,显然,总体设计与其他各部分的设计都有密切的关系,处于核心地位。

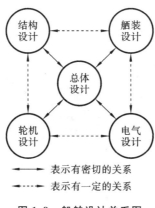

图 1.9 船舶设计关系图

总体设计的工作主要包括:主尺度和船型参数的确定、总布置设计、型线设计、各项性能的计算和保证。

设计工作中要注意和加强各专业、各部门之间的充分协商和协调。许多时候,设计中出问题的往往是在各专业和部门之间的交叉和衔接环节。

总之,船舶是由许多不同功能的部分所组成的。各部分既是一个相对独立的系统,相互间又有密切的联系。所以,设计工作需要由多种专业分工合作、协同完成。

其次,船舶是一个复杂的系统,各项技术性能之间、安全性与经济性之间,对设计的要求常常是不一致的,设计中存在矛盾是不可避免的。

因此,设计工作的一项重要内容就是通过系统的分析、综合的考虑,对问题提出一个合理的解决方案。设计人员应当具备通过合理途径综合解决问题的能力。设计人员应当充分认识到矛盾之间也存在互相依存、互相转化的统一关系,应当在综合分析的基础上,抓住主要矛盾,有侧重并兼顾地考虑问题。

例如,在总体设计中一定要处理好主要矛盾和次要矛盾的关系,要协调好各部门的工作,既要使船舶的各部分充分发挥自身功能,又要使相互关系达到最佳的配合。

又如,无论是全局性的总体设计还是某项局部设计,出现了某个问题不能仅就此点加以修改,而不顾前后左右的影响,这样的结果往往会引起其他的甚至更大的矛盾。

总之,解决问题的方法可能有许多种,但最合理的也许只有一种。综合分析,就是强调考虑问题要全面周到,要弄清前因后果,要相互兼顾,这一点很重要。

1.5.3 与时俱进、创新发展

主动地与时俱进,不断地创新发展,是做好船舶设计工作的内在因素。

在船舶发展的早期,人类只是凭借自身的直觉和经验造船,并无设计一说。直到宋朝,我国的工匠们能够根据船的性能和用途,先造出船的模型,进而画出船图,再进行建造,见图 1.10。这一进步表明了船舶设计的开始。而欧洲在十六世纪才出现简单的船图,落后于我国三四百年。

随着力学的发展和欧洲工业革命的推动,船舶设计工作逐步知识化、规范化和体系化。

随着计算机技术应用于船舶工程,船舶设计进入数字化时代,船舶设计的模式已经发生了巨大的变化。1950 年代,国外开始尝试将计算机应用到船舶设计中。随着船舶 CAD 技术的

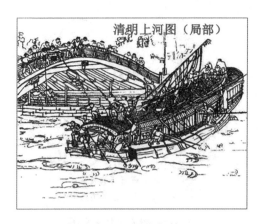

图 1.10 早期船舶

日趋成熟,计算机绘图取代了人工绘图,极大地提高了设计效率、减少了干涉差错。1970年代,计算机开始应用于船舶性能和船体结构的分析计算中,用计算程序取代了手工计算。随着CFD和FEA的发展,出现了直接计算技术,实现了全船模型的水动力性能分析和结构强度分析。目前,正在向多物理场(热、电、磁等)的数值模拟方向发展。1990年代初,船舶CAD/CAM有了进一步的发展。如瑞典KCS公司开发的造船交互设计集成系统,功能极强,覆盖了船舶详细设计和生产设计中的大部分内容,使得生产设计和详细设计的阶段划分已经相当模糊。目前,正在向设计仿真一体化方向发展。1990年代以来,我国开始了计算机辅助船舶设计,开展了俗称为"甩图板"的工程,大量结构图的绘制已由计算机和绘图机完成。目前,正在大力发展三维全数字化船舶产品建模,见图1.11。

图 1.11 设计新技术

随着大数据、物联网、云计算、人工智能等新技术的发展,船舶设计将不可避免地进入智能化时代。船舶设计的模式将会进一步发生改变,从基于已有能力的模式向基于功能需求的模式转变,从基于人员协调的模式向基于数据流动的模式转变,从基于阶段划分的模式向基于模型融合的模式转变,从而降低劳动强度、缩短设计周期、提高设计效率。

船舶的演变是人类社会发展进步的缩影,反映了人类知识文明的程度,体现出时代工业技术的水平。因此,船舶设计的工作方法必须与时俱进、不断创新,才能满足人类社会日益增长的需要,才能具有核心竞争力。

船舶设计,永无止境!

【问题 1.5】 船舶的设计工作方法有哪些?
【答案】 调查研究、综合分析、母型改造、逐步近似。

习 题

1.1 船舶设计工作具有哪些特点?
1.2 船舶总体设计与其他专业或部分设计之间有何联系?
1.3 船舶设计有哪些基本要求?
1.4 新船设计的基本依据是"设计技术任务书",它反映了船东对新船的主要要求。请问设计技术任务书通常是如何制订的?运输船舶的设计技术任务书一般包括哪些基本内容?
1.5 非国际航行海船的航区是怎样划分的?国际航行船舶有没有航区的问题?
1.6 船舶设计工作方法中经常使用母型改造法,请问采用这种设计工作方法有何理论依据?
1.7 新船的设计通常分成哪几个设计阶段?各阶段之间有何联系?
1.8 初步设计阶段主要应完成哪些工作?

第 2 章 船舶重量重心

2.1 船舶在静水中的平衡条件

船舶设计的首要要求是安全可靠。而安全可靠的基础就是,所设计的船舶必须能够按照预定的状态、稳定地漂浮在水面上,即船舶具有在静水中保持平衡的能力。显然,如果一艘船舶连在静水中都不能保持平衡的话,那么也就无法对这艘船提出任何其他要求。

因此,必须先讨论船舶在静水中的平衡条件,这是船舶设计的出发点。

如图 2.1 所示,船舶在静水中只受到两个力的作用,即重力 W 和浮力 Δ。重力的作用点,记为重心 G,坐标为 (x_G, y_G, z_G);浮力的作用点,记为浮心 B,坐标为 (x_B, y_B, z_B)。

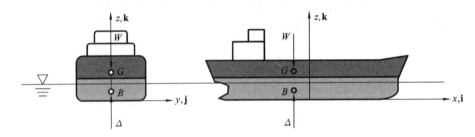

图 2.1 静水中的平衡条件

通过"船舶静力学"课程的学习,已知船舶在静水中的平衡条件是:重力和浮力大小相等、方向相反;重心与浮心在同一铅垂线上。即

$$\begin{cases} W(-\mathbf{k}) + \Delta \mathbf{k} = \mathbf{0} \\ (x_G - x_B)\mathbf{i} + (y_G - y_B)\mathbf{j} = \mathbf{0} \end{cases} \quad (2\text{-}1)$$

这也称为浮性方程。

浮性方程是客观存在的自然规律,是船舶设计过程中必须始终严格满足的等式要求。

船舶所受的浮力由作用于船体湿表面的静水压力合成所得,浮心和船体所排开水的体积即排水体积的中心重合。

根据阿基米德原理,船舶所受的浮力等于船体所排开水的重量,即排水量。于是有

$$\Delta = \rho g \nabla(\pmb{x}) \quad (2\text{-}2)$$

式中:Δ——船舶的排水量;
 ρ——水的密度;
 g——重力加速度;
 ∇——船舶的排水体积;
 $\pmb{x}$——船舶表征向量。

这就是船舶的浮力方程。

需要特别强调的是,这里引入了表征船舶的向量 $\pmb{x}$。一旦船舶确定,其表征向量中的每一

个变量都是确定的。因此,船舶的设计工作,可以抽象看成是船舶表征向量 x 的确定过程。

显然,船舶排水体积 ∇ 是船舶表征向量 x 中某些变量的函数。简言之,船舶排水体积 ∇ 是和船舶有关的变量所决定的。

船舶所受的重力由船舶的各部分重量所提供,重心表征船舶上各部分重量的分布情况。

船舶是一个复杂的系统,各部分的重量林林总总,十分繁杂。为此,先把船舶重量分为空船重量和载重量两大部分。因此,

$$W = \sum W_i = \text{LW}(x) + \text{DW}(x) \tag{2-3}$$

式中:W——船舶的重量;

W_i——船舶的各部分重量;

LW——空船重量(light weight);

DW——载重量(dead weight);

x——船舶表征向量。

这就是船舶的重量方程。

显然,空船重量 LW 和载重量 DW 是船舶表征向量 x 中某些变量的函数。而载货量 W_c 与船舶表征向量 x 无关,它是一个给定的常数。

将浮力方程和重量方程代入浮性方程,即可得到空船重量 LW、载重量 DW 和排水体积 ∇ 之间的等式关系。即

$$\text{LW}(x) + \text{DW}(x) = \rho g \nabla(x) \tag{2-4}$$

因此,为了使得船舶在静水中保持平衡,上述等式关系必须满足。这个等式关系看似简单,实则蕴含着丰富的信息。

第一,船舶是一个复杂的系统,其表征向量中的变量个数肯定大于 1。因此,仅靠上述一个等式关系,不可能获得唯一解,即无法得到唯一的设计结果。这就是有多种船舶方案存在的原因。

为此,采取下列两个主要的措施来确定船舶方案。

① 缩减变量个数。理论上讲,船体的几何构型是由无穷多个点组成的几何体;因此,船舶表征向量 x 有无穷多个变量,即有无穷多种船型方案。为此,引入船舶主尺度和船型系数等来表征船舶的几何构型。由此,将船舶表征向量中的变量个数从无穷多个缩减为有限个。

② 增加求解条件。通过引入稳性、强度、造价等方面的约束条件和快速性、重量、利润等方面的效用函数,增加求解条件,使得船型方案的确定成为可能。

第二,船舶的空船重量、排水体积与船舶参数之间存在复杂的、无法直接用函数式表达的非线性关系。

① 对于非线性问题的求解,通常需要给出一个初始解。初始解的好坏直接关系到求解的效率和精度。显然,对于船舶设计而言,与设计船相近的母型船就是一个好的"初始解"。因此"母型改造"是船舶设计的一个特点。

② 对于非线性问题的求解,都需要一个反复迭代的过程。船舶设计也不例外,逐步逼近的过程不可避免。因此"逐步逼近"是船舶设计的另一个特点。

船舶重量重心的确定是船舶设计的一项首要基础工作。实船设计往往就是从船舶的重量重心估算开始的。在船舶设计的各个阶段,船舶重量的估算或计算都必不可少。这是一项看似简单,实则烦琐的工作任务,需要认真踏实的敬业精神和耐心细致的工作态度。

【问题 2.1】 船舶重量一般可分为哪两大部分？

【答案】 空船重量和载重量。

2.2 船舶重量的分类与估算

本节中,将以民用运输船舶为例,讲解船舶重量分类,并介绍船舶重量估算的主要思路和方法。

2.2.1 船舶重量的分类

船舶重量分类是进行船舶重量重心估算的基础。

一般而言,根据各类重量的作用,船舶重量可分为空船重量、载重量和压载重量三大部分。

1. 空船重量

空船重量是反映船舶特征的一项重要指标。空船重量主要由船体钢料重量、舾装重量和机电设备重量所组成。

表 2.1 给出了一些民用船舶的空船重量与满载排水量之比。由表中的数据可见,空船重量具有以下两个特点。

第一,不同类型的船舶,其空船重量占满载排水量之比差别较大。例如,对于大型油船而言,其空船重量与满载排水量之比为 0.20 至 0.35;对于拖船而言,其空船重量与满载排水量之比则高达 0.85 至 0.95。第二,无论空船重量与满载排水量之比如何,空船重量都占满载排水量相当大的一部分。

表 2.1 民用船舶的空船重量与满载排水量之比

船 型		比 值
货船	大型	0.27～0.36
	中小型	0.30～0.43
油船	大型	0.20～0.35
	中小型	0.35～0.50
客船	大型	0.45～0.60
	中小型	0.50～0.70
拖船		0.85～0.95
渔船		0.60～0.70
驳船		0.20～0.30

如果船舶建成以后,空船重量与原先估计的相差较大,则对船舶的技术性能和经济指标都会产生很大的影响。尤其是超重较多时,引起的后果更为严重。

因此,空船重量估算准确与否,是设计船能否获得成功的关键之一。对此,必须予以充分重视,估算工作要认真仔细、反复斟酌,切不可粗心大意。

2. 载重量

载重量主要由载货量以及除载货量以外的其他各部分重量组成。其他各部分重量主要是指人员及行李的重量,食品及淡水的重量,燃油、滑油及炉水的重量,备品、供应品的重量等。

对于载重量,应注意以下两点。

第一,在船舶设计技术任务书中,有的给出载重量作为设计要求,有的则给出载货量作为设计要求。显然,载重量和载货量之间的差值为组成载重量的其他各部分重量之和。因此,需要对此部分重量进行计算或估算。在此基础上,只要给出载重量或载货量中的一个,就可以得出另外一个。

第二,载重量反映了船舶的装载能力,是后续考虑船舶容量和计算重心位置的重要依据,应当予以足够重视。

3. 压载重量

压载重量用来调整船舶的漂浮状态。当船舶稳性不足时,可用压载以降低重心高度;当船舶满载吃水太浅或排水量太小时,可用压载以加大吃水和排水量;当船舶浮态不理想时,可用固定压载来调整纵倾或横倾,等等。

压载重量,包括固定压载重量和可变压载重量。

固定压载,是以恒定重量施加在船舶上的压载方式。通常,采用生铁块、水泥块或矿渣块等比重较大的物体作为固定压载手段。有时也采用定量的压载水作为固定压载手段。固定压载主要用于对载重量要求不高的船舶或在使用中本身就需要一定排水量的船舶。例如,拖船、渡船、调查船、客船等。对于一般运输货船而言,是不允许采用固定压载的,因为它损失了船舶的装载能力。只有在新船建造完工后,发现重心过高或浮态非常不好时,才采用施加固定压载的方式,来作为一种补救措施,使得该船舶在牺牲部分装载能力后,还能使用。

可变压载,是以可调重量施加在船舶上的压载方式。目前,压载水是可变压载的主要技术手段。可变压载主要用于调整不同装载工况时的重量和重心,以解决船舶无货空放航行时的适航性。例如,散货船、油船,由于货物的单向性,每航次往返中极有可能有一次是空放。为了保证船舶空放航行时的适航性能,船舶必须具有一定的吃水。所以,空放航行时通常需要压载。又如,集装箱船,由于稳性的要求,即使满载出港时,压载水也必不可少。所以,一般海上运输船舶都设有一定数量的压载水舱。

简而言之,空船重量是基本不变的,也可称为固定重量;载重量是变化的,也可称为可变重量;压载重量既有不变的,也有可变的,是调节重量。

对船舶重量进行分类,具有一定的主观性,应当注意以下两点。

第一,在船舶设计的实践中,有些重量项目的归类会有所不同。

例如,无论装载情况有无变化,固定压载重量是不变的,因而也可以归为空船重量;再如,压载水重量是可变的,也可以归为载重量;又如,船体管系的重量既可归为舾装重量,也可归为机电设备重量,等等。

第二,在船舶设计的实践中,重量的分类一定要注意结合具体实际,切忌生搬硬套。

例如,使用母型船的重量资料时,就应当特别注意该母型船重量分类的实际情况。

【问题 2.2】 一般而言,根据各类重量的作用,船舶重量可分为哪三大部分?

【答案】 空船重量、载重量和压载重量。

2.2.2 船舶重量的估算

在船舶设计的各个阶段,船舶重量的估算都是一项必不可少的重要工作。影响船舶重量的因素很多,既不容易准确确定,也不可能一次到位。因此,针对不同设计阶段的具体情况和实际需求,应多方法、分层次地推进。随着设计工作的不断深入,由粗略估算、分项估算,直至逐项计算,逐步逼近,最终确定准确可靠的船舶重量。

船舶重量的估算方法主要有等比换算法、统计公式法和直接计算法。

(1) 等比换算法,就是在参考母型船重量资料的基础上,用某种比例关系进行估算。等比换算法的具体做法主要有:平方模数法、立方模数法、指数法等。用平方模数法、立方模数法和指数法估算船体钢料重量的公式分别如下:

$$W_h = C_h L(aB + bD) \tag{2-5a}$$

$$W_h = C_h LBD \tag{2-5b}$$

$$W_h = C_h L^\alpha B^\beta D^\gamma d^\sigma C_b^\tau + W_c \tag{2-5c}$$

(2) 统计公式法,就是利用相似或相近船舶的重量统计分析所得到的回归公式进行估算。通常的做法是,选择某种合适的基本函数表达式来描述船体钢料重量与船型参数之间的关系,以母型船重量数据资料作为样本,用数学回归方法,求得函数表达式中的系数,从而得到船体钢料重量的统计公式。例如,针对油船、散货船、集装箱船等常规船型的船体钢料重量,人们已经利用大量实船数据,得到了不少统计公式如下:

$$W_h = KL^{1.724} B^{0.386} \left(\frac{d}{D}\right)^{0.0282} C_b^{0.0032} \tag{2-6a}$$

$$W_h = 3.90 KL^2 B(C_b + 0.7) \times 10^{-4} + 1200 \tag{2-6b}$$

$$W_h = 111 \left(\frac{LBD}{1000}\right)^{0.9} \left(0.675 + \frac{C_b}{2}\right) \left[0.939 + 0.00585 \left(\frac{L}{D} - 0.83\right)^{1.8}\right] \tag{2-6c}$$

需要指出的是,在采用统计公式法时,要特别注意公式的适用范围和公式中各个物理量的单位。

在实船设计中,如果有相近的母型船数据,建议设计者利用这些数据验证拟采用的统计公式的准确性,做到心中有数;若能够利用母型船数据得到自己的统计公式,则结果往往更加可靠。由于母型船的样本资料可以覆盖一定的主尺度范围,因而统计公式在此范围内都有一定的适用性。因此,如果选用的统计公式合理,母型船资料适当,则用统计公式法估算设计船的重量是比较可靠的。

(3) 直接计算法,就是依据设计给定的构件几何尺度和材料比重来计算构件重量。现在,许多 CAD、CAE 软件都具备此项功能。

船舶重量估算的步骤可以分为粗略估算、分项估算和逐项估算三个层次。

下面以空船重量为例加以说明。这是因为空船重量的确定非常重要,在船舶设计初期阶段,空船重量的确定就要尽可能的准确和可靠。虽然做到这一点非常困难,但十分必要。如果在设计工作的后期,才发现空船重量与前期的估算相差较大,而不能满足设计要求时,必须对设计作重大修改,后果十分严重。

(1) 在粗略估算这个层次,空船重量的确定主要基于船舶主尺度、尺度比、船型系数等宏观参数进行大致估算。主要采用等比换算法、统计公式法,基本不采用直接计算法。

粗略估算特别适合在初步设计阶段,或方案设计、基本设计、概念设计、报价设计阶段。因为,此阶段所能得到的信息仅有初步拟定的主尺度和粗略构思的总体方案。

(2) 在分项估算这个层次,空船重量的确定主要基于船舶各类重量的分类细目进行详细估算。主要采用等比换算法、统计公式法,部分采用直接计算法。

分项估算特别适合在详细设计阶段的前期或技术设计阶段。例如,在详细设计阶段,可将船体钢料重量细分为船底结构、舷侧结构、甲板结构、舱壁结构、首楼结构、尾楼结构、甲板室结构等重量,分别采用适当的方法进行估算。

（3）在逐项计算这个层次,空船重量的确定主要基于设计所确定的船舶各类船体结构构件、舾装构件、机电设备等的具体数据进行计算。主要采用直接计算法,基本不再采用等比换算法、统计公式法。

逐项计算特别适合在生产设计阶段,或施工设计阶段以及完工文件阶段,也适合于详细设计阶段的后期。因为,此阶段所设计的船舶已经确定,已经形成了设计船的完整的技术形态,各种具体的数据已经可以获得。

船舶的重量和重心位置,关系到船舶的浮性和稳性。

在船舶设计和建造过程中,设计人员必须尽量准确地计算和精确地控制船舶的重量与重心位置。这是保证船舶各项性能的先决条件。为此,船舶设计工作者必须熟练掌握并恰当应用基本方法。同时,可靠而详细的母型船重量资料非常宝贵,平时应注意收集整理。

虽然,船舶重量分类与重量重心确定是一项繁重艰苦的工作任务。但是,这个过程本身也是一个不断加深对船舶总体认识的重要途径,应当倍加珍惜、迎难而上。

2.3 船体钢料重量估算

如表 2.2 所示,在空船重量中,船体钢料重量所占比重较大,影响船体钢料重量的因素又较多。

例如,对于内河拖船,其船体钢料重量与空船重量之比为 0.30 至 0.36;对于大型油船,其船体钢料重量与空船重量之比则可高达 0.68 至 0.78。

因此,正确地分析各种影响因素对准确估算船体钢料重量具有重要意义。

表 2.2 民用船舶的船体钢料重量与空船重量之比

船 型		比 值
货船	大型	0.61～0.68
	中小型	0.51～0.59
油船	大型	0.68～0.78
	中小型	0.54～0.63
客货船		0.47～0.56
拖船		0.38～0.52
渔船		0.39～0.46
内河	货船	0.41～0.52
	客货船	0.43～0.51
	拖船	0.30～0.36

2.3.1 船体钢料重量的分类细目

船体钢料的重量主要来源于首尾柱及轴承包、外板、底板及舷侧构架、甲板结构、舱壁及围壁、支柱、船体钢料杂项、底座、上层建筑钢料、焊接材料等,见表2.3。

表 2.3 民用运输船舶的船体钢料重量分类

项目	细目
首尾柱及轴承包	首柱,尾柱,轴承包,舵踵,等等
外板	平板龙骨,船底板,舷侧板,舭龙骨,外板上的覆板,等等
底板及舷侧构架	底部纵/横向构件,舷侧纵/横向构件,首尾尖舱结构,等等
甲板结构	上甲板结构,主甲板结构,平台甲板结构,等等
舱壁及围壁	纵/横向水密舱壁,部分舱壁及舱室围壁,舱口围壁,围板,等等
支柱	各层甲板下支柱,舱面机械加强支柱,梯口加强支柱,等等
船体钢料杂项	轴隧及推力轴承室,钢质护舷板,舱柜内制荡板及顶盖,扶梯平台,污水阱,等等
底座	主机底座,辅机底座,锅炉底座,轴承底座,舱面机械底座,等等
上层建筑钢料	首楼,桥楼,尾楼,各层甲板室,舷墙,等等
焊接材料	焊料,垫料,等等

2.3.2 船体钢料重量的影响因素

影响船舶钢料重量的主要因素有:主尺度、布置特征、使用要求以及其他因素。

第一,讨论主尺度对船体钢料重量的影响。

对船体钢料重量有影响的主尺度因素主要包括:船长、船宽、型深、吃水、方形系数,等等。

(1) 船长对船体钢料重量的影响最大。

从构件数量看,船上大部分构件都与船长有关;从强度条件看,船长越大,船在水中所受的纵总弯矩越大,要求的船体结构尺寸也大。

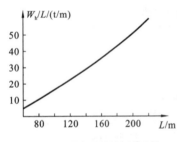

图 2.2 单位船长钢料重量随船长的变化趋势

图2.2给出了一般货船的单位长度船体钢料重量随船长的变化曲线。曲线清晰地表明:两者呈正比关系,即船长越长,单位长度船体钢料的重量就越大。

(2) 船宽与船体钢料重量有密切关系,但其综合影响程度小于船长。

从构件数量看,船宽主要与船底、甲板及舱壁等构件有关;从强度条件看,船宽对船体纵向强力构件尺寸的影响不是很大,但对横向构件的强度有较大的影响。

(3) 型深对船体钢料重量的影响要具体情况具体分析,但其影响程度小于船长、船宽。

从构件数量看,型深对舷侧和舱壁等结构构件有影响。一般来说,型深的增加会引起构件数量的增加;从强度条件看,型深大,船体梁的剖面模数也大,对船体纵总强度有利。

因此,对于纵总强度要求高的大船,增加型深对剖面模数的贡献相当程度上抵消了构件数量的增加。于是,总的钢料重量增加甚微,极端情况甚至可能减轻船体钢料重量。对于纵总强度要求低的小船,增加型深一般会导致船体钢料重量的增加。

(4) 吃水对船体钢料重量的影响甚微。

从构件数量看,吃水的变化不影响构件的数量;从强度条件看,吃水对局部强度(如船底构件和船侧构件等)有一定的影响,但影响程度甚微。

(5) 方形系数对船体钢料重量的影响很小。

无论从构件数量看,还是从强度条件看,方形系数对船体钢料重量的影响都甚微。

总之,在主尺度因素中,对船体钢料重量影响最大的是船长,其次是船宽;吃水和方形系数的影响较小;而型深的影响程度要具体情况具体分析。

第二,讨论布置特征对船体钢料重量的影响。

对船体钢料重量有影响的布置特征因素主要包括:甲板层数、舱壁数量、上层建筑和甲板室、布置决定的结构形式,等等。

(1) 甲板层数,主要取决于使用要求和布置特点。

(2) 舱壁数量,除满足船舶规范和法规中关于舱壁最小数目的规定外,实际的舱壁数目还要考虑使用要求、分舱与破舱稳性以及结构强度。

(3) 上层建筑和甲板室,它们的长度、宽度、高度、层数等主要根据所需布置地位和驾驶室高度而定。其对船体钢料重量的影响与船型有关,小船比大船大,客船与货船差别很大。

(4) 布置决定的结构形式,例如,单壳体结构还是双壳体结构,双层底的范围和高度,等等。

第三,讨论使用要求对船体钢料重量的影响。

对船体钢料重量有影响的使用要求因素主要包括使用年限、航行区域,以及船体结构局部加强等。

(1) 原则上讲,船舶要求的使用年限长,则钢板的耐腐蚀余量就要多。对于小型船舶来说,使用年限对船体钢料重量的影响较大。

(2) 船舶航行区域的不同,对船体钢料重量有一定的影响。例如,航行于冰区的船舶,船体某些部位的结构要加强;不同船级社的规范,对结构强度的要求也有区别。

(3) 船体结构局部加强,对船体钢料重量有影响。例如,船体上有特殊的大型设备,其船体结构要局部加强,从而产生材料的附加量。

第四,讨论其他因素对船体钢料重量的影响。

对船体钢料重量有影响的其他因素主要包括结构材料、船体特殊形状,以及建造加工因素等。

(1) 结构材料方面。由于船体结构材料可采用普通钢、高强度钢、铝合金等不同材料,会对船体钢料重量有不同程度的影响。

(2) 船体特殊形状方面。例如,是否采用球首、球尾、尾鳍,是单桨船还是双桨船,双桨船中是常规尾型还是双尾、双尾鳍等,这些形状特征对船体钢料重量会有影响。

(3) 建造加工因素方面。建造中,为了更加合理地加工,常常会增加材料。这种情况在小型船舶上常有发生。此时,钢板的厚度等尺寸就不仅仅只是由强度条件决定了。

2.3.3 船体钢料重量的粗略估算

在初步拟定了船舶的主尺度,并对船舶的布置特征有了初步设想,而其他设计尚未开展的情况下,可以根据母型船的重量资料,采用等比换算法和统计公式法,对船体钢料重量进行粗略估算。

首先,介绍与等比换算法有关的一些公式。

1. 平方模数法

假设船体钢料重量比例于主船体结构的面积。而主船体结构的面积一般仅用船长、船宽

和型深的某种组合来表示。由此,得到用平方模数法估算船体钢料重量的一般表达式为

$$W_h = C_{h1} L(aB + bD) \tag{2-7}$$

式中:a、b——由船型特征所决定的系数,双层连续甲板时 $a=2$,双壳时 $b=2$;

C_{h1}——由母型船所决定的系数,即

$$C_{h1} = \frac{W_{h0}}{L_0(a_0 B_0 + b_0 D_0)}$$

平方模数法的系数,随船长的变化趋势见图 2.3。从图中可见,该系数随船长的增加而增大。

平方模数法,主要适用于设计船与母型船船长相近且船体结构特征相似的情况。

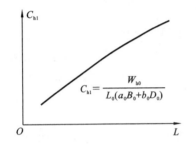

图 2.3 平方模数法系数随船长的变化趋势　　图 2.4 立方模数法系数随船长的变化趋势

2. 立方模数法

假设船体钢料重量比例于船的内部总体积。船的内部总体积可用船长、船宽和型深的乘积来表示。由此,得到用立方模数法估算船体钢料重量的一般表达式为

$$W_h = C_{h2} LBD \tag{2-8}$$

式中:C_{h2}——由母型船所决定的系数,即

$$C_{h2} = \frac{W_{h0}}{L_0 B_0 D_0}$$

立方模数法的系数,随船长的变化趋势见图 2.4。从图中可见,立方模数法的系数随船长变化的趋势比较平缓。

立方模数法,主要适用于比较大的丰满型船舶。

为了计及上层建筑和舷弧对船体钢料重量的影响,立方模数法中的型深 D 也可以用相当型深 D_1 来代替,即

$$D_1 = D + \frac{S}{L} + \frac{\sum l_i h_i}{L} \tag{2-9}$$

式中:S——舷弧升高部分的面积,见图 2.5 所示的阴影部分面积;

l_i 和 h_i——各上层建筑(包括甲板室)的长度与高度。

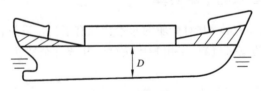

图 2.5 舷弧面积

3. 指数法

假设各个主尺度要素对船体钢料重量的不同影响程度可用指数函数的形式来表示。由此,得到用指数法估算船体钢料重量的一般表达式为

$$W_h = C_{h3} L^\alpha B^\beta D^\gamma d^\sigma C_b^\tau \tag{2-10}$$

式中:$\alpha、\beta、\gamma、\sigma、\tau$——主尺度对船体钢料重量的影响指数;

C_{h3}——由母型船所决定的系数,即

$$C_{h3} = \frac{W_{h0}}{L_0^\alpha B_0^\beta D_0^\gamma d_0^\sigma C_{b0}^\tau}$$

表 2.4 给出了不同类型船舶的主尺度对船体钢料重量的影响指数。表中数据表明,影响指数具有下列特点:

(1) 影响指数 $\alpha > 1$,且一般为 1.1~1.9;
(2) 其余影响指数,都小于 1;
(3) 各指数的大体关系为:α 最大,β 次之。当然,采用不同的统计样本进行回归分析后,影响指数的值会有一定的差别。

理论上讲,指数法更符合主尺度与船体钢料重量之间的关系。适用性的关键是所选用的指数值是否符合母型船和设计船的主尺度与船体钢料重量之间的规律。特殊情况下,指数法可以退化为立方模数法。

表 2.4 船体钢料重量影响指数的回归值

船 型	影 响 指 数				
	α	β	γ	σ	τ
小型货船	1.25	0.75	0.75	0	0.50
散货船	1.878	0.695	−0.189	0.158	0.197
油船(2 万吨~7 万吨)	1.83	0.75	—	0	0.393
集装箱船	1.759	0.712	0.43	0	0
常规客船	1.45	0.945	0.66	0	0

其次,介绍与统计公式法有关的一些公式。

对于一些常规船型,如油船、散货船、集装箱船等,其结构形式相差不大、布置特点比较稳定,并有大量实船的船体钢料重量数据。

利用这些实船数据,人们已开展了大量的统计分析工作,得到了不少关于船体钢料重量的统计公式,可在设计初始阶段参考使用。

下面,分别针对油船、散货船、集装箱船,介绍统计公式。未加特别说明时,公式中的船长通常是指垂线间长。船体钢料重量估算结果的单位为吨。

需要反复强调的是,一是注意统计公式的适用范围,二是注意各个变量的单位,三是注意有相近母型船的数据时,应用该数据来评估统计公式的准确性。

有关油船船体钢料重量的一个统计公式如下:

$$W_h = KL^{1.724} B^{0.386} \left(\frac{d}{D}\right)^{0.0282} C_b^{0.0032} \tag{2-11}$$

式中:K 值利用母型船换算得到。在缺乏母型船数据时,可建议取值如下:当仅有双层底时,$K = 0.261 \sim 0.273$;当有双底双壳时,$K = 0.276 \sim 0.345$。原则上,当 DW > 100000 t 时,K 应取

较大的值。

有关散货船船体钢料重量的一个统计公式如下:
$$W_h = 3.90KL^2B(C_b+0.7) \times 10^{-4} + 1200 \tag{2-12}$$

式中:
$$K = 10.75 - \left(\frac{300-L}{100}\right)^{3/2}$$

这个统计公式适用于 DW=10000~50000 t 的散货船。

有关集装箱船船体钢料重量的一个统计公式如下:
$$W_h = 111\left(\frac{LBD}{1000}\right)^{0.9}\left(0.675+\frac{C_b}{2}\right)\left[0.939+0.00585\left(\frac{L}{D}-0.83\right)^{1.8}\right] \tag{2-13}$$

这个统计公式适用于 LW=7000~20000 t 的集装箱船。当 LW<7000 t 时,估算的结果可能偏大;当 LW>20000 t 时,估算的结果可能偏小。

2.3.4 船体钢料重量的分项估算

随着设计工作的深入,当具备了一定的设计资料后,可以进行较为详尽的分项估算以进一步提高估算结果的准确性。

对于每个分项,仍然可以采用等比换算法、统计公式法进行估算。下面,通过三个方案来加以说明。

方案一:当设计船有了详细的分项重量资料后,就可将船体构件分成外板、内底板、船底结构、船侧结构、甲板、舱壁等若干组。然后,按表 2.5 中给的等比换算式,利用母型船的数据进行分项估算。最后汇总相加,得到船体钢料重量。

表 2.5 船体钢料重量分项估算时建议采用的等比换算式

项 目	等比换算式	项 目	等比换算式
外板	$L^2(B+2D)$	平台甲板及其构架	$L^{1/2}B$
内底板	L^2B	主横舱壁	BD
底部构架	$Ld(B+2D)$	主纵舱壁	Ld 或 LD
上甲板及其构架	L^2B	舭龙骨	L
中间甲板及其构架	LB	船体铸锻件	$(LBD)^{1/3}$

方案二:当设计船有了典型横剖面结构图和总布置图以后,可将船体钢料重量分为全船性钢料重量和其他结构重量两大部分,分别进行估算。

为此,引入每米船长重量的概念。根据船舶的典型横剖面结构图,选取单元长度,计算单元总重量,从而得到每米船长重量:
$$\omega = \frac{\text{单元总重量}}{\text{单元长度}}$$

式中:单元长度,对横骨架式船而言,为一个肋骨间距,对纵骨架式船而言,为两个强横框架结构之间的距离;单元总重量,就是单元长度内构件的重量。计入重量的纵向构件包括外板、连续甲板、连续纵舱壁、纵桁、纵骨等;计入重量的横向构件包括肋骨、横梁、肋板、肘板等。

首先,估算全船性钢料重量。

假设设计船的全船性钢料重量与母型船的全船性钢料重量之间存在着下列等比换算关系：

$$\frac{W'_h}{W'_{h0}} = \frac{\omega}{\omega_0} \cdot \frac{L_{pp}}{L_{pp0}} \cdot \frac{C_b^{1/3}}{C_{b0}^{1/3}} \tag{2-14}$$

则设计船的全船性钢料重量可按下式估算：

$$W'_h = \frac{\omega}{\omega_0} \cdot \frac{L_{pp}}{L_{pp0}} \cdot \frac{C_b^{1/3}}{C_{b0}^{1/3}} W'_{h0} \tag{2-15}$$

式中：W'_h——设计船的全船性钢料重量；

W'_{h0}——母型船的全船性钢料重量。

根据设计船和母型船的典型横剖面结构图和总布置图，可分别计算出设计船和母型船的每米船长重量，从而利用式(2-15)估算出设计船的全船性钢料重量。

然后，对已估算的全船性钢料重量进行局部修正。

接着，估算其他结构重量。

最后，将各部分重量相加，可得设计船的船体钢料重量。

方案三：当设计船有了典型横剖面结构图和总布置图以后，如果缺乏母型船资料，常规船型可采用统计公式法估算船体钢料重量。

首先，估算全船性钢料重量。

在计算出设计船的每米船长重量以后，可用统计公式近似估算设计船的全船性钢料重量：

$$W'_h = \begin{cases} \omega \cdot \dfrac{L}{1.174} & \text{（丰满型船舶）} \\ \omega \cdot \dfrac{L}{1.195} & \text{（瘦长型船舶）} \end{cases} \tag{2-16}$$

然后，估算其他结构重量。

对于一般货船，其上层建筑、甲板室的重量估算，有一些统计公式可供参考。例如，有关艏楼(forecastle)、艉楼(poop)和甲板室(deck room)重量的一组统计公式如下：

$$W_{fcle} = 1.8 L^{0.82} [l \times b + 10(l+b)] \times 10^{-3} \tag{2-17a}$$

$$W_{poop} = (0.4L \times 10^{-3} + 0.084)[l \times b + 5(l+b)] \tag{2-17b}$$

$$W_{DK} = \sum (0.4L \times 10^{-3} + 0.04)[l_i \times b_i + 5(l_i+b_i)] \tag{2-17c}$$

式中：l,b——艏楼或艉楼的长度和平均宽度，单位均为米(m)；

l_i, b_i——各层甲板室的长度和平均宽度，单位均为米(m)。

主船体内舱壁的重量可根据总布置逐一估算。每个舱壁的重量近似地可按舱壁板的重量乘上一个系数得到，用以计及骨架的重量。

最后，在上述各项分项估算的基础上，可得到设计船的船体钢料重量。

船体钢料重量在空船重量中所占比重较大。因此，船体钢料重量的估算，对决定设计船的空船重量和排水量的影响都是显著的。

船体钢料重量和船舶主尺度、布置特征、使用要求等诸多因素有不同程度的关联。对船体钢料重量粗略估算时，主要采用等比换算法和统计公式法；对船体钢料重量分项估算时，有不同的分项方式。

2.4 舾装重量估算

舾装包括甲板设备(也称外舾装)和舱室内装(也称内舾装)。

表 2.6 给出了一般民用船舶舾装重量与空船重量之比,从舾装重量占整个空船重量的比值来看,大型货船、大型油船的相对较小;但小船,特别是渔船的相对较大。

表 2.6 民用船舶的舾装重量与空船重量之比

船 型		比 值
货船	大型	0.17~0.23
	中小型	0.25~0.32
油船	大型	0.08~0.15
	中小型	0.23~0.35
客货船		0.26~0.37
拖船		0.23~0.28
渔船		0.39~0.44
内河	货船	0.26~0.33
	客货船	0.37~0.41
	拖船	0.22~0.36

例如,对于大型油船而言,其舾装重量与空船重量之比仅为 0.08 至 0.15;对于渔船而言,其舾装重量与空船重量之比则可高达 0.39 至 0.44。

舾装重量初估时不易准确。因此,对于舾装重量所占比例较大的船舶,要格外重视舾装重量的估算,否则影响很大。

2.4.1 舾装重量的分类细目

舾装重量主要来源于船体木作、船舶金属属具、船舶设备及装置、舾装木作、生活设备和工作用具、敷料、油漆、冷藏及通风设备、管系,等等。表 2.7 给出了民用运输船舶的舾装重量分类情况。

表 2.7 民用运输船舶的舾装重量分类

项 目	细 目
船体木作	舱底铺板,舱边护条,护舷木,栏杆上木扶手,木质上层建筑,等等
船舶金属属具	桅及龙门架柱,栏杆,扶梯,旗杆,外烟囱,钢质舱口盖,天窗,门窗及人孔,特种属具,等等
船舶设备及装置	舵装置,锚装置,系缆装置,起货设备,救生设备,航行设备,消防设备,推进装置,特种装置和设备,等等
舾装木作	非金属围壁,衬板天花板,室内地板,门窗,家具,舷梯,非金属舱口盖,舾装木作杂项,等等

续表

项　　目	细　　目
生活设备和工作用具	厨房及餐室设备,卫生及洗涤设备,各种装饰、娱乐设备,小卖部杂项设备、医疗用具,水手工具及备品,木工工具及备品,等等
敷料	舱底敷料,舱柜敷料,甲板敷料,厨房瓷砖和地砖,卫生间瓷砖和地砖,等等
油漆	船体部分的油漆,等等
冷藏及通风设备	通风设备,空调设备,伙食冷藏库设备,制冷机及其与冷藏舱或空调器连接管系,冷藏货舱设备,制冰设备,等等
管系	舱底水系统,压载水系统,消防系统,卫生及日用水系统,暖气设备,测深管及注入管系统,舱面机械系统,航行设备系统,特种机械系统,货油装卸系统,等等

2.4.2 舾装重量的构成特点

舾装重量具有两个"繁"字的显著特点:一是繁多,项目繁多,且各自独立,规律性差;二是频繁,变化频繁,有些舾装件的型号、规格、技术参数等,更新很快。这些特点,增加了舾装重量估算的难度。

因此,通常将舾装重量分成四大部分,分别对照母型船的舾装重量资料来进行分析和估算。

一是与船的排水量和主尺度有关的重量。例如,船舶设备与系统,包括锚、舵、系泊、消防、管系、油漆,等等。

二是与船员或旅客人数有关的重量。例如,衬板、天花板、甲板敷料等舱室木作、家具、卫生设备、救生设备,等等。

三是与船的使用特点有关的重量。例如,货船上的起货设备及舱口盖,拖船上的拖带设备,等等。

四是特殊项目重量。例如,减摇装置、侧推装置,等等。

2.4.3 舾装重量的粗略估算

同船体钢料重量的粗略估算一样,舾装重量的粗略估算既可利用母型船资料进行等比换算,也可利用统计公式进行估算。

假设舾装重量比例于甲板面积,用船长和船宽来表示,可得平方模数法估算舾装重量的一个表达式为

$$W_o = C_{o1} LB \tag{2-18}$$

式中:C_{o1}——由母型船所决定的系数,即

$$C_{o1} = \frac{W_{o0}}{L_0 B_0}$$

图 2.6 给出了几种主要船型的统计结果。应当指出的是,按船长统计的平方模数法系数,离散性还是比较大的,图中的结果仅供参考。

假设舾装重量比例于船体表面积,用船长、船宽和型深来表示,可得平方模数法估算舾装重量的另一个表达式为

$$W_o = C_{o2} L(B+D) \tag{2-19}$$

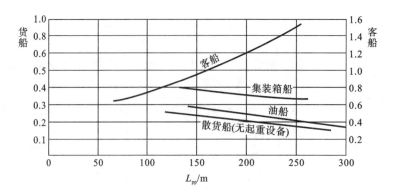

图 2.6 每平方米舾装重量的粗略统计结果

式中：C_{o2}——由母型船所决定的系数，即

$$C_{o2} = \frac{W_{o0}}{L_0(B_0+D_0)}$$

针对油船，有关文献给出了一个有关平方模数法系数的统计公式，仅供参考。

$$C_{o2} = 0.3428\text{DW}^{-1.495} + 0.0886$$

假设舾装重量比例于船的内部总体积，用船长、船宽和型深来表示，可得立方模数法估算舾装重量的一个表达式为

$$W_o = C_{o3}LBD \tag{2-20}$$

式中：C_{o3}——由母型船所决定的系数，即

$$C_{o3} = \frac{W_{o0}}{L_0 B_0 D_0}$$

立方模数法的系数仅和母型船有关，可依据母型船资料得到。

假设船长、船宽、型深对舾装重量的影响指数均为 2/3，则可得到指数法估算舾装重量的一个表达式为

$$W_o = C_{o4}(LBD)^{2/3} \tag{2-21}$$

式中：C_{o4}——由母型船所决定的系数，即

$$C_{o4} = \frac{W_{o0}}{(L_0 B_0 D_0)^{2/3}}$$

指数法的系数仅和母型船有关，可依据母型船资料得到。对于多用途船，有关文献根据统计结果，给出其取值为

$$C_{o4} = 0.98 \sim 1.28$$

如果船舶的舾装重量与容积关系较密切，可采用指数法。统计分析结果表明，舾装重量按指数法统计，比按立方模数法统计，所得结果离散性小。

对于货船，由于舱面设备重量在舾装重量中所占比例较多，该部分重量与船的甲板面积（或者线性尺度的平方值）相关性较密切。因此，一般用平方模数法估算较合理些。

对于客船等舱室设备占舾装重量比例较大的船，该部分重量可近似地认为与船的总容积相关。因此，一般用立方模数法估算较合理些。

舾装重量的统计公式可以在相关文献中找到。但是，由于舾装重量的离散性较大，因此统计结果很可能有较大误差，选用时应当格外注意使用条件。

2.4.4 舾装重量的分项估算

舾装重量分项估算的详细程度,由设计的深度决定。

一般而言,在总布置设计已完成,对全船舾装设备作了较仔细的考虑,并具有大致的舾装设备清单后,进行较详细的分项估算。这样的估算结果,一般较为准确。

对于救生设备、锚泊设备、舵设备、起货设备等已确定的具体舾装设备,可参照设备样本所提供的重量资料来确定。

对于舱口盖、甲板敷料、内装材料等,可根据布置和选型结果,用母型船资料或经验公式等方法估算。

对于设计暂未确定的其他杂项的重量,也可用母型船资料换算。换算中,对照设计船和母型船的不同处进行适当的修正。

舾装包括甲板设备和舱室内装。舾装重量占整个空船重量的比例因船而异。舾装重量具有"项目繁多""变化频繁"两个显著特点。这些特点,增加了舾装重量估算的难度,初估时不易准确。因此,对于舾装重量所占比例较大的船(如渔船、客货船等),要格外重视舾装重量的估算,否则影响很大。舾装重量的估算方法主要包括等比换算法和统计公式法。

2.5 机电设备重量估算

2.5.1 机电设备重量的分类细目

机电设备的重量,主要来源于主辅机设备、轴系、船舶电气设备、动力管系、机炉舱杂项、机炉舱特种设备、机炉及管系内液体,等等。

表 2.8 给出了民用运输船舶的机电设备分类。

表 2.8 民用运输船舶的机电设备分类

项 目	细 目
主辅机设备	主机,减速齿轮箱及联轴器,电站发电机组,空气压缩机组,污水处理装置,各种热交换器,各种泵,容器,锅炉,抽风机,鼓风机,等等
轴系	推力轴及轴承,中间轴及轴承,尾轴尾管,隔舱填料涵,轴系附件,轴系设备,等等
船舶电气设备	舱面机械电力设备,生活及照明用电设备,对外通信设备,船内通信设备,助航设备,机炉舱辅机电力设备,输电配电,特种机械电力设备,等等
动力管系	蒸汽及排气管系,凝结水及泄水管系,燃油及滑油管系,压缩空气及废气管系,冷却水及循环水管系,冷藏或空调用管系,等等
机炉舱杂项	工具机,工作台,工具架及柜,工具备品,起吊设备,栏杆,格栅,扶梯及花铁板,各种仪表,供应品,烟道,风管,消防设备,等等
机炉舱特种设备	遥控装置,联合操纵台,等等
机炉及管系内液体	各种容器内液体,各种热交换器内液体,各种动力管系内液体,各项船舶管系内液体,各项机械内液体,等等

2.5.2 机电设备重量的构成特点

机电设备重量的构成大致可分为三部分。

一是已知重量。例如,主机、锅炉、发电机组等的重量。

船舶设计初期,这些设备项目往往是预先选定的,因而可从各自的产品样本中查出相应的重量。

二是计算重量。例如,轴系的重量。

船舶设计初期,根据预定的主机功率和螺旋桨转速,可计算出轴的扭矩,进而确定轴径,再按拟定的机舱位置和螺旋桨数目,算出轴系的重量。

三是配套重量。例如,其他辅机、泵、管系等的重量。

一般来说,当设计船与母型船的主机类型相同、功率相近时,与其相配套的辅助设备的组成和重量也大体相近。

因而,可直接根据母型船的资料,结合设计船的不同要求,采用逐项比较法计算确定。

显然,影响机电设备重量的最主要因素是主机的类型与功率。

【问题 2.3】 机电设备重量的构成,大致可分为哪三部分?

【答案】 已知重量、计算重量和配套重量。

2.5.3 机电设备重量的粗略估算

对机电设备重量的粗略估算主要通过两种途径进行。

一是,通过主机功率(MCR)对机电设备重量进行粗略估算。

统计数据表明,机电设备重量与主机功率的平方根存在着一定的近似关系。因而,可以利用主机功率对机电设备重量进行粗略估算。

对于主机为柴油机的机电设备重量,其粗略估算公式为

$$W_m = C_m \left(\frac{P_d}{0.7355} \right)^{1/2} \tag{2-22}$$

式中:P_d——主机功率(kW);

C_m——无量纲系数,可利用母型船资料进行换算。当缺乏母型船资料时,可按以下范围取值。

$$C_m = \begin{cases} 5 \sim 6 & \text{中速机} \\ 7 \sim 8 & \text{低速机,MCR} > 10000 \text{ kW} \\ 8 \sim 9 & \text{低速机,MCR} < 10000 \text{ kW} \end{cases}$$

二是,通过重量粗分,对机电设备重量进行粗略估算。

首先,将机电设备重量的主要部分粗分为主机及减速箱重量、柴油发电机组重量、轴系重量、螺旋桨重量、其他重量、特殊重量,等等。其中,其他重量是指以上各项重量以外的机电设备重量。例如,泵、管系、锅炉、电缆、配电装置、备件,等等。特殊重量是指具有个性特征的特殊设备重量。例如,冷藏装置,油船的货油泵系统、惰性气体系统等特殊项目的重量。

然后,在重量粗分的基础上,可结合实际情况,采用不同的方法,对各自重量进行粗略估算。对于各分组部分的重量,可参考如下的处理方式。

有关主机及减速箱重量,可由产品的样本资料查得。

有关柴油发电机组重量,可通过发电机组总驱动功率进行粗略估算:

$$W = \left(15 + \frac{P}{70}\right)\sum P \times 10^{-3} \qquad (2\text{-}23)$$

式中：P——单个机组功率(kW)；

$\sum P$——发电机组总驱动功率(kW)。

有关轴系重量，可通过轴系长度、主机功率和转速进行粗略估算：

$$W = 0.081\left(\frac{P_d}{n}\right)^{2/3} l \qquad (2\text{-}24)$$

式中：P_d——主机功率(kW)；

n——螺旋桨转速(r/min)；

l——轴系长度(m)。

螺旋桨重量可通过螺旋桨直径进行粗略估算。对于锰铜螺旋桨，有下列估算公式：

$$W = KD^3 \qquad (2\text{-}25)$$

式中：D——螺旋桨直径(m)；

K——无量纲系数。一般取值范围如下：

$$K = \begin{cases} 0.18\dfrac{A_e}{A_0} - \dfrac{Z-2}{100} & （定距桨） \\ 0.12 \sim 0.14 & （调距桨） \end{cases}$$

其中：A_e/A_0 为桨的伸张面积比；Z 为桨叶数。

有关其他重量，可通过主机功率进行粗略估算：

$$W = (0.04 \sim 0.07)P_d \qquad (2\text{-}26)$$

式中：P_d——主机功率(kW)；

有关特殊重量，可由产品的样本资料查得。

最后，汇总得到机电设备重量的粗略估算值。

理论上讲，分组的粗略估算比仅仅依据主机功率的粗略估算，相对准确些。

2.5.4 机电设备重量的分项估算

对于设计已确定的各项设备重量，可根据产品的样本资料，逐项计算确定。

对于一些杂项重量，可采用与母型船重量资料进行等比换算的方法，估算确定。

船舶机电设备重量的构成，大致可归纳为已知重量、计算重量和配套重量三大部分。对于已知重量，可以通过产品的样本资料查得；对于计算重量，可采用等比换算法、统计公式法计算；对于配套重量，则应根据具体情况，决定估算方法。

需要特别指出的是，有些设备的重量有干重和湿重之分。在重量估算时，通常应取湿重的重量。

2.6 载重量估算

2.6.1 载重量与载货量

船舶的载重量，包括装载货物的重量以及其他部分的重量。即

$$\mathrm{DW} = W_c + \sum W_i \qquad (2\text{-}27)$$

式中：DW——载重量；
W_c——装载货物的重量；
W_i——其他各部分的重量。

装载货物的重量称为载货量。其他部分的重量主要由三大部分组成。即人员及行李、食品及淡水的重量；燃油、滑油和炉水的重量；备品、供应品的重量。

显然，载重量和载货量是两个不同的概念。

在船舶设计技术任务书中，有些给出载重量作为设计要求，有些则给出载货量作为设计要求。如果已知载重量，则在扣除其他部分的重量之后，得到载货量；反之，如果已知载货量，则在加入其他部分的重量之后，得到载重量。

由此可见，无论是以载重量作为设计要求，还是以载货量作为设计要求，都必须对其他部分的重量进行估算。同时，估算其他部分的重量也是计算重心位置和计算舱室容积时需要的。下面，介绍载重量中其他部分重量的估算方法。

【问题 2.4】 载重量和载货量的区别是什么？

【答案】 载重量包括装载货物的重量以及其他部分的重量，载货量是指装载货物的重量。

2.6.2 人员及行李的重量、食品及淡水的重量

人员及行李的重量，是指旅客和船员的重量以及旅客和船员所携带的行李的重量。

在我国的船舶设计中，人员重量通常按平均每人 65 kg 计算。行李的重量，则应根据航程和航线以及人员的类别，视具体情况而定。例如：船员，每人所携带的行李重量为 35～55 kg；长途乘客，每人所携带的行李重量为 25～35 kg；短途乘客，每人所携带的行李重量为 10～20 kg。

食品及淡水的重量，是指食品和淡水的总储备量。即

$$食品和淡水的总储备量 = 自持力 \times 人数 \times 定量$$

关于自持力，如果任务书中作出了规定，则按任务书要求确定；如果任务书中没有给出，则可按下列公式计算：

$$自持力 = \frac{R}{V_s \cdot 24} \tag{2-28}$$

式中：R——续航力（n mile）；
V_s——服务航速（kn）。

关于食品的定量，通常每人每天按 2.5～4.5 kg 计算。

关于淡水的定量则相对复杂一些。这里所说的淡水，主要包括饮用水和洗涤用水。淡水的定量标准与航程、航线的气候条件等因素有关；客船还需考虑其等级标准。对于国际航行海船，每人每天定量按 100～200 kg 计算；对于国内航行海船，应当注意到南方和北方气候条件相差较大，通常南方航行船舶淡水消耗量大，而北方航行船舶的淡水消耗量则相对较少；对于内河航行船舶，部分洗涤用水可直接利用江水。因此，淡水可适当少带。对于远程航行的船舶，如果本身配备有海水淡化装置，则其淡水储存量也可相应减少。

2.6.3 燃油的重量、滑油的重量和炉水的重量

燃油的重量，是指燃油的储备量。

燃油的储备量可根据主机的耗油率、主机常用额定功率、辅机的耗油率、航行时使用的辅

机总功率、其他燃油设备的单位时间耗油量,并在考虑风浪影响的基础上,按所给出的公式进行估算。

$$W_F = t(g_1 P_1 + g_2 P_2 + g_3) \cdot k \cdot 10^{-3} \tag{2-29}$$

式中:t——航行时间(h),$t = R/V_s$;

g_1——主机耗油率[kg/(kW·h)];

P_1——主机常用额定功率(kW);

g_2——辅机耗油率[kg/(kW·h)];

P_2——辅机总功率(kW);

g_3——其他燃油设备的单位时间耗油量(kg/h);

k——风浪影响的系数,通常取 1.1~1.2。

对于一般运输货船,粗估时,燃油储备量可采用由所有燃油装置的耗油率和主机常用额定功率组成的公式进行近似估算。

$$W_f = t g_0 P_1 \cdot k \cdot 10^{-3} \tag{2-30}$$

式中:g_0——所有燃油装置的耗油率[kg/(kW·h)]。

滑油的重量,是指润滑油的储备量。

润滑油的储备量,可近似地取为燃油储备量的某个百分数。

$$W_1 = \varepsilon W_f \tag{2-31}$$

式中:ε——百分数系数。

对于一般柴油机,

$$\varepsilon \approx 0.02 \sim 0.05$$

主机功率大、航程远的船舶取小值。

炉水的重量,是指锅炉用水的储备量。

锅炉用水的储备量,可在考虑蒸汽漏失量的基础上,按所给出的公式进行估算:

$$W_{BW} = G \varepsilon t \tag{2-32}$$

式中:G——锅炉额定蒸发量(t/h);

ε——蒸汽漏失率,辅锅炉可取 0.05~0.06;

t——航行时间(h)。

现代船舶,主机一般都为内燃机,不像以往汽轮机那样需要大容量的锅炉。所以,现在船上的锅炉都为辅锅炉。

对于一般干货船,蒸汽仅用于燃油等的加热以及生活所需。

对于液货船,因液货舱的加热及保温等,所需蒸汽量要多一些,可按式(2-32)估算。

对于小型船舶,炉水所需量较小,可在淡水储备量中,适当增加裕度后,不再计及炉水重量。

2.6.4 备品的重量、供应品的重量

备品,是指船上备用的零部件、设备与装置,包括锚、灯具、损管器材、油漆等。供应品,是指零星物品,如生活用品、炊具、办公用品、医疗器材等。在国外,有时将备品和供应品的重量放在空船重量内。在我国,一般将其放在载重量内,通常取空船重量的 0.5%~1%。

载重量和载货量是两个不同的概念。在船舶设计技术任务书中,有些给出载重量作为设计要求,有些则给出载货量作为设计要求。载重量为载货量以及为完成货物载运任务而产生

的附属重量之和。这些附属重量,主要用于人员及设备的支持保障,以便船舶顺利、安全地完成载运任务。事实上,载重量的估算主要是附属重量的估算。

【问题 2.5】 船舶载重量包括以下哪几部分?
(A) 货物　　　　　(B) 船员、旅客及行李　　(C) 燃油、滑油及炉水
(D) 淡水和食品　　(E) 备品及供应品
【答案】 ABCDE。

2.7 排水量初步估算与排水量裕度

排水量是船舶技术性能的重要参数之一,是船舶设计中各项性能计算的重要依据。

在初步设计阶段,在选取主尺度时,如何考虑排水量的要求通常是设计者面临的一个关键问题。对于载重型船舶而言,排水量的初步估算以载重量为基础。

为此,引入了载重量系数的概念,将对排水量的估算转化为对载重量系数的估算。

2.7.1 载重量系数

载重量系数是指船舶载重量占船舶排水量的比例。

$$\eta_{DW} = \frac{DW}{\Delta} \tag{2-33}$$

式中:η_{DW}——载重量系数;
　　　DW——载重量;
　　　Δ——排水量。

显然,对于一艘运输货船而言,载重量系数的大小是反映该船设计建造质量的一个重要指标。

需要特别指出的是,载重量系数主要适用于载重型船舶。

对于布置地位型船舶,如集装箱船、滚装船、车客渡船等,其装载能力不能仅仅以载重量来衡量。通常,布置地位型船舶所载的单元货物的平均重量指标相差较大。因此,用载重量作为参数来统计载重量系数,并不能全面地反映此类船舶的装载能力。

图 2.7 给出了民用运输船舶的载重量系数与载重量之间的统计关系。统计分析表明,载重量系数具有两个重要的基本特征。

第一,图中所有回归线的斜率都大于零。

这表明,对于同类型的运输船舶而言,随着载重量的增大,载重量系数也随之增加。这是因为大船的空船重量占排水量的比例比小船相对要小。所以,大船具有较大的载重量系数。

第二,图中不同船型回归线的值都不同。

这表明,对于不同类型的运输船舶而言,载重量系数可以不同。例如,运输大宗货物的低速肥大型船舶的载重量系数要比中高速货船的大得多。

【问题 2.6】 载重量系数通常定义为什么?
(A) 载重量/排水量　　(B) 排水量/载重量
(C) 载货量/排水量　　(D) 排水量/载货量
【答案】 A。

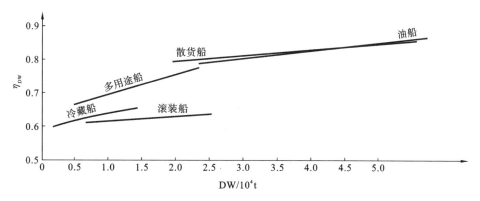

图 2.7 不同船型和吨位的载重量系数统计结果

2.7.2 载重量系数的估算方法

载重量系数估算的最直接方法就是采用其定义的公式,借助母型船资料进行等比换算。除此之外,载重量系数的估算方法还有空船重量法和统计公式法。

空船重量法,就是假设船舶空船重量的各组成部分,即船体钢料重量、舾装重量和机电设备重量分别与排水量之间存在着各自的指数关系。

$$\begin{cases} W_h = C_h \Delta^\alpha \\ W_o = C_o \Delta^\beta \\ W_m = C_m \Delta^\gamma \end{cases} \quad (2\text{-}34)$$

根据此假设,则有

$$\Delta = \mathrm{LW} + \mathrm{DW} = W_h + W_o + W_m + \mathrm{DW} = C_h \Delta^\alpha + C_o \Delta^\beta + C_m \Delta^\gamma + \mathrm{DW}$$

可得

$$\Delta = \frac{\mathrm{DW}}{1 - (C_h \Delta^{\alpha-1} + C_o \Delta^{\beta-1} + C_m \Delta^{\gamma-1})}$$

得出载重量系数的表达式如下:

$$\eta_{\mathrm{DW}} = 1 - (C_h \Delta^{\alpha-1} + C_o \Delta^{\beta-1} + C_m \Delta^{\gamma-1}) \quad (2\text{-}35)$$

当船体钢料重量、舾装重量和机电设备重量与排水量都成线性比例关系时,则得到一个简化的公式:

$$\eta_{\mathrm{DW}} = 1 - (C_h + C_o + C_m)$$

需要指出的是,船体钢料重量、舾装重量和机电设备重量与排水量之间的关系并不密切,难以统计出所假设的指数关系。

统计公式法,就是根据载重量系数的定义,利用相近船型的数据统计回归得到的数学公式。以下列出了几个载重型船舶的载重量系数的统计公式来加以说明。

有关油船载重量系数的一个统计公式如下:

$$\eta_{\mathrm{DW}} = 0.7337 K \left(\frac{\mathrm{DW}}{10^4}\right)^{0.0551} \quad (2\text{-}36)$$

式中:K——系数。对采用了 50% 以上高强度钢的大型或超大型油船,$K=1.01\sim1.03$;对 $B/d>3.5$ 的浅吃水船,$K=0.9\sim0.95$;对 $\mathrm{DW}=10000\sim50000\ \mathrm{t}$(中纵剖面上无纵舱壁)的船,$K=1.0\sim1.02$。

有关散货船载重量系数的一个统计公式如下：

$$\eta_{DW} = 0.7666 + 0.1304\left(\frac{DW}{10^5}\right) - 0.0775\left(\frac{DW}{10^5}\right)^2$$
$$+ 0.1249\left(\frac{DW}{10^5}\right)^3 - 0.1441\left(\frac{DW}{10^5}\right)^4 + 0.0469\left(\frac{DW}{10^5}\right)^5 \quad (2-37)$$

这个统计公式适用于 DW=10000 t～100000 t 的散货船。

有关多用途货船载重量系数的一个统计公式如下：

$$\eta_{DW} = 0.64 + 0.0556\left(\frac{DW}{10^4}\right) \quad (2-38)$$

这个统计公式适用于 DW=5000 t～25000 t 的多用途货船。

由于影响空船重量的因素很多，载重量系数的离散性很大。因此，用统计公式法估算载重量系数的准确性不高。

2.7.3 排水量初步估算

对于载重型船舶，如散货船、油船、多用途船等，其载重量占排水量的比例较大。因此，可根据载重量要求，采用载重量系数估算排水量的方法是合适的。

在已知载重量的情况下，排水量的第一次近似值通常可应用载重量系数的方法初步确定，即

$$\Delta = \frac{DW}{\eta_{DW}} \quad (2-39)$$

对于布置地位型船舶，如客船、车客渡船、拖船、科考船等，其载重量占排水量的比例很小。因此，用载重量来初估排水量一般存在较大误差。这类船舶的主尺度第一次近似值，一般根据主船体及上甲板所需的布置地位来初步选取。

【问题 2.7】 载重量系数的大小是反映船舶设计建造质量的一个重要指标。这个观点对所有船舶都适用吗？并简要叙述理由。

【答案】 不是。这个观点主要适用于载重型船舶。

2.7.4 排水量裕度

排水量裕度也称为排水量储备。

在船舶设计中，一般都需要考虑一定的排水量裕度。其原因大致有以下两个方面。

一是，预料之中的重量增加。

例如，在设计中，重量估算有误差。

二是，预料之外的重量增加。

例如，在设计后期或建造过程中，船东提出增加设备等。

又如，在船舶建造过程中，难免会采用材料、设备等的代用品，导致空船重量增加。

排水量裕度一般都加在空船重量中。裕度增加多少合适，要视设计者的经验、水平和掌握的母型船资料的多少及准确程度而定。裕度增加多少可以参考以下基本原则。

（1）在船舶设计的不同阶段，由于重量估算的精度不同，所加的排水量裕度一般也不同。

例如，在设计初始阶段，许多重量还不确切，采用的方法也是粗略的估算。此时，应考虑多加些排水量裕度。随着设计的深入，各项重量估算的精确性在提高，那么排水量裕度也可少加些。

一般情况下,在初步设计阶段,排水量裕度可取空船重量的 4%～6%。

(2) 组成空船重量的各部分重量的估算精度也可能不同。

例如,船体钢料重量一般规律性较强,如果船体与参考的母型船很相近,估算的把握性较大,则排水量裕度可少加些;而对于舾装重量、机电设备重量的估算结果误差较大,则排水量裕度应适当多加些。

一般情况下,在初步设计阶段,排水量裕度可取船体钢料重量的 3%～5%,舾装重量和机电设备重量各取 8%～10%。

对于客船,舾装重量所占比例较多,且各种零星设备和材料特别多。因此,要取较大的排水量裕度。

(3) 在船舶设计的后期,尽管重量是根据详细的设计资料逐项精确计算得到的,但此时仍需要考虑一点裕度。这是因为尽管计算结果是比较精确的,但船上的各种设备、材料众多,难免有遗漏,逐项估算方法中重量多算的可能性很少,而少算的可能性是有的。因此,总体上对排水量留有适当的裕度是必要的。

(4) 对于缺少设计和建造经验的新船型,排水量裕度同样应取较大的值。

排水量是用来表示船舶尺度大小的重要指标,是船舶设计中确定主尺度的重要依据。

船舶载重量占船舶排水量的比例称为载重量系数。载重量系数是反映载重型船舶设计建造质量的一个重要指标,但不能全面反映布置地位型船舶的装载能力。

事实上,排水量的估算主要依靠载重量系数的估算。

【问题 2.8】 排水量裕度也称为排水量储备。在船舶设计中,考虑排水量裕度时不包含的因素是哪一个?

(A) 重量估算误差 (B) 未预计到的重量增加
(C) 代用品导致的重量增加 (D) 载货量的变化

【答案】 D。

2.8 重力与浮力的平衡方法

本章 2.1 节讲述了船舶在静水中的平衡条件是客观存在的自然规律,是不以人们的意志为转移的,是船舶设计中必须严格满足的等式要求。

但通过本章 2.2 节至 2.7 节的学习,我们认识到船舶重量与船舶排水量的准确确定是困难的,不可能一蹴而就。

因此,以下内容探讨如何实现重量与浮力的平衡。

2.8.1 问题的提出

船舶在静水中的平衡条件为

$$\mathrm{LW}(x) + \mathrm{DW} = \Delta(x) \tag{2-40}$$

式中:x——船舶表征向量。

根据初选主尺度要素估算出来的船舶排水量和船舶重量一般不会相等,需要通过调整来实现平衡。

那么,如何进行调整呢?

假设重量估算是正确的。即使重量估算存在误差,目前也没有依据来随意地修改重量估算结果。因此,可以通过调整主尺度来调整浮力,逐步实现重力和浮力的平衡。

那么,如何调整浮力才合适呢?

为了便于直观理解,下面举个例子,加以说明。

假设现有一艘设计船,任务书要求的船舶载重量 DW 为 17500 t。

假设估算所得的空船重量 LW 为 6500 t,根据初估主尺度 x_0 决定的排水量 Δ 为 23500 t,则

$$LW(x_0)+DW=6500+17500=24000>\Delta(x_0)=23500$$

即

$$LW(x_0)+DW-\Delta(x_0)=24000-23500=500$$

显然,总重量比排水量多了 500 t,重力与浮力不能平衡。

为了保证船舶载重量 17500 t 不变,必须加大船舶的主尺度以增加排水量。如果所增大的主尺度,正好使得排水量增加了 500 t,则

$$\Delta(x_1)=23500+500=24000$$

主尺度增大后,那么空船重量也必然会增加。假设空船重量增加 X t,则

$$LW(x_1)=LW(x_0)+X=6500+X$$

此时,

$$LW(x_1)+DW=LW(x_0)+X+DW=6500+X+17500=24000+X>\Delta(x_1)=24000$$

即

$$LW(x_1)+DW-\Delta(x_1)=24000+X-24000=X$$

显然,总重量比排水量多了 X t,重力与浮力仍然不能保证平衡。

由此可见,排水量的增量不是一个简单的加减法。

显然,排水量的增量应大于 500 t。只有这样,才有可能使得主尺度增大导致的排水量增加与空船重量增加的差值为 500 t,从而弥补排水量的不足。

那么,排水量的增量究竟多大才合理呢?

为了回答这个问题,人们引入了诺曼(Normand)系数的概念。

2.8.2 诺曼系数

诺曼系数定义为排水量变化与载重量变化的比值。据此,可以得到诺曼系数的计算公式为

$$N=\frac{\delta\Delta}{\delta DW} \tag{2-41}$$

式中:N——诺曼系数;

$\delta\Delta$——排水量的变化;

δDW——载重量的变化。

因此,诺曼系数可以形象地理解为排水量随载重量变化曲线的斜率,见图 2.8。

将空船重量用船体钢料重量、舾装重量和机电设备重量来表达,根据船舶在静水中的平衡条件要求可得到排水量与船体钢料重量、舾装重量、机电设备重量和载重量之间的等式关系为

$$\Delta=W_h+W_o+W_m+DW \tag{2-42}$$

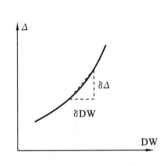

图 2.8 诺曼系数示意图

对等式两边进行一阶微分，容易得到排水量的变化与各重量部分变化之间的关系。

$$\delta\Delta = \frac{\partial W_H}{\partial \Delta}\delta\Delta + \frac{\partial W_o}{\partial \Delta}\delta\Delta + \frac{\partial W_m}{\partial \Delta}\delta\Delta + \delta DW \tag{2-43}$$

假设空船重量的组成部分为船体钢料重量、舾装重量和机电设备重量，它们均与排水量存在着指数关系。通过一些简单的运算，可以得到用船体钢料重量、舾装重量、机电设备重量、排水量以及相关指数表达的诺曼系数表达式为

$$N = \frac{\delta\Delta}{\delta DW} = \frac{1}{1 - \left[\alpha\dfrac{W_h}{\Delta} + \beta\dfrac{W_o}{\Delta} + \gamma\dfrac{W_m}{\Delta}\right]} \tag{2-44}$$

诺曼系数具有下列性质。

(1) 诺曼系数大于1。由其表达式可知：分子为1，而分母恒小于1。此性质表明：排水量的改变应当大于载重量的改变。

(2) 诺曼系数的大小与空船重量占排水量的比例大小有关。如果空船重量占排水量的比例较小时，则诺曼系数也小。

(3) 诺曼系数的数值依赖于空船重量的各项分量与排水量的关系。其数值包含了各项重量所占排水量的比例，以及排水量对各项重量的影响程度。

(4) 当 $\alpha = \beta = \gamma = 1$ 时，诺曼系数与载重量系数互为倒数。即

$$N = \frac{1}{1 - \left[\dfrac{W_h}{\Delta} + \dfrac{W_o}{\Delta} + \dfrac{W_m}{\Delta}\right]} = \frac{1}{1 - (C_h + C_o + C_m)} = \frac{1}{\eta_{DW}}$$

显然，为调整排水量而修改主尺度要素时，则空船重量会发生改变，诺曼系数也会随之变化。在主尺度要素中，船长影响最大，船宽次之，吃水和方形系数 C_b 影响最小。因此，如果通过调整船长或船宽来改变排水量，则空船重量变化就大，诺曼系数应有较大的值。如果通过调整吃水或方形系数来改变排水量，则对空船重量的影响很小，诺曼系数应有较小的值。

以下数据可供参考。

修改船长时，建议 α、β、γ 的取值范围分别为 1.2~1.5、0.5~0.8、0.2~0.3；修改船宽时，建议 α、β、γ 的取值分别为 1.0、0.7、0.2；修改吃水或方形系数时，建议 α 的取值为 0.4，β 和 γ 的取值为 0。

2.8.3 迭代步骤

船舶的排水量与空船重量、船舶的主尺度要素必然存在着客观关系。然而，这种关系是复杂的、隐性的、非线性的，无法建立起显式的函数表达式来进行直接求解，只能通过逐步近似的方法来满足平衡条件的要求。

事实上，各项重量与排水量之间的关系难以确切掌握。诺曼系数法为重力与浮力的平衡迭代过程提供了一种快速收敛的办法。

在初步选取了一组主尺度要素以后，先估算出各部分重量，再考虑平衡条件的要求选择船舶的吃水、方形系数、排水量等参数。

然后，再考虑各种其他因素和要求，调整主尺度，通过逐步近似的方法来平衡重力与浮力，最后得出一组满足平衡条件的主尺度要素。

迭代过程简要归纳如下。

(1) 粗估船舶排水量的第一次近似值。

（2）在此基础上，结合考虑一些因素，初步选择一组主尺度要素。该组主尺度要素应当满足粗估的排水量要求。

（3）根据初定的主尺度要素，估算各项重量，进而得到船舶重量。

（4）将得到的船舶重量与船舶排水量进行比较。

如果不能满足平衡条件，则调整主尺度要素。不断循环，逐步近似，直到得到一组满足平衡条件的主尺度要素为止。

一般而言，根据初选主尺度要素估算出来的船舶排水量和船舶重量是不会相等的。因而，需要不断地调整来实现平衡。

由于问题的复杂性，这种调整绝不是简单的加减法。因此，引入诺曼系数，即排水量变化与载重量变化的比值。诺曼系数法为重力与浮力的平衡迭代过程提供了一种快速收敛的办法。

2.9 船舶重心估算

2.9.1 坐标系

为了定量地描述船舶重心的位置，需要建立坐标系。

通常采用图 2.9 所示的直角坐标系。该坐标系固定在船体上，是一种随体坐标系。该直角坐标系以基平面、中站面和中线面三个相互垂直的平面的交点为坐标原点 O；基平面与中线面的交线为 x 轴，指向船艏为正；基平面与中站面的交线为 y 轴，指向右舷为正；中线面与中站面的交线为 z 轴，向上为正。

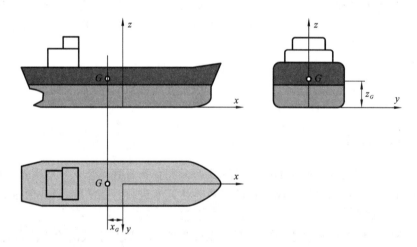

图 2.9 坐标系

在此坐标系中，重心的位置表示为 (x_G, y_G, z_G)。

重心的纵向坐标 x_G，关系到船舶的浮态，影响船舶的纵倾。

重心的横向坐标 y_G，一般为零，这是因为通常船舶的左右舷重量分布是对称的。

重心的垂向坐标 z_G，即重心在基线以上的高度，习惯上用 KG 表示，影响船舶的稳性。

因此，船舶重心的估算主要是指船舶重心的纵向坐标和垂向坐标的估算，即估算出船舶重心的纵向位置和垂向位置。

2.9.2 船舶重心纵向位置(x_g)的估算

船舶重心纵向位置对船舶的浮态,特别是纵倾有重要的影响。只有船舶重心纵向位置与浮心纵向位置配合得当,船舶才能有适宜的浮态。

因此,在型线设计中,选取浮心纵向位置时,重心纵向位置是一个重要的考虑因素。

在估算重心纵向位置时,要分别估算空船重量的重心纵向位置 x_{ge} 和载重量的重心纵向位置 x_{gd}。

(1) 讨论如何估算空船重量的重心纵向位置。

在初始设计阶段,可采用等比换算法对空船重量的重心纵向位置进行粗略估算。假设空船重量的重心纵向位置线性比例于船长。由此,得到估算空船重量的重心纵向位置公式为

$$x_{ge} = C_1 L \tag{2-45}$$

式中:C_1——由母型船所决定的系数,即

$$C_1 = \frac{x_{ge0}}{L_0} \tag{2-46}$$

在形成了总布置方案以后,可对空船重量的重心纵向位置进行分项估算。

例如,机电设备重量的重心纵向位置的估算,可以采用等比换算法。以相对机舱位置的某基准点(如机舱前壁),用机舱长度的比例关系根据母型船资料估算;然后再换算到距船中的距离。

又如,舾装重量的重心纵向位置的估算,可进一步细分。其中,大项设备(如锚泊设备、起重设备、舱盖设备等),可按具体布置确定其重心位置;其余杂项(如内舾装重量)合并后以相对于上层建筑和甲板室的纵向位置来确定。

(2) 讨论如何估算载重量的重心纵向位置。

载重量各部分的重心纵向位置,可根据总布置图上各部分载重量所处的位置并考虑船型特征进行估算;汇总后,即可求得载重量的重心纵向位置。

2.9.3 船舶重心高度(z_g)的估算

船舶重心高度对船舶的稳性有重要的影响。只有重心高度与浮心高度配合得当,船舶才能有较好的稳性。

因此,船舶的重心高度涉及船舶的安全性,必须高度重视。如果估算不准,尤其是对于稳性富余不多的船舶,重心估算过低会带来严重的后果。

在估算重心高度时,要分别估算空船重量的重心高度 z_{ge} 和载重量的重心高度 z_{gd}。

(1) 讨论如何估算空船重量的重心高度。

在初始设计阶段,可采用下列方式粗略估算出船体钢料重量的重心高度 z_{gh}、舾装重量的重心高度 z_{go} 和机电设备重量的重心高度 z_{gm}。

粗略估算船体钢料重量的重心高度可采用等比换算法进行。假设船体钢料重量的重心高度线性比例于型深,或线性比例于计入舷弧、上层建筑和甲板室的相当型深,则

$$z_{gh} = C_e D \tag{2-47a}$$

$$z_{gh} = C_{e1} D_1 \tag{2-47b}$$

式中:C_e,C_{e1}——由母型船所决定的系数,即

$$C_e = \frac{z_{gh0}}{D_0}$$

$$C_{e1} = \frac{z_{gh0}}{D_{10}}$$

粗略估算舾装重量的重心高度，可按下式进行

$$z_{go} = (1.00 \sim 1.05) D_1 \quad （干货船） \tag{2-48a}$$

$$z_{go} = (1.02 \sim 1.08) D_1 \quad （油\ 船） \tag{2-48b}$$

式中：D_1——计入上层建筑影响的相当型深，即型深加上层建筑容积除以甲板面积之商。

粗略估算一般运输船舶的机电设备重量的重心高度，其平均值约为 $0.55D$。用母型船资料换算时，其估算值也可按比例于型深 D 的关系来换算。

在此基础上，粗略估算空船重量的重心高度，可用算术加权平均求出。即

$$z_{gE} = \frac{W_h z_{gh} + W_o z_{go} + W_m z_{gm}}{W_h + W_o + W_m} \tag{2-49}$$

式中：z_{ge}——空船重量的重心高度；

W_h——船体钢料重量；

z_{gh}——船体钢料重量的重心高度；

W_o——舾装重量；

z_{go}——舾装重量的重心高度；

W_m——机电设备重量；

z_{gm}——机电设备重量的重心高度。

由于不同船舶的上层建筑及甲板室的大小和高度可能相差较多，其垂向重心高度的相似性可能与主船体并不一致。因此，较细致的考虑是将两者分开，并分别估算。

对于主船体而言，其钢料重心高度可用等比换算法估算：

$$z_{gh1} = C_{eh} D_1 \tag{2-50}$$

式中：C_{eh}——由母型船所决定的系数，即

$$C_{eh} = \frac{z_{gh10}}{D_{10}}$$

也可参考如下的统计公式：

$$C_{eh} = 0.48 + 0.0015(0.85 - C_{BD})\left(\frac{L}{D}\right)^2 + 0.008\left|\frac{L}{B} - 6.5\right|$$

式中：C_{BD}——计至型深的方形系数。

对于上层建筑和各层甲板室而言，其钢料重心高度可按其具体位置单独估算。其中，首楼的重心高度可取其层高的 $0.8 \sim 0.85$，外飘大者取大值；尾楼和甲板室的重心高度可取层高的 $0.70 \sim 0.82$，内部钢围壁较多时取小值。

由于舾装重量所包括的项目十分琐碎，因而，详细估算舾装重量的重心高度存在一定的难度。一般认为，船体木作及敷料的重心，可根据总布置图取其面积的形心。各种设备（舵、锚、系泊、救生、起货设备等）的重心，可根据具体布置的位置来确定。如果有母型船的详细分项重量的重心资料，可利用母型船的资料进行直接换算。

机电设备的重心高度用分组重量估算时，可将其中大件设备的重心高度分项估算，剩余的杂项设备再用母型船资料换算。其中，主机和柴油发电机组的重心高度，可取其轴线上主机高度的某个百分数。

在重量估算的分项较细时,估算空船重量的重心高度,可在求出各分项的重量及其重心的基础上进行加权平均:

$$z_{ge} = \frac{\sum W_i z_{gi}}{\sum W_i} \quad (2\text{-}51)$$

式中:z_{ge}——空船重量的重心高度;

W_i——各分项重量;

z_{gi}——各分项重量的重心高度。

(2) 讨论如何估算载重量的重心高度。

在设计初始阶段,粗略估算载重量的重心高度时通常也采用相近母型船的资料来换算。

在有了总布置图以后,进行分项估算时,载重量的重心高度可以根据各个项目重量的具体位置进行估算。

例如,人员、行李、食品的重心一般可取为所在甲板以上 1 m 处;双层底内油水的重心高度可取为双层底高度的 3/5 左右;货物及深舱液体的重心高度取为舱容积的形心高度。

(3) 简要说明重心高度的裕度。

在船舶设计中,通常对重量的估算结果要留有一定的裕度。同样,对于重心高度的估算结果一般也要考虑适当的裕度。

设置裕度主要有两种做法:一是,在估算的重心高度之上,直接增加一个增量;二是,将空船重量裕度的重心高度,置于一个合适的高度位置。

需要特别指出的是:对于稳性要求较高的船舶(如客船)、稳性富余较少的船舶(如集装箱船),以及设计和建造经验较少的新型船舶,从保证船舶的安全性出发,往往将空船的重心高度再提高 0.05~0.15 m,作为新船重心高度的储备。

船舶重心的位置对船舶的浮态和稳性有着重要影响。具体而言,船舶重心的纵向位置影响浮态、纵倾;船舶的重心高度影响船舶的稳性。

在进行船舶重心估算时,应分别针对空船重量和载重量进行重心纵向位置的估算和重心高度的估算。基本的估算方法仍然是等比换算法、统计公式法,估算的过程仍然按照粗略估算、分项估算进行。

习　　题

2.1　民船的空船重量和载重量分别由哪几部分组成?

2.2　货船通常有哪几种基本载况?它们的重量分别包括哪几部分?

2.3　为什么说空船重量的准确估算十分重要?如果空船重量估算结果偏轻或者偏重分别会产生什么样的后果?

2.4　在船舶设计的不同阶段,空船重量的估算(或计算)应该采用不同的方法,请简述一下不同设计阶段空船重量估算所采用方法的特点。

2.5　在初步设计阶段,估算空船重量的困难在哪里?准确估算空船重量的条件是什么?

2.6　影响船体钢料重量 W_h 最显著的主尺度是什么?其影响 W_h 的基本规律是怎样的?其他主尺度对 W_h 的影响程度和规律如何?

2.7　船上固定压载的作用是什么?哪些船舶需要设置固定压载?一般运输货船设计中

是否考虑设置固定压载？为什么？

2.8 什么叫排水量裕度？实船设计中为什么要取排水量裕度？怎样取定其大小？

2.9 在初始设计阶段，如何估算空船重心高度和重心纵向位置？

2.10 某多用途船初步确定的主尺度为：$L_{pp} = 150.0$ m，$B = 22.8$ m，$D = 13.2$ m，$T = 9.2$ m，$C_b = 0.72$，主机功率（MCR）为 8820 kW。请根据母型船重量资料，采用不同的方法估算新船的空船重量，然后选用你认为合适的估算结果，计入适当的排水量裕度，计算确定本船的空船重量。母型船主尺度：$L_{pp} = 147.0$ m，$B = 20.8$ m，$D = 12.8$ m，$T = 9.2$ m，$C_b = 0.63$，主机功率（MCR）为 8235 kW。各项空船重量为：船体钢料重量为 3750 t，舾装重量为 1200 t，机电设备重量为 1050 t。

2.11 已知某船设计吃水时的排水量为 7000 t，空船重量为 2203 t，主机常用连续功率为 3321 kW，主机耗油率为 169 g/(kW·h)。服务航速为 14.7 kn，续航力为 7000 n mile，船员人数为 20 人。已知本船出港时装载淡水 100 t，食品 3 t，备品和供应品 7 t。取辅机和锅炉的耗油量为主机耗油量的 12%，滑油储量取为燃油储量的 3%。试求本船的载重量、载货量以及满载出港和到港时的排水量。

第 3 章 船 舶 容 量

3.1 船舶容量的含义

经济适用是船舶设计的基本要求。而经济适用的基础就是,所设计的船舶必须能够提供足够的空间用来装载货物和乘员以及为实现其功能搭载必须具备的设备和装置等。显然,如果一艘船舶连必要的空间都不具备的话,那么对这艘船提出更多的其他要求也是不现实的。因此,必须认真对待船舶容量。这是船舶设计的落脚点。

3.1.1 船舶容量

船舶是一个复杂的结构物。

一般而言,船舶容量主要由主船体和上层建筑中的体积空间和面积空间所提供,见图3.1。

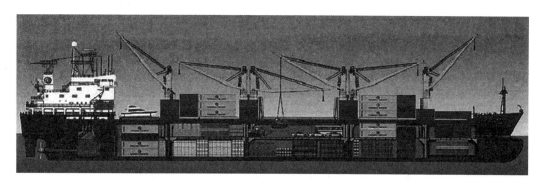

图 3.1 船舶容量分布图

主船体,是由上甲板和船舶外板所围成的水密浮体。主船体内的由纵横舱壁和各层甲板相互分隔所形成的围蔽空间,多称为船舶的"舱"。例如,货船的货舱、机舱,等等。

上层建筑,是指上甲板上由一舷伸至另一舷的围蔽建筑,或侧壁板离船壳板向内不大于4%船宽的围蔽建筑,也可泛指上甲板上的各种围蔽建筑。上层建筑内的围蔽空间多称为船舶的"室"。例如,驾驶室、海图室,等等。

船舶的舱和室,统称为船舶舱室,简称"舱室"。舱室所占据的体积空间,称为舱室容积,简称"舱容"。

甲板是船舶内底板以上的平面结构,将船体水平分隔成层。

船舶容量,就是舱室容积和甲板面积的总称。

对于货船,船上要装载货物、压载水、淡水和燃油等,需要有足够的舱室容积。例如,油船、散货船等。这类运输船舶,载重量占排水量比例较大,被称为载重型船舶。

对于客船,船上要布置大量的客舱,以及乘客的起居处所和服务处所,需要足够的甲板面积。这类运输船舶,载重量虽然较小,但需要大量的甲板面积和发达的上层建筑,被称为布置地位型船。

对于装载特定尺寸单元货物的船舶,既要有一定的载重量要求,还要重点考虑所需的布置地位。例如,集装箱船、滚装船等。这类运输船舶,既要合理利用舱室容积,又要充分利用载货甲板,以便能装载尽可能多的单元货。

船舶设计中,在决定主尺度时,舱室容积和布置地位是重点考虑因素。换句话说,满足舱室容积和布置地位的要求,是通过选择适宜的主尺度和进行合理的布置等措施来保证的。

船舶所需的舱室容积和布置地位的大小,是由船舶的用途、装载货物的种类和数量、人员以及设备的多少所决定的。

应当注意的是,在调整主尺度以满足舱室容积和布置地位要求时,不能忽略重力与浮力的平衡以及性能等方面的要求。

船舶提供的舱室容积和布置地位要恰到好处,既要满足需要,又不要造成浪费。

3.1.2 舱室容积

舱室容积的总和为船舶的内部容积提供了体积空间。

以民用运输船舶为例,可以从舱室的几何特征和功能用途两个角度,对船舶舱室进行归纳。

按几何特征,主船体所能提供的空间可分区为首部舱、中部舱、尾部舱、边舱(舷边舱、顶边舱、底边舱)、底舱,等等。

按功能用途,船舶所需的舱室可归纳为船员舱室、工作舱室和营业舱室,等等。

船员舱室:主要包括卧室、卫生用室、餐室和会议室等,一般布置在上甲板以上。

工作舱室:主要包括压载水舱、机舱、油水舱、舵机舱、锚链舱、隔离空舱、轴隧室等通常位于上甲板以下的舱室,和驾驶室、海图室、无线电报室等通常位于上甲板以上的舱室。

营业舱室:主要包括货舱和客舱。其中,货舱通常布置在上甲板以下,客舱主要布置在上甲板以上。

对于载重型船舶,舱室容积主要是指货舱、压载水舱、机舱、油水舱等舱室的容积。显然,如果将舵机舱、锚机舱、首尖舱、尾尖舱考虑在内,即主船体的全部容积。货舱是舱容最大的舱室,其大小是由载货所需的容积要求所决定的。因此,设计载重型船舶时,载重量和舱室容积的要求,是确定船舶主尺度时需考虑的主要因素。

对于布置地位型船舶,舱室容积不是影响其船舶主尺度的主要因素。

解决舱室容积问题的一般做法如下所述。

(1) 在初步设计阶段,首先,根据设计技术任务书的要求,估算出所需的舱容;然后,根据初选的主尺度和总布置方案,估算出设计船所能提供的舱容;最后,校核和调整主尺度和布置方案,直至恰如其分地满足舱容要求。

(2) 在详细设计阶段,总布置图和型线图确定以后,要详细计算出货舱、压载水舱以及油水舱的舱室容积,对舱容再作校核计算。舱容计算的结果也是性能校核的依据。

(3) 在船舶建造完工后,应根据完工资料和船舶使用的要求对各类舱室的容积重新精确计算,计算结果作为完工文件提交用船部门使用。

一般而言,在船舶总布置图上,应详细记载和清晰标明船舶舱室的具体布置情况。舱容计量是法定计量部门根据实船测量结果最终计算确定的。

3.1.3 布置地位

甲板为船舶的布置地位提供了面积空间。

下面从甲板的空间位置和船舶的布置地位需求两个角度,对船舶甲板进行归纳。

(1) 按空间位置,甲板大致可区分为露天甲板、内部甲板、甲板平台,等等。

(2) 按布置地位需求,以货船为例,货舱口及舱盖的布置地位,甲板机械的布置地位,以及船员的生活处所和工作处所的布置地位等应该满足需求。

对于载重型船舶,布置地位不是影响其主尺度的主要因素。

对于布置地位型船舶,船舶的主尺度很大程度上取决于所需的布置地位或受布置地位的制约。因此,满足布置地位的需求是确定其主尺度的主要因素,是总体设计的一项重要工作。

解决布置地位问题的一般做法如下。

在初步设计阶段,首先,根据设计技术任务书的要求,估算出所需的甲板面积;然后,根据初选的主尺度和总布置方案,勾画出总布置草图,估算出设计船所能提供的甲板面积;最后,校核和调整主尺度和布置方案,确认布置地位满足要求。

在详细设计阶段,总布置图和结构图确定以后,可详细计算出甲板所能提供的甲板面积,对布置地位再作校核计算。考虑布置地位时,还应当结合强度要求。

在船舶建造完工后,应根据完工资料和船舶使用的要求对各类甲板的面积重新精确计算,计算结果作为完工文件提交用船部门使用。

船舶容量是舱室容积与甲板面积的总称,是影响船舶技术性能和经济性能的重要因素。在船舶设计中,船舶容量是确定船舶主尺度的一个决定性因素。

船舶容量应恰到好处,既满足需要,又不造成浪费。这是考虑船舶容量的基本原则。船舶容量的考虑因船而异、因设计阶段而异。

3.2 货舱所需的型容积估算

一般而言,货舱的载货能力与货物种类、包装方式以及理化性质等有关。

船舶的货舱主要有干散货舱和液货舱。货舱的容积有型容积(或称毛容积)、净容积等。

3.2.1 货物的积载因数

货物的积载因数,是指每吨货物装船时所占据的货舱容积。即

$$\mu_c = \frac{V}{W_c} \tag{3-1}$$

式中:μ_c——货物的积载因数(m^3/t);

V——货物所占货舱的净容积(m^3);

W_c——载货量(t)。

货物的积载因数具有以下两个性质。

性质1:货物的积载因数大于等于货物比重的倒数。

对于原油、成品油等液货,其积载因数等于其比重的倒数。但是,对于小麦、水泥等干散货,其积载因数通常大于其比重的倒数。这是因为无论是包装还是散装,干散货之间不可避免地存在或大或小的空隙。所以,这类货物的积载因数往往大于其比重的倒数。

例如，石灰石的比重为 2.2 t/m³，其比重的倒数为 0.45 m³/t；而块状石灰石和粉状石灰石的积载因数分别约为 0.84 m³/t 和 1.1 m³/t。显然，两者的积载因数均大于石灰石比重的倒数；同时，两者的积载因数并不相同，表明同样重量的石灰石，块状石灰石所占据的舱室容积要小于粉状石灰石。

性质 2：货物的积载因数与货物的种类和包装方式有关。

例如，表 3.1 分别给出了水泥、小麦和大豆三种干散货在散装和袋装两种不同包装方式下的积载因数。表中数据表明：对于同样包装方式，例如散装，水泥、小麦和大豆的积载因数不同；对于同种货物，例如水泥，散装的和袋装的积载因数不同。

表 3.1　不同包装方式下的积载因数

货物种类	包装方式	
	散装	袋装
水泥	0.67～0.78	0.89～1.06
小麦	1.22～1.34	1.34～1.45
大豆	1.17～1.45	1.34～1.64

除了考虑货物的积载因数外，还要考虑亏舱的影响。亏舱是指舱容的亏损。这是因为装货时，货舱的某些部位因堆装不便而产生了货物无法利用的空间。例如，货舱开口以外的顶部容积较难利用，开口越小，亏损容积越多。

亏舱量与货舱开口大小、货物形状和包装方式以及散货的休止角等有关。一般而言，亏舱量由船东根据实际装载经验，并结合船型特征确定。表 3.2 给出了一些货物的亏舱比例，仅供参考。

表 3.2　部分货物的亏损比例

货物种类	袋装
包装货	10%～20%
散装货	2%～10%
木材	5%～50%

根据装载货物种类、包装方式和理化性质，可采取一定的技术措施，来减少亏舱量。例如，装载散装谷物时，可以在货舱开口附近，设置添注漏斗，有助于减少亏舱量。

货物的积载因数，可从有关的设计手册中查得。表 3.3 给出了一些数据，仅供参考。

表 3.3　不同形式下的货物积载因数

货物种类	形式	积载因数/(m³/t)	休止角/(°)	备注
铁矿石	散装	0.33～0.42	35～45	
石灰石	散装	0.84	34	40 mm 以下块状
砂	散装	0.56～0.64	31～40	
煤	散装	1.17～1.34	30～45	随产地及含水量而异
煤粉	散装	1.39～1.48		

续表

货物种类	形式	积载因数/(m³/t)	休止角/(°)	备注
钢	板材	0.22~0.45		
	线材	0.28~0.39		
	型材	0.56~0.64		
羊毛	包装	4.73~5.02		非洲产
羊毛	包装	4.46~5.43		澳大利亚产

【问题 3.1】 货物的积载因数是指每吨货物装船时所占据的货舱容积。那么,货物的积载因数与货物密度的倒数之间的关系是什么?
(A) 等于　　　(B) 不小于　　　(C) 不大于　　　(D) 不确定
【答案】 B。

3.2.2 货舱的容积折扣系数

在引入容积折扣系数之前,需要了解有关容积的一些基本概念。

型容积,又称毛容积,是指按型线图计算所得的舱内容积;净容积是指型容积中能用于装货的舱内容积。

容积折扣系数是指净容积与型容积之比。即

$$k_c = \frac{V}{V_c} \tag{3-2}$$

式中:k_c——容积折扣系数;
V——货舱的净容积(m³);
V_c——货舱的型容积(m³)。

容积折扣系数的确定,不仅应当考虑舱室结构的影响,还要考虑货物的包装方式与理化性质的影响。

(1) 考虑结构折扣。

实际的船舱内有平台、舱壁等结构;船侧、甲板有肋骨、横梁、纵桁等构件;液舱内还有管道等等。这些都要占去一部分空间。因此,在净容积计算时,应当从型容积中首先扣除这部分结构所占据的空间,各种舱室的结构折扣系数见表 3.4。

表 3.4 容积的结构折扣系数

舱室		结构折扣系数
液舱	双层底舱	0.97~0.98
	首尖舱	0.975~0.985
	尾尖舱	0.96~0.97
	深舱	0.985~0.99
货舱	端部货舱	0.98~0.99
	中部货舱	0.99~0.995
	甲板间舱	0.985~0.99
	冷藏舱	0.7~0.8

(2) 考虑其他折扣。

例如,在装载包装货物时,舱室容积受到甲板横梁下缘、肋骨内缘、舱壁扶强材内缘等的限制,以及强框架、纵桁、舱口端梁和舱口纵桁等强构件的影响。估算包装货物的舱室净容积时,往往需要在结构折扣的基础上,再乘以 90%~93% 的系数。

又如,在装载燃油、滑油、成品油等油料液货时,舱室容积受到油料受热膨胀的影响。估算这类货物的舱室静容积时,也常需要在结构折扣的基础上,再乘以 97%~98% 的系数。

【问题 3.2】 容积折扣的来源不包含哪一项?
(A) 结构形式　　　　(B) 包装方式　　　　(C) 货物种类　　　　(D) 理化性质
【答案】 C。

3.2.3　货舱所需的型容积估算

根据货物所需的舱室净容积 $\mu_c W_c$ 应当和货舱所能提供的舱室净容积 $k_c V_c$ 相等的原则,即

$$\mu_c W_c = k_c V_c = V$$

很容易得到货舱所需的型容积的估算公式。

$$V_c = \frac{\mu_c}{k_c} W_c \tag{3-3}$$

船舶的货舱主要有干散货舱和液货舱,一般布置在船舶中部。

对货舱所需的型容积进行估算时,需要考虑货物的积载因数和货舱的容积折扣系数。

货物的积载因数主要取决于货物种类、理化性质、包装方式,等等。货舱的容积折扣系数主要取决于理化性质、包装方式、舱室结构形式,等等。

3.3　压载水舱所需的型容积估算

对于载重型船舶(例如,油船、干散货船、矿砂船等),为保证其非满载航行时的航行性能,可以通过压载的方式,使其具有一定的吃水。

对于布置地位型船舶(例如,客船、集装箱船、客滚船等),为保证其必要的稳性,可以通过压载的方式,降低其重心高度。

3.3.1　压载水舱

民用运输船舶,一般都设有一定数量的压载水舱,见图 3.2。

以往,油船并没有设置专用压载水舱。非满载航行时,压载水通常加注在货油舱内。这种压载方式,排出的压载水混有货油会造成环境污染。现在,油船都已设置了专用压载水舱。一般而言,油船的压载水布置在舷边舱、双层底舱、首尖舱、尾尖舱内。

对于其他货船,压载水通常布置在双层底舱、首尖舱和尾尖舱内。设有边舱时,压载水还可以布置在边舱内。

如果上述舱室仍然不能满足压载水的需求时,则可适当加长首尾尖舱,也可根据具体情况,另设深舱。

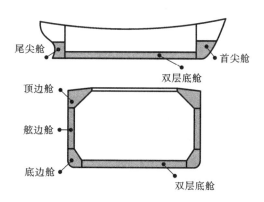

图 3.2 压载水舱

3.3.2 压载吃水的基本要求

压载水量,通常是根据航行时的首吃水和尾吃水来确定的,见图 3.3。

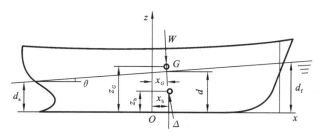

图 3.3 首尾吃水

根据首尾吃水,可得到压载平均吃水

$$d_b = \frac{d_f + d_a}{2} \quad (3\text{-}4)$$

和首尾吃水差

$$\delta d = d_f - d_a \quad (3\text{-}5)$$

式中:d_f——首吃水;

d_a——尾吃水。

需要指出的是,本节所指的船长 L 是指 $0.85D$ 处水线长的 95% 或该水线处的垂线间长,取大者。

对于经常存在非满载状态航行的船舶,通常首尾吃水的基本要求如下。

首吃水尽可能达到 $0.025L \sim 0.03L$;尾吃水一般要求达到 $0.04L \sim 0.045L$。如果首吃水太小,在风浪中航行时,易引起严重的船首拍击。如果尾吃水太小,将难以保证螺旋桨全部浸没在水中。

对于驾驶室设在尾部的船舶,当压载航行时,不应有太大的尾倾。否则,将会严重影响驾驶视线。

对于偶尔出现非满载状态航行的船舶,例如,小型多用途船在压载航行时,首尾吃水的要求可适当放宽。

对于油船:船舶较大时,压载吃水仅与船长有关;船舶较小时,压载吃水不仅与船长有关,而且还与航行条件有关。具体的压载吃水的要求如下。

对于 DW≥20000 t 的原油船,或 DW≥30000 t 的成品油船,其吃水的要求为

$$d_b = 2.000 + 0.02L$$
$$\delta d < 0.015L \tag{3-6}$$

并要保证螺旋桨全部浸没在水中。

对于船长小于 150 m 的油船,当风力≤蒲氏 5 级时

$$\begin{cases} d_b = 0.200 + 0.032L \\ \delta d = (0.024 - 6 \times 10^{-5} L)L \end{cases} \tag{3-7a}$$

当 6 级浪时,

$$\begin{cases} d_f \geq 0.700 + 0.017L \\ d_a \geq 2.300 + 0.03L \end{cases} \tag{3-7b}$$

或

$$\begin{cases} d_b \geq 1.55 + 0.023L \\ \delta d \leq 1.600 + 0.013L \end{cases} \tag{3-7c}$$

当 L 较大的船,防止螺旋桨出水及产生拍击时,则

$$\begin{cases} d_f \geq 0.500 + 0.0225L \\ d_a \geq 2.000 + 0.0275L \end{cases} \tag{3-7d}$$

3.3.3 压载水舱所需的型容积估算

在初步设计阶段,可按下列步骤对压载水舱所需的型容积进行估算。

首先,根据压载航行时的首吃水和尾吃水,采用式(3-4)估算压载航行时的平均吃水。

其次,根据方形系数、水线面系数、排水量,以及上一步估算的压载航行时的平均吃水,估算压载排水量:

$$\frac{d_b}{d} = \left(\frac{\Delta_b}{\Delta}\right)^{C_b/C_w} \tag{3-8}$$

式中:Δ_b——压载排水量。

然后,根据上一步估算的压载排水量,扣除空船重量以及包括人员、行李、燃油、淡水等在内的其他重量,估算出压载水量:

$$W_b = \Delta_b - LW - \sum W_j \tag{3-9}$$

式中:W_b——压载水量。

最后,根据上一步估算的压载水量,并考虑压载水的密度和压载水舱的容积折扣系数,估算出压载水舱所需的型容积:

$$V_b = \frac{W_b}{\rho k} \tag{3-10}$$

式中:V_b——压载水舱所需的型容积。

压载水舱所需的型容积,可用直接利用载重量进行更为粗略的估算:

$$V_b \approx W_b = k_b \cdot DW \tag{3-11}$$

式中:k_b——无量纲系数,与船舶类型有关。表 3.5 给出的数据仅供参考;有相近的母型船时,可参考母型船选取。

表 3.5　不同船型的 k_b 值

船　型	k_b 值
单向运输的散货船	0.32～0.56
多用途船	0.2～0.3
集装箱船	0.3～0.35
大型油船(10 万吨以上)	0.35～0.4
中小型油船	0.42～0.47

压载水的作用,使得船舶具有合适的吃水,降低其重心高度,保证其稳性和航行性能。

压载水通常布置在舷边舱、双层底舱以及首尾尖舱内。

压载水舱所需的型容积可根据首尾吃水的要求来估算,也可根据载重量进行较为粗略的估算。

【问题 3.3】　压载水不能起到什么作用?
(A) 降低重心　　　　(B) 增大吃水　　　　(C) 提高稳性　　　　(D) 改变舱容
【答案】　D。

3.4　机舱、油水舱等舱室所需的型容积估算

3.4.1　机舱所需的型容积估算

机舱所需的型容积是由机电设备的布置地位所需要的机舱位置和机舱长度决定的,见图 3.4。

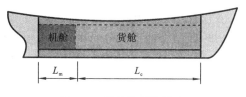

图 3.4　机舱位置和长度

机舱位置在船舶的中部、中尾部或尾部时,分别称为中机型、中尾机型和尾机型。

机舱长度与货舱长度相关联。

在舱室容积一定时,机舱长度应尽可能短,以增加货舱的长度,从而提高货舱的舱室容积。为了充分利用空间布置机电设备,在机舱高度允许的情况下,一般都设有机舱平台。大型船舶通常还设有多层的机舱平台。因此,对机舱容积的估算转化为对机舱长度的估算。

在初步设计阶段,机舱长度的估算可根据主机的不同,采用不同的方法。

例如,当主机为低速柴油机时,机舱长度可根据主机长度和修正长度进行粗略估算:

$$L_m = l_m + C \tag{3-12}$$

式中:L_m——机舱长度;

　　l_m——主机长度;

　　C——修正长度。

修正长度可参考与设计船的机舱位置、主机类型、功率和台数以及主尺度相近的母型船选取;如缺乏资料时,中尾机型的修正长度可取 4~6 m,尾机型的修正长度可取 10~12 m。

又如,当主机为低速重型柴油机时,机舱长度可根据主机连续最大功率,采用统计公式进行粗略估算:

$$L_m = 15 + 0.607 P_{MCR} \cdot 10^{-3} \tag{3-13}$$

式中:L_m——机舱长度;

P_{MCR}——主机连续最大功率(kW)。

再如,主机为中高速柴油机时,机舱长度可参考相近的母型船进行选取比较合适。

根据上述所估算的机舱长度,并结合机舱段体积丰满度系数和机舱双层底高度,机舱所需的型容积可由下列公式粗略估算:

$$V_m = K_m L_m B (D - h_{dm}) \tag{3-14}$$

式中:V_m——机舱所需的型容积;

K_m——机舱段体积丰满度系数;

L_m——机舱长度;

h_{dm}——机舱双层底高度。

对于中机型丰满船舶,机舱段体积丰满度系数可近似地取为 1.0;对于中尾机型和中机型船舶,机舱段体积丰满度系数可参照母型船资料选取。

【问题 3.4】 与机舱所需的型容积直接关联性最弱的因素是哪一个?

(A) 机电设备的布置地位 (B) 机舱位置
(C) 机舱长度 (D) 机舱高度

【答案】 D。

3.4.2 油水舱所需的型容积估算

油水舱主要包括燃油舱、滑油循环舱、滑油储存舱、淡水舱、污油水舱,等等。

油水舱通常布置在边舱、双层底舱、首尖舱、尾尖舱、深舱。

根据各油水舱的油水储存量,并结合油水的密度和容积折扣系数,油水舱所需的型容积可由所给的公式进行估算:

$$V_{ow} = \sum V_i = \sum \frac{W_i}{\rho_i k_{ci}} \tag{3-15}$$

式中:V_{ow}——油水舱所需的型容积;

W_i——各油水舱的油水等储存量(t);

ρ_i——各油水舱的油水密度(t/m^3);

k_{ci}——各油水舱的容积折扣系数。

对于一般重油(燃料油),密度取 0.89~0.9 t/m^3;对于轻油(柴油),密度取 0.84~0.86 t/m^3;对于淡水,密度取 1.0 t/m^3。

对于水舱,容积折扣系数可按表 3.4 取为结构折扣系数;对于油舱,再考虑膨胀系数 0.97~0.98;对于重油舱,因为需要内设加热管系,故还要占去 3% 左右的容积。在实船设计中,容积折扣系数的取值,还应注意与轮机部分的设计相互协调。

3.4.3 其他舱室所需的型容积估算

在货舱、压载水舱、机舱、油水舱所需的型容积估算中,主船体内的其他舱室如未计入,其舱室容积也应当予以估算。

例如,首尾尖舱虽然有一定的总容积,但在垂线间长范围内的容积不多。舱室容积可按总容积的2%～5%进行估算。

又如,轴隧室是船尾轴通过其他舱室时,为保护尾轴而设置的舱室。轴隧室内除布置轴系以外,还应布置人员检修的地位。舱室容积可按总容积的2%～5%进行估算。

再如,隔离空舱是油船根据消防要求,在货油舱和机舱之间所设置的舱室。但隔离舱的容积是可以利用的,一般用作货油泵舱和燃油舱。

还如,污油水舱是油船存放清洗货油舱后所产生的污油水和残油的舱室。根据防污染公约规定,污油水舱的舱容不得小于货油舱容积的3%。

机舱容积和货舱容积相互影响。设计时应尽可能压缩机舱长度,以保证在舱室容积一定时,提供尽可能多的货舱容积。

机舱所需的型容积估算主要根据机舱长度的估算结果进行。

油水舱,主要包括燃油舱、滑油舱、淡水舱、污油水舱等。油水舱所需的型容积估算主要根据各油水舱的油水储存量进行。

【问题3.5】 既然都是型容积的估算,那么机舱和油水舱所需的型容积估算原则和方法就是一样的。这个观点对吗?简述理由。

【答案】 不对。机舱型容积是一个受到约束的优化值(因为和货舱之间有矛盾),油水舱型容积是一个需求值(油水储存量)。

3.5 主船体所能提供的型容积估算

在本章3.2节至3.4节中,讲述了船舶的货舱、压载水舱、机舱、油水舱等舱室所需型容积的估算方法。

在本节中,将要了解主船体所能提供的型容积的估算方法。主船体所能提供的型容积与主尺度、船型系数等密切相关。

3.5.1 主船体所能提供的总型容积的估算

当设计船的主尺度和船型系数确定之后,可根据计算到型深的方形系数、垂线间长、型宽,以及计入首尾舷弧和梁拱影响的相当型深,利用所给的公式,对主船体所能提供的型容积进行粗略估算:

$$V_h = C_{BD} L_{pp} B D_1 \tag{3-16}$$

式中:C_{BD}——计算到型深的方形系数;

L_{pp}——垂线间长;

B——型宽;

D_1——计入首尾舷弧和梁拱影响的相当型深。

计算到型深的方形系数可利用方形系数 C_b、型深 D、吃水 d 进行估算:

$$C_{BD} = C_b + \frac{(1-C_b)(D-d)}{C_1 d}$$

式中:C_1——系数。一般情况下,取值为3;首尾型线外飘较大时,取值为2.5;首尾型线外飘较小时,取值为4。

计入首尾舷弧和梁拱影响的相当型深可利用型深 D、相当舷弧高 S_m、梁拱值 C 进行估算：
$$D_1 = D + S_m + 0.7C$$
式中：S_m 可近似地取为首尾舷弧高之和的 $1/6$；$C=(0.01 \sim 0.02)B$。

在粗略估算公式(3-16)中，没有计入上甲板以上货舱舱口围板内的容积，此式仅可粗略估算主船体在垂线间长范围内所能提供的型容积。

3.5.2 主船体所能提供的局部型容积的估算：货舱型容积

主船体所提供的货舱型容积估算，主要通过两个途径来实现：一是基于垂线间长，二是基于货舱长度。

首先，介绍基于垂线间长的货舱型容积估算。

当设计船的主尺度初步确定后，可根据垂线间长 L_{pp}、型宽 B、型深 D，利用立方模数法对主船体所能提供的货舱型容积进行粗略估算：
$$V_{tc} = C L_{pp} B D \tag{3-17}$$
式中：C——立方模数法系数，可根据主尺度和布置都相近的母型船进行等效换算。对于常规船型而言，如果缺乏母型船数据，立方模数法系数也可采用统计值。例如，对于多用途船，C 为 $0.55 \sim 0.57$，平均值为 $0.55 \sim 0.56$。

需要指出的是，对于缺乏相近母型船数据的非常规船型而言，这种方式所估算出的主船体所提供的货舱型容积是非常粗略的。

下面介绍基于货舱长度的货舱型容积估算。

当设计船的主尺度初步确定，且主船体舱室初步划分后，可根据货舱长度 L_c、船中处货舱横剖面积 A_c，在考虑舷弧、梁拱、舱口围板内体积以及型线首尾收缩等影响的情况下，可利用式(3-18)对主船体所能提供的货舱型容积进行粗略估算：
$$V_{tc} = L_c A_c K_c \tag{3-18}$$
式中：K_c——考虑舷弧、梁拱、舱口围板内体积以及型线首尾收缩等的影响系数，可用母型船资料换算。

货舱长度 L_c（见图 3.5），可利用垂线间长 L_{pp}、首尖舱长度 L_f、尾尖舱长度 L_a、机舱长度 L_m，根据所给公式进行计算：
$$L_c = L_{pp} - L_a - L_f - L_m$$

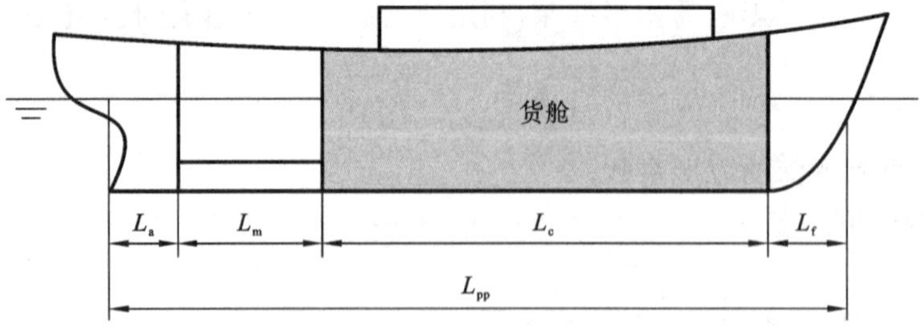

图 3.5 货舱长度

当货舱区不设边舱时，船中处货舱横剖面积 A_c 可利用型宽 B、型深 D 和双层底高度 h_d，根据所给公式进行估算：
$$A_c \approx B(D - h_d)$$

当货舱区设有边舱时,船中处货舱横剖面积可根据货舱中剖面结构形式具体确定。

考虑舷弧、梁拱、舱口围板内体积以及型线首尾收缩等的影响系数可用母型船资料换算。缺乏母型资料时,其影响系数可用所给公式进行估算:

$$K_c = 0.135 + 1.08 C_b \text{(散货船)}$$
$$K_c = 0.175 + 1.08 C_b \text{(杂货船)}$$

3.5.3 主船体所能提供的局部型容积估算:双层底舱型容积

根据垂线间长 L_{pp}、型宽 B、双层底高度 h_d、方形系数 C_b、吃水 d,利用式(3-19),可对主船体所能提供的双层底舱型容积进行粗略估算:

$$V_d = L_{pp} B h_d \left[C_b - 0.4 \left(\frac{d-h_d}{d}\right)^2 \sqrt{1-C_b} \right] \tag{3-19}$$

主船体所能提供的型容积可分为总型容积和局部型容积两个层次。

主船体所能提供的型容积的估算可基于船舶主尺度和船型系数,采用等比换算、统计公式等方法进行。充分利用母型船的数据资料,有助于提高估算精度。

【**问题 3.6**】 主船体所能提供的型容积估算,可通过哪两个层次进行?主船体所能提供的货舱型容积的估算,主要通过哪两个途径来进行?

【**答案**】 总型容积和局部型容积;基于垂线间长和基于货舱长度。

3.6 舱室容积的校核与调整

舱室容积也称舱容,舱容的校核就是对设计船所需的舱容与所能提供的舱容进行估算和比较,来判断舱容是否平衡。

舱容的调整,就是当舱容不平衡时,通过适当改变船舶主尺度、船型系数和舱室划分实现舱容平衡的过程。

在船舶设计的不同阶段,都要进行舱容的校核与调整工作。即使在初步设计阶段,也要对舱容进行校核和调整,以使初选的主尺度能够满足舱容的平衡要求。随着设计工作的不断深入,总布置图、型线图等将不断得到细化,舱容的校核和调整工作也将变得更加翔实。

3.6.1 舱室容积的校核

舱室容积的校核应根据具体的情况,采用不同的方法。目前的校核方法主要有两种:一是全船型容积的校核方法;二是局部型容积的校核方法。

全船型容积校核方法,就是将估算得到的主船体所能提供的总型容积 V_h 与估算得到的货舱所需的型容积 V_c、压载水舱所需的型容积 V_b、机舱所需的型容积 V_m、油水舱所需的型容积 V_{ow}、其他舱室所需的型容积 V_a 按式(3-20)进行比较:

$$V_h \geqslant V_c + V_b + V_m + V_{ow} + V_a - V_u \tag{3-20}$$

式中:V_u——上甲板以上装货所需的型容积,包括货舱口围板内的容积和有长首楼时首楼内的货舱容积。这个关系式称为全船容量方程式。

全船容量方程式从主船体的总型容积出发,体现的是全船容积的总体平衡。在初步设计阶段,可利用全船容量方程式,校核初选的主尺度和船型系数是否能满足所需容量的要求,反之亦可根据容量的要求来初选设计船的主尺度和船型系数。

局部型容积校核方法,就是将估算得到的主船体所能提供的货舱、压载水舱、机舱、油水舱等型容积,分别与估算得到的各自所需的型容积进行比较。

对于货船,在主尺度相同的情况下,货舱舱容的大小标志着船舶经济性的优劣。因此,货船舱室容积的主要矛盾是货舱舱容的平衡。与此同时,若货舱舱容得到平衡,则其他舱室的舱容平衡也不难实现。

对于货舱,将估算得到的主船体所能提供的货舱型容积 V_{tc} 与估算得到的货舱所需的型容积 V_c 按式(3-21)进行比较:

$$V_{tc} \geqslant V_c \tag{3-21}$$

这个关系式被称为货舱容量关系式。

对于压载水舱和油水舱,如有需要,也可分别进行容积校核。

3.6.2 舱室容积的调整

如果舱室容积在校核过程中不平衡,则需进行调整。

舱容的调整方式包括修改主尺度和改变舱室划分等技术手段和技术措施。调整舱容时,应具体情况具体分析以确定最合理的方案。

情形一,货舱和压载水舱的总容积不足。

(1) 考虑缩短机舱长度。机舱所占的容积属于非盈利部分,最大限度地缩短机舱长度是提高舱容利用率的重要措施。机舱布置应力求紧凑,尽量利用空间,少占用机舱长度。拟缩短机舱长度时,应与轮机设计人员协商,以便保证方案的可行性。

(2) 考虑加大主尺度。当机舱长度不能再缩短时,只有用加大主尺度的办法来解决舱容不足的问题。加大船长,将会使空船重量增加较多,对造价有显著影响。加大船宽,将对性能影响较大。加大型深,由于重心升高和受风面积增大,会对稳性有所影响。但是对纵总强度有利,且船体钢料增加最少。因此,如果稳性有一定富余,则加大型深是增加舱容最合理的方案。如果主尺度确有必要加大时,应综合分析,统筹兼顾,确定合理的修改方案。

情形二,虽然货舱和压载水舱的总容积平衡,但各自不平衡。此时,应进行货舱容积与压载水舱容积之间的比例调整。

(1) 考虑调整双层底高度。当降低双层底高度时,应注意满足双层底高度的最低要求;当增大双层底高度时,则要注意满载时重心升高对稳性造成的不利影响。

(2) 考虑调整首尾尖舱的长度。当缩短首尾尖舱长度时,对增加货舱实际有效舱容的作用是很有限的。对于尾机型船,尾尖舱缩短后,机舱后端更尖瘦,机舱布置的长度利用率将降低。此时,机舱一般不可能等长度后移,以实现货舱舱容的增加。因为首部型线瘦削,首尖舱缩短后所增加的货舱容积利用率并不高。当增加首尾尖舱的长度时,会将多余的货舱容积转移到首尾压载水舱容积中去。这种做法需要结合船舶压载航行时,所受的总纵弯矩来考虑。这一点在散货船上体现明显,因为散货船压载量大,其压载航行时的总纵弯矩比满载时还要大。需要指出的是,首尖舱的长度不可超越相关规范和法规所规定的范围。

(3) 考虑调整边舱尺寸。调整双壳体边舱的宽度时,要注意到对破舱稳性的影响。

情形三,舱容明显多余。舱容明显多余时,应考虑调整主尺度。

(1) 考虑减小型深。在主要性能(如浮性、快速性、稳性等)已基本合适的情况下,可适当减小型深。减小型深时,应注意满足最小干舷要求、总纵强度要求,等等。

(2) 考虑调整船长和船宽。在排水量、快速性、稳性等条件允许的情况下,应根据舱容多余的实际情况,对船长和船宽进行综合考虑,适当调整。

需要特别指出,不是所有舱容多余的船舶都要进行主尺度调整。例如,专用矿砂船由于积载因数很小,属于富余容积型船,其舱容容积的平衡问题,则应另当别论。

舱容的平衡,是实现船舶经济性的基础,是一个不断的校核和调整的过程。这一过程贯穿于船舶设计的不同阶段。即使在初步设计阶段,也要对舱容进行校核和调整,以使所初选的主尺度能够满足舱容的平衡要求。

随着设计工作的深入,舱容的校核和调整工作应不断细化,逐步翔实。

3.7 舱室容量图

舱室容量图及舱容要素汇总表,可用来直接计算货舱的载重量、载重量的重心、船舶在不同装载工况下的浮态,进行纵倾调整和稳性计算;同时,为船舶在营运中进行配载,控制船舶浮态与稳性提供基础资料。

3.7.1 舱室容量图

以某艘杂货船为例,介绍舱室容量图。该杂货船的总布置侧面草图,共设有四个货舱,每个货舱包括甲板间和底舱。图 3.6 中还给出了深压载舱、机舱、深油舱、轴隧室、首尖舱、尾尖舱、边舱,等等。

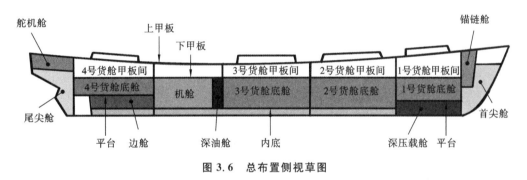

图 3.6 总布置侧视草图

以船长为横坐标,以各舱室沿船长不同剖面处的横剖面面积为纵坐标,绘制成的曲线图称为舱室容量图,见图 3.7。

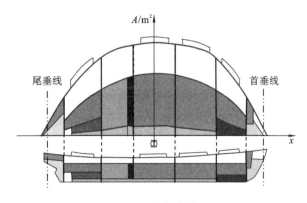

图 3.7 舱室容量图

为了便于对照,还给出了总布置侧面草图。但是,在正式的舱室容量图上可以不必画出。

舱室容量图清晰、直观地表示出包括货舱口在内的主船体各舱室容积的大小及分布。

通常,舱室容量图上还附有各舱室舱容汇总表,以便参考使用。

舱容汇总表,应当包含舱室名称、肋位号、型容积、容积折扣系数、净容积、形心位置、惯性矩等信息,见表3.6。

表3.6 舱容汇总表

舱室名称	肋 位 号	型容积/m^3	折扣系数 k_c	净容积/m^3	形 心 位 置		惯性矩 i_x/m^4
					x_v/m	z_v/m	
首尖舱	♯105~FP	114.10	0.975	111.2	30.88	2.71	39.75
压载水舱1	♯86~♯105(左,右)	91.75	0.970	89.0	23.00	0.47	133.58
压载水舱2	♯65~♯78(左,右)	68.95	0.970	66.8	8.90	0.40	91.40
燃油舱	♯22~♯32(左,右)	32.70	0.930	30.4	−17.56	0.45	32.41
淡水舱	♯5~♯8(中)	13.39	0.970	13.0	−30.10	3.28	16.59
尾调节水舱	尾~♯−1(左,右)	21.98	0.970	21.3	−35.26	3.32	15.90
货舱	♯22~♯105	2152	0.995	2141	3.59	2.98	

根据舱室容量图,可获得下列信息,见图3.8。

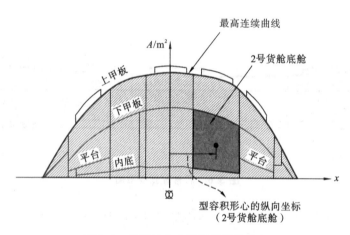

图3.8 根据舱室容量图获得的信息

第一,舱室容量图最高连续曲线下包围的总面积,相当于设计船主甲板下的总型容积。

第二,每个舱室所包围的面积及其形心在长度方向的坐标,分别代表了该舱室的型容积及其容积形心的纵向坐标。

因此,依据舱室容量图,能方便地算出各舱室的型容积及其形心的纵向坐标,进而可算得各舱室的载重量及载重量的重心纵向位置。与空船重量重心汇总后可得全船排水量及重心纵向位置,于是可方便地计算船舶浮态,进行纵倾调整。

3.7.2 舱室容量图的绘制

绘制舱室容量图的主要依据是:总布置图、邦金曲线图、型线图和肋骨型线图,等等。

绘制舱室容量图的大致步骤,可归纳如下:

第一,画出纵、横坐标轴,并选择适当的长度和面积的比例。

第二,沿船长方向,在横轴上标出首垂线、尾垂线、站线、肋位号等,并对照总布置的侧面图,画出各舱壁的位置线。

第三,根据邦金曲线图,查出各站在双层底、各层甲板和平台高度处的横剖面面积,并在对应的站线位置处,按面积比例标注于纵轴上,然后光顺相连。

对于那些沿船长不连续、舱壁位置不在站线上的双层底舱或局部平台舱柜,其舱壁位置线上的面积值可根据型线图或肋骨型线图计算得到。

舱室容量图可用来直接计算不同装载工况下各货舱的载重量及载重量的重心,为船舶营运中配载,控制船舶浮态与稳性,提供基础资料。

舱室容量图可直观、清晰地表示出包括货舱口在内的主船体内各舱室容积的大小及其分布特征。

舱室容量图可根据总布置图、邦金曲线图、型线图和肋骨型线图等得到。

3.8 液舱要素曲线

3.8.1 液舱要素曲线的作用

液体舱简称液舱,一般包括货油舱、压载水舱、燃油舱、滑油舱、淡水舱、污油水舱等。

在船舶营运过程中,燃油、淡水等不可避免地消耗和补充,液面高度也随之改变。因此,液舱内液体的体积、体积形心坐标以及液面惯性矩等液舱要素随液面高度的变化而变化,从而影响船舶的浮性和稳性,需要予以特别关注。液舱要素曲线就是用来表征上述变化的曲线。

以液面深度为纵坐标,以相应液面深度处的液体体积、液体体积形心坐标,以及自由液面对通过其面积形心纵轴的惯性矩为横坐标,所绘制成的曲线,称为液舱要素曲线,见图3.9。

液舱要素曲线具有下列作用。

在设计中,液舱要素曲线是计算各种载况下的液舱装载量和重心位置的依据,是计算船舶浮态与稳性的基础资料。

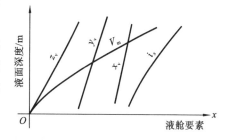

图 3.9 液舱要素与液面深度关系曲线

在营运中,液舱要素曲线是制定油水舱的"液位容积表"的依据,然后根据实际液面高度,获知液舱的装载量及装载量的重心位置,供船员使用。

3.8.2 液舱要素曲线的绘制

绘制液舱要素曲线的主要依据是:总布置图、型线图和肋骨型线图,等等。

液舱要素的计算宜采用变上限数值积分方法,以便求得不同液体深度时的各个液舱要素。

绘制液舱要素曲线的大致步骤,可归纳如下。

第一步,确定数值积分的起点。

通常取舱柜底面为积分起点。

对于形状复杂的液舱,可能存在纵向或垂向面积突变的情况,需要特殊处理,以保证计算精度。

例如,对于阶梯形舱,可分片计算。

第二步,确定数值积分方法。

常用的数值积分方法有多种。例如,梯形法、辛浦生法等。只要能保证计算精度,采用何种数值积分方法,并无特殊规定。

第三步,确定数值积分的区间划分。

数值积分的区间划分与液舱的大小和形状,数值积分的方法以及计算精度的要求有关,还要考虑与剖面数(或水线数)的匹配。

如果液舱的尺度较大、形状较为规则,则数值积分的区间划分可以较为稀疏。

第四步,计算液舱要素。

形心坐标包括形心距船中的距离,距中纵剖面的距离,距基线的高度。

当液舱沿中纵剖面左右不对称时,例如边舱,其形心距中纵剖面的距离通常不为零。

液面惯性矩通常取液面对纵向坐标轴的惯性矩。

表 3.7 给出了某燃油舱的液舱要素计算结果,仅供参考。可以直接利用表中的数据,绘制液舱要素曲线。

表 3.7 油舱舱容要素计算结果

液面高度 /m	型容积 /m³	形心位置		液面惯性矩 i_x /m⁴
		x_v/m	z_v/m	
0.00	0.00	0.00	0.00	0.00
0.20	4.66	−17.10	0.12	23.80
0.40	14.77	−17.34	0.26	26.24
0.60	21.78	−17.46	0.35	29.56
0.80	32.70	−17.56	0.45	32.41

燃油舱(♯22～♯32,货舱双层底左右)

液舱要素曲线可用来表征液面变化时舱内液体对船舶浮性和稳性的影响,并可为制定油水舱的"液位容积表"提供基础资料。

液舱要素曲线可直观、清晰地描述液舱内液体的体积、体积形心坐标以及液面惯性矩随液面高度的变化。

液舱要素曲线可通过变上限的数值积分方法得到。对于形状复杂的液舱,需要特殊处理,以保证计算精度。

【问题 3.7】 简述液舱要素曲线的两个基本作用。

【答案】 在设计中,液舱要素曲线是计算各种载况下的液舱装载量和重心位置的依据,是计算船舶浮态与稳性的基础资料。在营运中,液舱要素曲线是制定油水舱的"液位容积表"的依据,然后根据实际液面高度,获知液舱的装载量及装载量的重心位置,供船员使用。

3.9 客船的布置地位

3.9.1 客船

客船是指载运乘客超过12人的船舶,见图3.10。

图 3.10 某型客船

乘客是指除船长、船员和在船上以任何职业从事或参与该船业务工作的人员以及一周岁以下的儿童以外的每一个人。

目前,客船发展成纯客船和客货船两大类。纯客船从单纯的客运,向游览观光、休闲度假方向发展;而客货船则主要向具有滚装处所或特种处所,以装载滚装货物的客滚船方向发展。

客船的船型,不仅有单体船,还有多体船,甚至异形船;客船的船体结构材料,不仅有钢质材料,还有铝合金材料、复合材料等;客船的船舶主尺度呈现大型化趋势。

无论纯客船还是客货船,都属于典型的布置地位型船舶。

乘客居住的舱室称为客舱。客舱居于客船的核心布置地位。

【问题3.8】 客船是指载运乘客超过12人的船舶。下列哪种人员符合乘客的定义?
(A) 2个月儿童　　　(B) 6个月儿童　　　(C) 10个月儿童　　　(D) 14个月儿童
【答案】 D。

3.9.2 客船分类与客舱等级

通常,根据航行时间或船舶总吨位对客船进行分类。

国际航行海上客船,按航行时间被分为两类:航行时间在24小时及以上的为第1类;24小时以下的为第2类。

国内航行海上客船,按航行时间被分为四类:航行时间在24小时及以上的为第1类;4小时以上至24小时以下的为第2类;不超过4小时的为第3类;不超过1小时的为第4类。

内河航行客船,按航行时间被分为五类:自出发港至终点港,其逆水延续航行时间在24小时以上的为第1类;12小时以上至24小时的为第2类;4小时以上至12小时的为第3类;0.5小时以上至4小时的为第4类;不大于0.5小时的为第5类。

内河航行客船还可按总吨位分为大、中、小三类。总吨位等于或大于1000 t的为大型客船;200 t～1000 t的为中型客船;等于或小于200 t的为小型客船。

通常，根据席位设置和乘客定额对客舱划分等级。

一般而言，客舱有卧席客舱、坐席客舱和散席客舱三种形式。

卧席客舱是指设有固定床铺的客舱。

坐席客舱是指在固定围蔽的舱室内，或有遮阳避雨顶篷的甲板开敞处所，设有固定的靠背坐椅的客舱。

散席客舱是指在固定围蔽的舱室内，或有遮阳避雨顶篷的甲板开敞处所，设置部分固定坐凳或可移式坐凳的客舱。

表 3.8 给出了国际、国内和内河航行船舶的客舱等级与席位设置规定。国际航行海上客船的客舱全部为卧席客舱，没有坐席客舱和散席客舱。卧席客舱分为三个等级。

表 3.8 客舱等级与席位设置

		客舱等级	卧 席 设 置				坐 席 设 置		散席设置
			软席卧铺		硬席卧铺		软坐席	硬坐席	
			单层	双层	双层	三层	乘客定额（人数/房间）		
国际航行海上客船	卧席客舱	1 等客舱	•				≤2		
		2 等客舱		•	•		≤4		
		3 等客舱			•		≤8		
国内航行海上客船	卧席客舱	1 等客舱	•				≤2		
		2 等客舱		•	•		≤4		
		3 等客舱			•		≤8		
		4 等客舱			•		≤50		
		5 等客舱			•		≤100		
	坐席客舱							•	•
内河航行客船	卧席客舱	软卧客舱		•			≤2		
		甲种硬卧客舱			•				
		乙种硬卧客舱				•			
	坐席客舱							•	•
	散席客舱								•

国内航行的海上客船设卧席客舱和坐席客舱，不设散席客舱。卧席客舱分为五个等级。坐席客舱分为软坐席客舱和硬坐席客舱两种。

内河航行的各类客船，可根据营运的实际需要，设置卧席客舱、坐席客舱和散席客舱。卧席客舱分为三种。坐席客舱分为软坐席客舱和硬坐席客舱两种。

3.9.3 乘客所需的甲板面积

为了充分满足乘客的食宿、娱乐、休闲与观光等多种要求，客船需要具有足够的甲板面积，这也是客船设计的主要矛盾所在。

乘客所需的甲板面积占据客船甲板面积的相当部分。因此，有必要加以专门说明。

乘客所需的甲板面积，由居住甲板面积和游步甲板面积组成。每位乘客的最小居住甲板面积由客船的种类和客舱的等级决定。每位乘客所需的游步甲板面积由客船的种类决定。

表 3.9 给出了每位乘客的最小居住甲板面积,和每位乘客所需的游步甲板面积,可供参考。

表 3.9 客船每位乘客占有净甲板面积

客船种类		每位乘客的最小居住甲板面积/m²							每位乘客所需的游步甲板面积/m²
		1 等舱	2 等舱	3 等舱	4 等舱	5 等舱	软坐席	硬坐席	
国际航行海上客船	第 1 类	4.5	3.0	1.7					0.5
	第 2 类	3.5	2.2	1.4					0.4
国内航行海上客船	第 1 类	3.5	2.2	1.4	1.2	1.2			0.4
	第 2 类	3.0	1.7	1.3	1.1	1.1			0.3
	第 3 类			1.2	1.05	1.05	0.5 m×0.45 m	0.5 m×0.45 m	建议 0.2
	第 4 类			1.2	1.05	1.05	0.5 m×0.45 m	0.5 m×0.45 m	建议 0.16

【问题 3.9】 乘客所需的甲板面积由居住甲板面积和游步甲板面积组成,每位乘客所需的游步甲板面积由下列哪个因素决定?

(A)客船的种类 (B)客舱的等级 (C)乘客的职业 (D)乘客的职务

【答案】 A 和 B。

3.9.4 客船的布置地位

客船的布置地位主要来自客舱、登乘甲板、游步甲板、救生艇/筏登乘甲板、公共处所与服务处所,以及卫生处所与医务处所等六个主要方面。下面分别予以说明。

客舱。客舱是乘客的起居处所,在客船的布置地位中处于核心地位。

登乘甲板。乘客通过登乘甲板上的登乘装置登船或上岸。

游步甲板。各类客船必须设有乘客的游步甲板。游步甲板包括所有可以允许到达而不影响船员工作的露天甲板及舷侧的外通道,但不包括货舱口及距救生艇筏周围 2 m 以内的处所。

救生艇/筏登乘甲板。客船由于人员多,需要配备大量的救生艇/筏且要配备吊放设备,这些要占据相当多的布置地位。

公共处所与服务处所。包含为乘客所设置的厨房、餐厅、粮食库与食物库、小卖部、行李舱与卧具室、乘客休息与娱乐处所、阅览室,等等。

卫生处所与医务处所。包含为乘客所设置的盥洗设备、厕所、公共浴室、医务处所,等等。

通道、出入口和扶梯等将客舱和布置地位的各部分连通起来。其布置应保证各舱室的乘客易于从其居住舱室进出;各舱室的乘客易于到达露天甲板;遇有紧急情况,各舱室的乘客易于到达救生艇/筏和登乘甲板的乘客集中站。

除机器处所外,一切乘客和船员出入处所以及船员经常使用的处所内,应设有钢质或其他等效材料的扶梯与梯道,以提供到达救生艇/筏登乘甲板的方便的脱险通道。

客船除了上述旅客所需的布置地位的特别要求以外,由于客船还需要人数较多的服务人员,因此船员人数比其他运输船要多得多,船员的起居处所和服务处所也需要大量的布置地位。

【问题 3.10】 在客船的主要布置地位中,不包含以下哪一项?
(A)登乘甲板 (B)游步甲板 (C)救生艇/筏登乘甲板 (D)机舱平台
【答案】 D。

3.9.5 客船的布置

客船设计的关键所在是满足客船所需的总的布置地位要求。为此,需要进行三个方面的工作:估算所需的甲板总面积、估算所能提供的甲板总面积、校核和调整甲板面积。在这个过程中,要注意所选择的主尺度和布置方案要使布置地位能得到充分的利用,既要满足要求,又不浪费。

(1) 估算所需的甲板总面积。

在客船设计实践中,往往要参考客舱标准相近的母型船。

根据任务书规定的乘客和船员人数、主要设备数量和类型,选择相近的母型船。

在对母型船的各类舱室和处所的面积进行统计分析和估算数据求和的基础上,初步估算所需的甲板总面积。

(2) 估算所能提供的甲板总面积。

客船所能提供的甲板总面积主要取决于船长、型宽和甲板层数,可参考式(3-22)进行估算

$$A = L_e B n \tag{3-22}$$

式中:A——所能提供的甲板总面积;

L_e——有效甲板长度;

B——型宽;

n——甲板层数,主体内或上层建筑未充分利用时,n可以为非整数。

在初估了船长和型宽,确定了甲板层数的基础上,选择型深。

① 从满足布置地位出发来初估船长和型宽。

在作初始考虑时,可参考同类母型船。在此基础上,结合设计船的造价,综合考虑稳性、快速性、操纵性等性能要求以及航道、码头、桥梁、船闸等通航条件,优化调整船长和型宽。

例如,客船上甲板的总长,要考虑首尾部有足够的露天甲板面积,用于布置锚泊、系缆装置,便于靠离码头时船员的操作。

又如,上甲板以上各层甲板一般沿船长内缩,以形成流线型的侧面外观;沿船宽舷侧逐层内缩以避免旁靠时碰坏上层建筑。

② 从获得更多的布置地位出发来确定甲板层数。

客船的上层建筑通常都很发达,以提供尽可能多的布置地位,但上层建筑的甲板层数会受到稳性、操纵性,以及航道上桥梁高度的限制。

③ 从配合布置地位出发来选择型深。

应该特别指出的是,型深的选择需要结合布置地位的需求。

例如,大型客船的型深往往需根据主船体内的甲板层数和层高而定;小型客船的型深往往视主机高度和机舱布置要求而定。

在初步拟定客船的主尺度后,即可按照总体区划的构想,绘制总布置草图,估算出所能提供的甲板总面积。

(3) 校核和调整舱室的甲板面积。

第一,各层甲板的平面布置,往往从通道规划、舱室分区开始。不同等级的客舱,各以一个标准间的布置,来确定其舱室面积。

第二,通过对全船总布置草图进行勾画和调整,将各种舱室布置在合理的部位,初步确定布置地位。

第三,仔细校核所布置的各等级客舱、公共处所及其他舱室的布置地位是否满足预定要求。如不满足,则需返回第一步进行调整,直至满足布置地位要求为止。

需要指出的是,在调整和确定客船的主尺度和客舱的布置时,应特别关注客船舒适性、甲板面积利用率等因素。

【问题 3.11】 客船设计的关键是满足客船所需的总的布置地位要求。为此要开展三个方面的工作。请简述是哪三个方面的工作。

【答案】 估算所需的甲板总面积、估算所能提供的甲板总面积、校核和调整舱室的甲板面积。

3.9.6 客船的布置要点

客船是载运旅客的运输船。一般来讲,应当注意以下原则:乘坐舒适、分区合理、有害规避。

(1) 乘坐舒适。

例如,除大型客船外,客舱尽量不要布置在主甲板以下。大型客船在主船体内一般也仅设置低等级的客舱。

又如,净高度不足 1.9 m 的舱室、防撞舱壁之前的处所、最深分舱载重线以下超过 1.2 m 的第一层甲板上的处所以及其他不适于载客的处所不要布置客舱。

再如,客船客区应尽量规避振动噪声源,特别是客区中的客房区,更应注意规避。

(2) 分区合理。

例如,大型客船的梯道布置,应结合分区布局、主竖区设置、撤离通道设置等因素进行。

又如,客船客房区、公共空间和船员区,应尽量分区设置;高端客房区与低端客房区也宜适当分区。

再如,客船客房区与公共空间之间的区域应合理规划,确保人流不出现负面干扰。船员区与客区服务流线合理,尽量不干扰客区。

(3) 有害规避。

例如,通道设置、梯道布置、通道和梯道宽度、防火分区都应严格遵守强制约束条款。

又如,客舱不能与储藏易燃、易爆物料舱室及二氧化碳消防站室相毗邻。

客船的布置地位主要来自客舱、登乘甲板、游步甲板、救生艇/筏登乘甲板、公共处所与服务处所,以及卫生处所与医务处所等。

在客船的布置过程中,要注意所选择的主尺度和布置方案使布置地位能得到充分的利用,既要满足要求,又不浪费。同时,应注意乘坐舒适、分区合理、有害规避等布置要点。

【问题 3.12】 客船是载运旅客的运输船。一般来讲,设计时应当注意的三个基本原则是什么?

【答案】 乘坐舒适、分区合理、有害规避。

3.10 集装箱船的布置地位

3.10.1 集装箱船

集装箱船又称货柜船,是指专门用于装载国际标准集装箱的一种货物运输船舶,见图 3.11。

图 3.11 集装箱船

世界上的第一艘集装箱船诞生于美国。

针对装船慢、货物累积量小的历史性难题,美国商人麦克莱恩发明了储装箱,即用大金属箱来储运货物。这就是现代集装箱的雏形。接着,麦克莱恩付诸行动,把自己公司里的油轮改造成能装载储装箱的货船。1956 年 4 月 16 日,麦克莱恩的第一艘储装箱船"理想 6 号"驶出纽瓦克港。从此,世界储运史翻开了新的一页。

集装箱船具有装卸效率极高、停港时间大为缩短、运输装卸中的货损显著减少等优点,因而得到迅速发展。

目前,集装箱船的装箱量已经突破 2 万标箱。2018 年 6 月 12 日,由中国自主研制建造的世界最大级别集装箱船"宇宙号"在上海正式交付。"宇宙号"总长 400 m,船宽 58.6 m,最大载重量 19.8 万吨,最多可装载 21237 个标箱。该集装箱船由中国船舶工业公司第七〇八研究所设计、江南造船(集团)有限责任公司建造。

3.10.2 集装箱

集装箱是一种可以反复使用的货物运输装载容器。

集装箱具有统一规格、型号,在一种或几种运输方式联运换装时货物无须在途中倒装,因而可加速运输周转、节约时间、降低成本。

集装箱种类非常繁多,可主要分为通用和专用两大类。

通用集装箱有干货集装箱、散货集装箱、液体货集装箱、冷藏箱集装箱等;专用集装箱有汽车集装箱、牧畜集装箱、兽皮集装箱等。

国际标准化组织制定了有关集装箱的国际标准。各国政府参照国际标准并考虑本国的具体情况,制定了本国的集装箱标准。我国现行的国家标准是 GB/T 1413—2008。

在船舶运输中,最常用的是 20 ft 标准箱和 40 ft 标准箱。其英文简称分别为 TEU 和 FEU。

两种标箱的宽度均为 2438 mm,长度分别为 6058 mm 和 12192 mm。因此,在布置中,长度方向两只紧靠布置的 TEU 位置可由一只 FEU 替换,见图 3.12。

3.10.3 集装箱布置时的箱位编号

通常,集装箱长度方向沿船长纵向布置。

集装箱在船上的布置分为行、列、层。以标准箱沿船长方向的布置称为行,沿船宽方向的

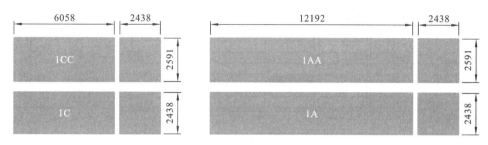

图 3.12 常用标箱尺寸

布置称为列,沿型深方向的布置称为层,见图 3.13。垂向同一行同一列的集装箱称为"堆"。

每个集装箱的位置,即箱位,用一个六位数来表示。行、列、层分别各用一个两位数表示。前两位为行编号,中间两位为列编号,最后两位为层编号。

TEU 集装箱的行编号规定为奇数,即 01,03,05 等。

FEU 集装箱的行编号规定为偶数。但分为两种情况,即 02,06,10 等,或 04,08,12 等。其中:02 为 01 和 03 的组合,06 为 05 和 07 的组合,以此类推;04 为 03 和 05 的组合,08 为 07 和 09 的组合,等等。

图 3.13 集装箱在船上的布置

例如,图 3.14 中的 TEU 和 FEU 的行编号分别为 03 和 16。

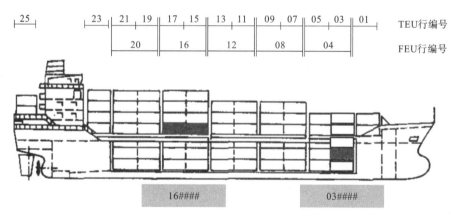

图 3.14 集装箱箱位行编号

列编号规定为自船中心线向右舷排列以奇数编号,即 01,03,05 等;中心线向左舷排列以偶数编号,即 02,04,06 等;中心线上的编号为 00。

例如,图 3.15 中的 TEU 和 FEU 的列编号分别为 02 和 03。

层编号的排列自下而上,均以两位偶数表示。规定舱内,用 02,04,06 等编号;甲板上,用 82,84,86 等编号。

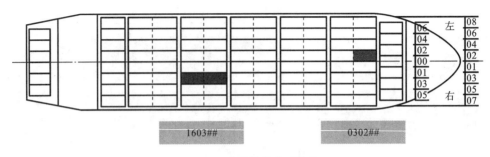

图 3.15 集装箱箱位列编号

例如,图 3.16 中的 TEU 和 FEU 的层编号分别为 04 和 82。

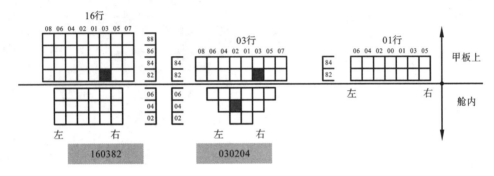

图 3.16 集装箱箱位层编号

3.10.4 集装箱在舱内的布置

舱内集装箱被布置在单元货舱内。集装箱船主尺度的选择与单元货舱的尺度直接有关。

集装箱在舱内的布置还应考虑货舱大开口,集装箱与船体的配合,以及设置导轨架等特点。

通常,一个单元货舱纵向布置两个货舱口,中间设横向甲板条。

每个单元货舱布置 2 行 FEU 或 4 行 TEU。受集装箱自身强度的影响,一个单元货舱内最多可堆装 9 层。

为了使舱内空间得到充分的利用,型深、双层底高度和舱口围板高度等的选择要相互配合好。

需要特别指出的是,确定单元货舱尺度需要考虑单元货舱内部的各种间隙大小。各种间隙的大小,取决于导轨架的形式和制造精度、舱口角隅形状、肋距大小,以及货舱盖的形式等因素。

所以,在初步设计阶段,考虑单元货舱尺度时需要对单元货舱内的各种间隙做仔细的分析。

集装箱在舱内的布置有以下特点。

第一,货舱大开口。舱内的集装箱只能布置在货舱开口的范围内,否则集装箱无法装卸。因此,集装箱船的货舱开口都很大。

例如,大型集装箱船的货舱开口宽度,可达到船宽的 80%~85%。

第二,集装箱与船体的配合。一般而言,集装箱的外形是长方形的,而船体是流线型的,应注意集装箱的布置与船体相配合。

例如,可在船首尾的货舱底部的两侧,设置局部平台,以增加上层集装箱的列数。又如,可把集装箱角隅处的船体形状,做成一个流线型的局部突出体,以增加舱内的箱数。这种突出体设在前体时,不会增加太多阻力。

第三,舱内导轨架。为了便于舱内集装箱的装载和固定,集装箱船通常在舱内设置导轨架。

3.10.5　集装箱在甲板上的布置

集装箱被大量布置在甲板上,以充分利用布置地位。集装箱布置在甲板上时,应当注意考虑船舶的稳性要求,集装箱绑扎要求,船宽的充分利用,以及对上层建筑的处理。

第一,船舶的稳性要求。

受限于船舶稳性,甲板上的集装箱层数一般为 4 层左右,也有多达 6 层的,但一般 4 层以上的集装箱按空箱考虑。

第二,集装箱绑扎要求。

船舶在航行时有很大的波动,因此布置在甲板上的集装箱不仅需要平面内定位,上下也要固定。一般情况下,甲板上第一、二层集装箱不需要绑扎,仅依靠 4 个箱角处的扭锁即能固定。第三层以上的集装箱需要绑扎,这是因为远离运动中心的集装箱受到船舶运动引起的受力较大。具体的绑扎要求和绑扎设备的强度需按相关规范的要求计算确定。

第三,船宽的充分利用。

甲板上集装箱在船宽方向的布置应尽量利用船的全宽。堆放在舷侧的集装箱通常用立柱撑起,箱的另一侧搁在舱盖上,舷侧集装箱的下部作为通道。此种布置时,舱口围板的高度加上舱口盖板的厚度应不低于人员行走所需的高度。集装箱船的舱口盖通常用起重设备吊装,所以甲板上可不考虑舱口盖的收藏地位。

第四,上层建筑的处理。

由于集装箱船的露天甲板,包括货舱盖上,要布置大量的集装箱,所以上层建筑长度希望尽量短些。并且对上层建筑的布置有一定要求。当驾驶室布置在船尾时,为了满足驾驶视线盲区的要求,甲板室层数一般多达 6~8 层,必要时船首的集装箱层数需适当减少。当驾驶室前移时,可适当减少甲板室层数,此时可在船尾布置一些集装箱。当驾驶室布置在船首时,有助于增加集装箱的布置地位,但造价要相应增加。

3.10.6　集装箱船的布置要点

对集装箱船布置地位的考虑是通过具体的排箱工作实现的。舱内集装箱数与甲板上集装箱数的分配,以及机舱和上层建筑的地位,是排箱工作时的关注重点。

第一,舱内集装箱数与甲板上集装箱数的分配。

舱内集装箱的数量受到主尺度大小的制约,而甲板上的集装箱数量则主要受到船舶稳性的制约。

在一定的主尺度条件下,如果在舱内能增加载箱数,就可以降低重心高度,有利于船舶稳性,进而可以在同等稳性条件下,在甲板上布置尽可能多的集装箱。因此,为了提高集装箱船的载箱数,应尽可能在舱内布置较多的集装箱。

舱内集装箱数与甲板上集装箱数的比例,涉及型宽和型深的取值。通过分析母型船的布置特点和稳性情况,结合设计船的特点,可以初步选择一个舱内载箱数与甲板上载箱数的比例,进而具体布置集装箱。

第二,机舱和上层建筑的地位。

首先,缩短机舱和上层建筑长度是增加集装箱布置地位的一个重要措施。这个观点容易理解。其次,机舱和上层建筑在船长方向的位置对集装箱的布置也有很大影响。

然而,机舱和上层建筑的位置还涉及造价、操控等多方面因素的影响,不能仅仅考虑集装箱的布置要求。

在实践中,机舱和上层建筑在尾部或偏尾部,甚至有的上层建筑在船首部。确定布置方案时,应当对不同的布置方案进行综合分析比较,并在船东认可的情况下择优选取。

集装箱船的布置地位是通过排箱实现的。集装箱在船上的布置分为行、列、层。集装箱布置在单元货舱内和甲板上。集装箱船主尺度的选择与单元货舱的尺度直接相关,布置时应考虑船舶的稳性要求。布置集装箱时,应重点关注舱内集装箱数与甲板上集装箱数的分配,以及机舱和上层建筑的地位。

习 题

3.1 何谓船舶容量?为什么要研究船舶容量?确定主尺度阶段和技术设计阶段船舶容量的方法有何不同?

3.2 如何估算初始设计阶段船主体的货舱舱容 V_{CH}?增加 V_{CH} 的有效途径有哪些?请简要分析。

3.3 估算客船所需的甲板面积主要包括哪些项目?如何根据所需甲板面积估取船长 L 和型宽 B?

3.4 什么是容量图?它是如何绘制出来的?有哪些用途?

3.5 对液舱为什么要绘制舱容要素曲线?怎样绘制?

3.6 某干货船排水量 $\Delta=19650$ t,设计吃水 $T=9.2$ m,$C_B=0.66$,$C_W=0.804$,要求的载货量为 12300 t,积载因数为 1.5 m³/t,需要装载的油水有:燃料油 1100 t(重油 $\rho=0.90$ t/m³),轻油 280 t($\rho=0.84$ t/m³),滑油 50 t($\rho=0.88$ t/m³),淡水 325 t。请分别估算货舱所需的散装容积和油水舱容积。假设该船的空船重量 LW=5100 t,船员定额 40 人、自持力 40 d,要求压载出港时首吃水不小于 4 m,尾吃水不小于 6.5 m,试计算所需的压载水舱容积。

第 4 章 船舶主尺度确定

4.1 确定船舶主尺度的基本要求

确定船舶主尺度的基本要求具体包括以下四个方面的内容。

第一,船舶主尺度的相关定义;第二,确定船舶主尺度的重要性;第三,确定船舶主尺度的六个基本要求;第四,确定船舶主尺度的四个显著特点。

4.1.1 相关定义

船舶主尺度是描述船舶几何特征最基本的参数,主要包括船长 L、型宽 B、型深 D 和设计吃水 T。在本课程中,若未做具体说明,船长 L 一般是指垂线间长 L_{pp},见图 4.1。通常把方形系数 C_b 及主尺度比也归到船舶主尺度的范畴内。为了便于船舶领域工作者的交流,习惯上会把船舶主尺度、排水量、船型系数、浮心纵坐标、载重量(或载箱量、载客量)、主机功率、航速、船员人数等统称为船舶主要要素。

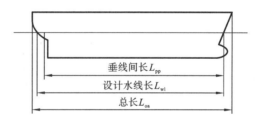

图 4.1 船长

4.1.2 重要性

那么,为什么要先确定船舶主尺度呢? 主要有以下两个方面的原因。

第一个原因是,在新船设计初期的总体方案构思中,主尺度确定是首先要考虑的问题。主尺度对船舶技术性能(如:快速性、稳性、耐波性、操纵性、重量、容量、强度、总布置等)和经济性能都有很大的影响,对船舶设计质量起着决定性的作用。因此,合理地确定船舶主尺度是船舶总体设计中最基本最重要的工作之一,也是开展后续各项设计工作的基础。

第二个原因是,若到设计后期才发现问题而必须修改主尺度,那么设计工作的返工量就会非常大,部分工作图示例见图 4.2 和图 4.3。由于确定主尺度要涉及新船设计的各个方面,在设计初期这些工作尚未开展,许多因素还不确定,因此在方案构思时,对主尺度只能先进行一些基本的考虑和初步的选择,在设计深入以后,再逐步完善和最终确定。当然,在初步选择主尺度时,若相关方面因素考虑周到,矛盾解决合理,那么后续的设计工作就会比较顺利。

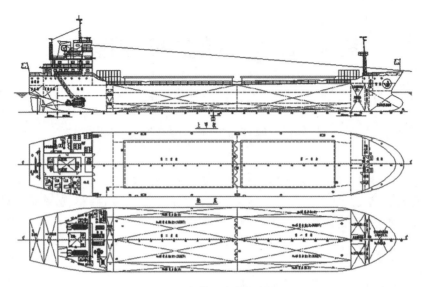

图 4.2 船舶总布置图示例

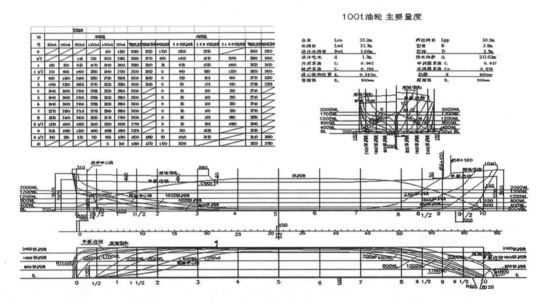

图 4.3 船舶型线图示例

4.1.3 六个基本要求

为了得到更加合理的主尺度方案,为后续设计工作奠定良好的基础,设计者需要从船舶设计的基本要求出发,统筹兼顾,合理取舍。通过船舶设计的理论和实践表明,船舶主尺度的确定必须满足如下六个基本要求。

第一个是满足浮力要求。即新船设计吃水时的浮力应等于设计排水量 Δ;

第二个是满足容量要求。即新船所需舱容和甲板面积的要求;

第三个是满足性能要求。即新船各项技术性能的要求,包括快速性、稳性、耐波性、操纵性

和强度等;

第四个是满足使用要求。即用船部门(船东)对新船使用的要求;

第五个是满足客观要求。即客观条件(航区航线、港口、建造厂等)对新船主要要素限制的要求;

第六个是满足经济要求。即努力提高新船经济性的要求。

4.1.4 四个显著特点

由于需要满足以上六个基本要求,因此船舶主尺度的确定具有以下四个显著特点。

第一个特点是求解问题的综合兼顾。设计一艘新船,要考虑航线、港口及船厂等多方面的条件和影响,要满足使用效能、技术性能及经济性等众多基本要求。就技术性能而言,技术性能又包括快速性、稳性、耐波性、操纵性和强度等。有些性能指标是相互矛盾的,如初稳性与横摇性能、操纵性中的直线稳定性与回转性,见图4.4。满足了某些性能就会导致不能满足另外一些性能,某项性能指标的改善可能伴随着另一项性能指标的恶化,求解问题显得错综复杂。因此,确定主尺度时必须综合地加以考虑,抓住主要矛盾,统筹兼顾,形成特色,力求得到一个较优的船舶主尺度方案。

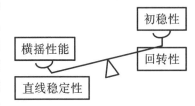

图 4.4 性能指标的矛盾性

第二个特点是求解方法的灵活掌握。确定主尺度的方法十分灵活,不管通过什么途径,只要能满足任务书提出的各项要求就行。

第三个特点是求解结果的多解并存。由于任务书提出的各项要求中,除重量与浮力平衡属于等式约束外,其余的基本上都是不等式约束,即只提出性能指标的下限(或上限),如最低航速、最小舱容、最大主机功率等。显然,满足不等式约束的解将不是唯一的。因此,新船主尺度的选取具有多解性,这种多解性为船舶设计者提供了一个充分发挥自己聪明才智的舞台。设计者通过细致的调查研究、构思分析和设计计算可望从众多的方案中探求到较优的主尺度方案。

第四个特点是求解过程的逐步近似。由于主尺度的确定要处理错综复杂的矛盾且结果具有多解性,因此,确定主尺度的过程往往不可能一步到位,而是逐步近似的:开始时着眼于主要要求,初选主尺度;继而进行各项性能估算,修正主尺度;最后,通过必要的绘图和较准确的校验调整来确定主尺度。

4.2 确定船舶主尺度的一般步骤

选择主尺度时需要考虑的因素很多,而且各种因素对主尺度选择的影响是不同的,甚至是矛盾的。此外,在没有具体确定一组主尺度数据之前,难以对各项性能和各种指标做出定量的分析,也谈不上对所选择的主尺度进行优劣判断和调整,于是希望一次选定一组主尺度,就能满足各种约束条件是不现实的。故确定主尺度必须有一个合理的步骤和科学的方法,通过一个反复迭代、逐步近似的过程来完成。

尽管确定船舶主尺度的方法会因船舶种类的不同而不同,但其基本思路和一般步骤大致是相同的,可归纳为以下七个步骤。

第一步是任务书分析。船舶设计任务书集中地反映了新船的使用任务特点和船东要求,是新船设计工作的依据。设计者必须吃透任务书的精神,切实把握船东对新船各项指标的要求,并仔细分析判断任务书的合理性。例如,哪些要求过高难以实现,哪些要求偏低可能影响设计船的总体效果,若发现此类问题,则需及时与船东协商修订任务书,见图 4.5。

任务书分析

(1) 航区、航线、用途

本船为无限航区,可以在世界任何海洋航线航行,主要用于装载化学品,以及与船型设备相适应的成品油等。

(2) 船级

本船为中国船级社(CCS)入级船舶。按 CCS《钢质海船入级和建造规范》设计,本船的船体结构、总体性能、舾装设备等均应满足 CCS 相关规范对油船的要求。

(3) 船型

本船为钢质液货化学品船,液货舱形式为整体重力式液货舱。船首设球首,船尾采用巡洋舰尾,单机单桨单舵,船体采用双层底设计,左右设边舱,前后设隔离舱。

(4) 装载量

本船在海水(密度 1.025 t/m³)中达到设计吃水的情况下,载重量为 DWT。

(5) 航速

在深海、静水、风力不超过蒲氏 2 级、无污底时:在设计吃水状态下,以最大持续功率输出的情况下,试航航速为 13.5 kn;在设计吃水状态下,以持续服务功率输出的情况下,服务航速为 13 kn。

(6) 续航力与自持力

在设计吃水、13 kn 航速的正常航行状态下,续航力约为 10000 海里。自持力约为 60 d。

(7) 船员

船员定额 28 人,其中高级船员 8 人,中级船员 10 人,普通船员 10 人。另有领航员一人。

图 4.5 任务书分析

第二步是主尺度限制。新船预定航线上的航道、港口以及码头条件往往是限制主尺度的主要因素。

对于海船,航道的限制因素主要是航道浅滩处的水深、运河通航条件等。我国沿海城市的港口,大多处于江河入海口,航道淤积严重,对船舶航行吃水有很大的限制。确定浅水航道中船舶的最大吃水,需要确定船底与水底之间的间隙,这一间隙与船舶大小、航速及航道地质有关。对于国际航线上的海船,其限制因素还有运河对船舶大小的限制。例如,2016 年 6 月以前,巴拿马运河的通航限制为:船长 294.13 m,船宽 32.31 m,吃水 12.04 m;2016 年 6 月以后,巴拿马运河的通航限制为:船长 366.0 m,船宽 49.0 m,吃水 15.2 m;2018 年 6 月以后,巴拿马运河的通航限制为:船长 366.0 m,船宽 51.25 m,吃水 15.2 m。

对于内河船,航道对船舶主尺度的限制因素更多,例如桥梁、水域阔度、航道曲率半径等。在船舶设计之前,这些限制因素必须了解清楚。通过调研掌握新船主尺度限制,形成母型船要素一览表,获得对新船设计有用的各种数据资料。根据新船的类型、运载能力的要求(如载重量、航速等)和主尺度的限制条件,参考母型船资料,主尺度范围可初步确定,包括绝对尺度值和尺度比参数。

第三步是性能主次性。在任务书分析与主尺度限制基础上形成新船设计的指导思想,即明确新船设计中哪些性能是需要争取最优的,哪些指标是必须确保达到的,哪些要求是只需适当兼顾的,而哪些方面又是可以忽略的,见图 4.6。只有明确了这些指导思想,才能对设计中碰到的各种问题有清晰的处理原则,才有望获得有特色的优秀设计方案。

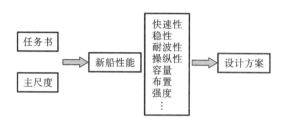

图 4.6 新船性能

第四步是第一近似值。根据新船设计的指导思想,采用合适的估算方法估取新船主尺度第一次近似值。在具有合适的母型船资料时,通过对母型船资料进行分析,可用适当的母型换算方法粗估新船主尺度第一次近似值,也可应用统计公式或经验公式估算。对于常规船型,有不少的统计公式或经验公式,可用于粗估新船主尺度第一次近似值。主尺度第一次近似值仅作为迭代或者逐步近似的初始值,其精确度要求不高,当然初始值确定得好,可以减少迭代的次数。

第五步是性能粗校核。按照主尺度第一近似值校核相应的新船性能,如重力与浮力、舱容与干舷、初稳性与横摇周期、航速等。对于耐波性、操纵性、大倾角稳性和破舱稳性等方面的性能,由于仅有主尺度,因此估算比较困难,但可参照母型船资料作对比分析。经过校核,如果新船某项或某几项性能不满足要求,则要根据新船设计指导思想,按照抓主要矛盾、统筹兼顾的原则调整主尺度,然后再次进行性能校核,直到求得满足任务书各项要求的主尺度方案。

第六步是绘图细核算。对以上经过初步选择和校核的主尺度方案,需要进一步详细考虑其可行性时,一般应绘制总布置草图,区划一下主船体的各种舱室,如首尾尖舱、机舱、货舱和油水舱等,确定上层建筑的基本形式和尺度,在此基础上可相对详细地校核空船重量、货舱容积、压载水舱容积、布置地位等。对某些重要的、又把握不定的性能,用较详细的方法再次进行校核,必要时还应绘制型线草图、中横剖面结构图等。通过这一阶段的细化工作,对所选择的主尺度方案可行性加以确认,这步核算的深广度以能肯定方案的可靠性为标准。

第七步是主尺度选优。满足限制条件和基本性能要求的主尺度方案称为可行方案,显然可行方案不止一个,而是可以找到许多个,这些可行方案有优劣之别,所以确定船舶主尺度还有一个选优问题。主尺度选优不但要考虑技术性能,更要考虑船舶的经济性能,一般应根据新船的特点,选取合适的选优标准,进行多方案的计算比较,选取最佳方案。

上述七个步骤是对一般情况而言的,在具体确定新船主尺度时,不要机械地搬用,一定要灵活掌握。比如,对一些小型货船,常常只需完成前五步就可确定出主尺度。对一些常规船,如油船、散货船等,省去第六步,直接进行主尺度选优,就可得出新船的主尺度。对于特殊船型和布置地位型船,则不可省略第六步。

【问题 4.1】 简述船舶主尺度确定的七个基本步骤。

【答案】 任务书分析、主尺度限制、性能主次性、第一近似值、性能粗校核、绘图细核算、主尺度选优。

4.3　船舶长度的确定

船舶长度受到一系列因素的制约,如:航道、港口和船舶建造厂、修理厂的客观条件,以及船舶的各项技术性能、使用要求和经济性。因此,选取船长 L 时,必须对影响其选择的各种因素进行综合分析。

第一个因素是客观性。航线上船闸长度、停靠港的码头泊位长度、建造厂船台长度、修理厂船坞长度、内河弯曲航道曲率半径等客观条件都会限制船舶总长,见图 4.7。我国内河通航标准规定船长一般不大于航道曲率半径的 1/3～1/4,船长的选择还应考虑内河或港口水域宽度对船舶掉头的限制。

修理厂船坞长度　　　　　内河弯曲航道曲率半径

图 4.7　制约船长的客观条件

第二个因素是排水量。船舶的排水量 $\Delta = \rho k LBTC_b$,见图 4.8,可通过改变船长 L 来调整船舶的排水量,但其影响面较广,需慎重。

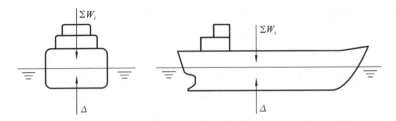

图 4.8　船舶排水量

第三个因素是快速性。根据船舶阻力理论可知,在船舶主尺度系数中,船长 L 对船舶阻力影响最大。当排水量和速度一定时,增大船长 L,摩擦阻力 R_f 会因湿表面积增大而增大,剩

余阻力因傅汝德数 Fr 减小而减小。因此增大船长 L 对摩擦阻力 R_f 和剩余阻力 R_r 将产生相反的影响。在不同的傅汝德数 Fr 下,摩擦阻力 R_f 和剩余阻力 R_r 占总阻力的百分数是不同的。因此,对于傅汝德数 $Fr \geqslant 0.30$ 的中高速船,加大船长 L 有利于减小阻力;对傅汝德数 $Fr < 0.20$ 的低速船,则一般是减小船长 L 有利于减小阻力。对于中低速船,会有一个总阻力最低的船长,称为阻力最佳船长,同时还可以找出一个总阻力开始显著增大的船长,称为临界船长。图 4.9 所示为船长对阻力的影响曲线。

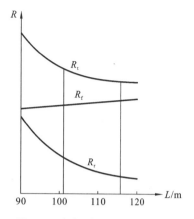

图 4.9 船长对阻力的影响曲线

第四个因素是总布置。主要包括满足舱容和甲板面积两方面的要求,见图 4.10,满足总布置要求的船长 L 可作为设计船长 L 的下限。

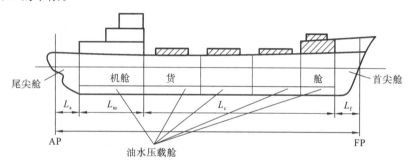

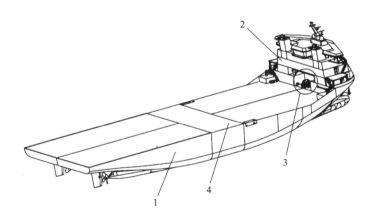

图 4.10 船舶舱容和甲板面积要求
1—船体外壳;2—上层建筑;3—甲板设备;4—主甲板

第五个因素是经济性。增大船长 L 将导致船体钢料重量 W_h 和空船重量 LW 的较大增加,船价及与船价相关的营运费用亦增加,但对于中高速船,增加船长 L 可取得快速性的改善,从而提高船速、节省燃料开支。综合船长 L 对船价及燃料开支的不同影响,民用运输船通常会选取一个对经济性最有利的船长 L,称为经济船长。显然,经济船长不会对应于总阻力最低的阻力最佳船长,也不应短于阻力急剧增加的临界船长。

第六个因素是耐波性。增大船长 L 可使船舶在海上的纵摇升沉运动减缓,见图 4.11,当船长 L 大于 1.3 倍的波长时,纵摇幅值与运动加速度均较小。且船长 L 增加后,可改善船舶在海上的失速。

图 4.11　船舶海上运动性能

第七个因素是操纵性。增大船长 L 可改善船舶船向稳定性,但回转性变差,见图 4.12。内河船尤其是港作拖轮,宜缩短船长 L 以改善回转性和机动性,海船与军舰则宜加大船长 L 以改善航向稳定性、耐波性与快速性。

图 4.12　船舶操纵性能

第八个因素是抗沉性。增大船长 L,船舶可浸长度增大,海损稳性损失下降,有利于改善抗沉性,但影响不太大,见图 4.13。

在实船设计中选取船长 L 时,除主尺度限制条件必须满足外,往往着重考虑排水量、快速性、总布置和经济性。对于不同类型的船舶,由于使用任务特点不同,选取船长 L 的侧重点也有所不同。载重型船主要考虑排水量、总布置与经济性,布置地位型船主要考虑总布置与快速性。海船注重耐波性,内河船注重操纵性。此外,对于国际航行的船舶,适当减小船长 L 有利于降低营运开支。

在总体设计方案构思和船舶主尺度确定阶段,通过对影响船长 L 确定的各种因素进行综合分析后,还需要对船长 L 进行定量的估算。在设计初始阶段,尽管需要考虑的因素很多,但确定的条件很少,所以一般采用近似方法进行估算。在估算船长的近似公式中,常用的两个参数是 $L/\Delta^{1/3}$ 和航速 V。$L/\Delta^{1/3}$ 称为"相对长度系数",该参数与船舶的阻力性能和耐波性关系

图 4.13 船舶破损沉没

密切;航速 V 是考虑船长的主要因素之一。此外,对于载重型船舶,船长的统计公式也常以载重量 DW 作为主要的参数。估算船长的公式主要有以下四种。

第一种是母型换算公式。

$$L = L_0 (\Delta/\Delta_0)^{1/3}$$

当新船与母型船的航速和排水量相近时,可用该公式来估算船长 L。式中的下标"0"表示母型船。

第二种是巴士裘宁公式。

$$L_{pp} = C \left(\frac{V}{2+V}\right)^2 \nabla^{1/3}$$

该公式适用于排水量为 6000~46000 t,航速为 8~20 kn 的巡洋舰船尾,估算结果接近经济船长。式中:V 表示航速(单位为节);∇ 表示排水体积(单位为 m³);C 为系数,巴士裘宁建议取 7.2,对船长 L 小于 80 m 的小型船舶,有人建议取 7.0,C 值也可以根据同类型的母型船来确定。

第三种是诺基德公式。

$$L_{pp} = 2.3 V^{1/3} \Delta^{1/3}$$

该公式是以"相对长度系数"来初步判断风浪中要求较小失速的船长下限。

第四种是统计公式。

$$散货船(10000\ t < DW < 100000\ t): L_{pp} = 8.545\ DW^{0.2918}$$

这里仅给出了载重量大于 10000 t 小于 100000 t 的散货船船长统计公式,其他统计公式不再一一列举。

4.4 船舶宽度的确定

船舶宽度同样也受到一系列因素的制约,如:航道、港口和船舶建造厂、修理厂的客观条件,以及船舶的各项技术性能、使用要求和经济性。因此,选取船宽 B 时,也必须对影响其选择的各种因素进行综合分析。

第一个因素是客观性。船宽 B 的选取受到航线上船闸闸门宽、桥孔宽及船台、船坞宽度的限制,见图 4.14。由于航线原因,圣劳伦斯航道限制船宽 $B=23.16$ m,巴拿马运河的限制船宽 $B=51.25$ m,因此凡是要通过圣劳伦斯航道或巴拿马运河的船舶,其船宽通常取其限制船宽,以提高船舶经济性。在满足客观条件对船宽 B 的限制下,船宽 B 的确定主要从初稳性、总布置和排水量这三个基本因素来考虑。

圣劳伦斯航道
限制船宽 $B=23.16$ m

巴拿马运河
限制船宽 $B=51.25$ m

图 4.14 制约船宽的客观条件

第二个因素是初稳性。船宽 B 对稳性影响最大。由于横稳心半径 r 正比于 B^2,因此,根据初稳性公式 $GM=a_1T+a_2B^2/T-\xi D$ 可知,增加船宽 B 将引起初稳性高 GM 的显著增加。船宽 B 除了对初稳性影响较大外,对大倾角稳性也有影响。增加船宽 B 使船舶形状稳性臂加大,复原力臂也加大,对稳性有利。同时,增加船宽 B 使甲板边缘入水角减小,静稳性曲线的最大值对应的横倾角 θ_m 也减小,甲板开口进水角减小,稳性曲线提前中断,对稳性不利。

第三个因素是总布置。船宽 B 与总布置关系密切。对于载重型船,增大船宽 B 则舱容加大,货舱口宽度可加大,有利于总布置。对于布置地位型船(如客船、集装箱船等)和中小型双桨船则通常根据总布置需要初选船宽 B,见图 4.15。

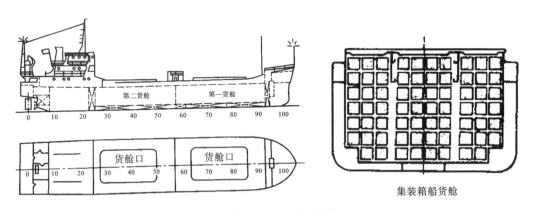

集装箱船货舱

图 4.15 船宽 B 与总布置的关系

第四个因素是排水量。船舶的排水量 $\Delta=\rho k L B T C_b$,改变船宽 B 可调整船舶的排水量。

第五个因素是耐波性。船舶横摇周期与初稳性高 GM 的关系如下:

$$T_\varphi=0.58f\sqrt{\frac{B^2+4z_g^2}{GM}}$$

由公式可知横摇周期 T_φ 与初稳性高 GM 的平方根成反比,所以增大船宽 B 将使 T_φ 减小,横摇加速度及横摇幅值均加大,这对横摇不利。

第六个因素是经济性。因船宽 B 对船体钢料重量 W_h 和木作舾装重量 W_f 的影响低于船长 L 对它们的影响,尤其是大型船舶,故从保证排水量、降低船价考虑,以减小船长 L、适当加大船宽 B 为好。

第七个因素是快速性。在排水量 Δ 和船长 L 基本不变的情况下,增大船宽 B 以降低方形系数 C_b,一般对快速性有利,尤其是在原方形系数 C_b 相对傅汝德数 Fr 的配合偏大时更佳。此时,初稳性高 GM 也会显著增加。

最小船宽通常由初稳性下限和总布置要求所决定,尤其是小型客船、拖船及多桨船。在吃水受限制的情况下,为增大船舶装载量提高经济性,常常不得不采用较大的船宽 B,以至于出现船宽吃水比 $B/T>4.0$ 以上的浅吃水和超浅吃水船型,这种船型应特别注意横摇、失速和推进效率等方面的问题。

在实船设计中,估算船宽 B 的近似公式使用不多。这是因为在选择主尺度时,如果对新船的长宽比 L/B 已有所考虑,那么初步选择了船长 L 以后,船宽 B 的大致尺度也就被确定了。此外,船宽 B 常有限制,一般通过分析来初步确定。由于决定船宽 B 的特殊因素较多,统计结果的相关性也较差,所以估算船宽 B 的近似公式有较多局限性。当限制因素不大时,可用以下三种近似公式估算船宽 B。

第一种是母型换算公式。

$$B = B_0 (\Delta/\Delta_0)^{1/3}$$

当新船与母型船的航速和排水量相近时,可用该公式来估算船宽 B。式中的下标"0"表示母型船。

第二种是经验公式。

$$B = L_{pp}/10 + k_b, \quad B \geq b_c \times r_d + (r_d - 1)C_c$$

对于 $L<150$ m 的船,k_b 一般可取 $5\sim7$ m,小船取小值,大船取大值,集装箱船和吃水有限制的船可取更大些的值。集装箱船或多用途船也可按甲板上的集装箱列数来确定船宽 B,该公式中,b_c 表示集装箱宽度,通常取标准箱宽为 8 ft(等于 2.438 m);r_d 表示甲板上的集装箱列数;C_c 表示集装箱列与列之间的间隙,通常为 0.025 m 或 0.038 m 或 0.080 m(该值是集装箱紧固件操作的标准间距,视紧固件形式而定)。

第三种是统计公式。

$$散货船(DW>10000 \text{ t}): B = 0.0734 L_{pp}^{1.137}$$

$$多用途船(DW>10000 \text{ t}): B = 9.905(DW/1000)^{0.2913}$$

$$油船(35000 \text{ t} < DW < 130000 \text{ t}): B = 10.853 \ln DW - 84.9$$

这里给出了估算船宽的三个统计公式,其他统计公式不再一一列出。

4.5 船舶吃水的确定

船舶吃水受一系列因素的制约,如:航道、港口等客观条件,以及船舶主要技术性能和经济性。因此,选取新船吃水 T 时,必须对影响其选择的各因素进行分析。

第一个因素是客观性。船舶吃水 T 的选取,受航道与港口水深的限制。为避免船舶搁浅,船底与河床之间应留一定的间隙,称为富裕水深。富裕水深的大小一般为 $0.2\sim0.5$ m,大船、快船、航道水深大者取大值,对石质河床另加 0.1～0.2 m,具体可查阅我国内河通航标准。我国许多港口和航道对船舶吃水在不同程度上都有限制,在确定限制吃水的条件时,应作深入的调查研究,谨慎对待。

通常航道仅有短距离的浅滩时,船舶还可以候潮航行,以便充分利用水深。这种船常采用两个吃水,即设计吃水和结构吃水。船舶采用两种吃水来设计还有另外一种情况,当在其他因素如装载轻货的舱容要求影响下,所选择的型深对应设计吃水有富余干舷时,通常可以将对应最小干舷的吃水取为结构吃水。这样当船舶装载重货时,可以增加载重量,能充分利用船舶的装载能力。船舶采用两种吃水后,在执行相关法规和规范的规定时,应以结构吃水来校核,即在结构吃水情况下,船舶稳性、最小干舷、结构强度等都要符合规定。在满足客观条件对船舶吃水的限制下,确定船舶吃水主要从排水量和保证螺旋桨有适宜的直径这两个基本因素来考虑。

第二个因素是排水量。船舶的排水量 $\Delta = \rho k L B T C_b$,改变船舶吃水 T 可调整船舶排水量,增加船舶吃水是增大排水量最方便、最有效的措施。

第三个因素是快速性。吃水的大小与螺旋桨直径有直接的关系,按一般巡洋舰后设计船尾型线,允许的螺旋桨最大直径约为吃水的 70%。如果吃水太小,对桨直径限制太大,会严重影响推进效率。在 Δ 基本不变时,增大船舶吃水 T 可相应地减小船长 L、船宽 B 或方形系数 C_b,从而减小船舶阻力,同时还可加大螺旋桨直径,提高推进效率,改善推进性能。当然减小船长 L、船宽 B 都应满足稳性和总布置等有关的要求。

第四个因素是经济性。当船舶吃水不受限制时,通常先根据船的使用要求、技术性能与经济性初选船长 L、船宽 B,然后选取尽可能大的船舶吃水,减轻船体重量,降低船价。而当吃水受限时,在不影响船长 L 和船宽 B 满足其他要求的情况下,总是取设计吃水等于或接近限制值,以有利于排水量、快速性和经济性。

在实船设计中,估算吃水 T 的近似公式使用不多。这是因为在选择主尺度时,如果对新船的长宽比 L/B 和船宽吃水比 B/T 已有所考虑,那么初步选择了船长 L 后,吃水 T 的大致尺度也就被确定了。此外,吃水 T 常有限制,此时吃水 T 更多地通过分析来初步确定。由于决定吃水 T 的特殊因素较多,统计结果的相关性也较差,所以估算吃水 T 的近似公式有较多局限性。当限制因素不大时,可以用以下三种近似公式估算吃水 T。

第一种是母型换算公式。
$$T = T_0 (\Delta/\Delta_0)^{1/3}$$
当新船与母型船的航速和排水量相近时,可用该公式来估算吃水 T。式中,下标"0"表示母型船。

第二种是经验公式。
$$T = L_{pp}/20 + k_T$$
该公式中,k_T 一般可取 1～2 m,小船取小值,大船取大值。集装箱的吃水 T 可用载重量进行估算,$T = 0.36 \text{DW}^{1/3}$。

第三种是统计公式。
$$\text{散货船}(\text{DW} > 10000 \text{ t}): T = 0.0441 L_{pp}^{1.051}$$
$$\text{多用途船}(\text{DW} > 10000 \text{ t}): T = 3.992 (\text{DW}/1000)^{0.2924}$$
$$\text{油船}(35000 \text{ t} < \text{DW} < 130000 \text{ t}): T = 6.546 \times 10^{-5} \text{DW} + 8.127$$

这里给出了估算吃水的三种统计公式,其他统计公式不再一一列出。

4.6 船舶型深的确定

船舶主要技术性能对船舶型深的选择有较大影响,因此,选取新船型深 D 时必须对影响其选择的因素进行分析。型深 D 的确定主要从舱容积和总布置这两个基本因素来考虑,同时也需兼顾其他方面的影响因素。

第一个因素是舱容积。对于载重型船,型深 D 是影响货舱舱容的最主要因素,增大型深 D 对增大货舱容积最有效,见图 4.16。在主尺度中,型深 D 的增加对空船重量的影响比增大船长 L 和船宽 B 要小得多。在技术性能方面,除了稳性外,型深增加对其他性能基本上没有大的影响。

图 4.16 载重型矿石运输船

第二个因素是总布置。对于布置地位型船,船主体内的布置要求是选取型深 D 的主要依据,如客船的甲板分层与层高、集装箱船的装箱层数(见图 4.17)、滚装船上甲板以下各层甲板间的高度等。而小型船舶型深 D 的选择则主要取决于机舱高度的要求。无论何种船舶,型深 D 的选择都要满足最小干舷 F 的要求。

图 4.17 集装箱船的装箱层数

第三个因素是耐波性。当吃水一定时,增加型深 D 即增加了干舷 F,可减少甲板上浪,见图 4.18。

第四个因素是抗沉性。当吃水一定时,增加型深 D 即增加了干舷 F,增大了船的储备浮力,有利于抗沉性。

第五个因素是初稳性。型深 D 增加则船舶重心高 z_g 升高,初稳性高 GM 下降,见图 4.19,对初稳性不利。初稳性的不足可以通过增加船宽 B 来解决,这种方法比降低型深 D 更加有效。型深 D 对大倾角稳性也有影响,增大型深 D 则甲板开口进水角增大,对稳性有利,但受风面积增加又不利于稳性。同时,型深 D 增加后,船舶大角度横倾时其形状稳性臂增大,可加大复原力臂,但重心高 z_g 升高、重量稳性臂也增大又可能使复原力臂减小。因此,增大型深 D 对大倾角稳性是否有利需经过具体计算才能确定,但在大多数情况下增大型深 D 对大倾角稳性是有利的。

图 4.18　甲板上浪

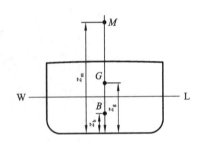

图 4.19　船舶初稳性

第六个因素是经济性。增加型深 D,船体等值梁的剖面模数显著加大,有利于船体总纵强度和刚度。对于总纵强度要求高的大型船舶,增大型深 D 的同时可减小纵向构件的尺寸,因而船体重量一般变化不大,有时甚至有所下降,有利于经济性。对于小船,增大型深 D 则舷侧板架重量增大,船价也将有所增加,不利于经济性。为保证船舶强度,建造规范规定了船舶的长度型深比 L/D 和宽度型深比 B/D。对于海船,长度型深比 $L/D \leqslant 17$,宽度型深比 $B/D \leqslant 2.5$。对于航行于 A 级航区的内河船,长度型深比 $L/D \leqslant 25$,宽度型深比 $B/D \leqslant 4.0$。在实船设计中,型深 D 的确定,除要满足建造规范对长度型深比 L/D、宽度型深比 B/D 的要求外,常根据船舶类型的不同作不同的处理。对于装载重货的最小干舷船(舱容要求不高),按满足载重线规范的最小干舷 F 来确定型深 D。对于装载轻货的富裕干舷船(舱容要求高),则需按舱容要求确定型深 D。对于布置地位型船、小型船舶一般按总布置要求确定型深 D。对于小型海船,从安全性考虑,一般取适当大的型深 D,还可以考虑增加固定压载降低重心来改善船舶的大倾角稳性、抗沉性和甲板上浪问题。

由于型深主要是根据相关因素,譬如舱容、布置地位等的校核结果来确定的,所以估算 D 的近似公式仅在初始选择型深时使用。估算型深的公式主要有以下三种。

第一种是母型换算公式。

当新船与母型船的航速和排水量相近时,对于最小干舷船、富裕干舷船以及从干舷方面考虑,可分别采用以下型深估算公式。

对于最小干舷船:

$$D = D_0 (L_{pp}/L_{pp0})^{5/3} \quad \text{当 } L_{pp} < 160 \text{ m 时}$$
$$D = D_0 (L_{pp}/L_{pp0}) \quad \text{当 } L_{pp} \geqslant 160 \text{ m 时}$$

对于富裕干舷船,可按舱容要求来确定型深:

$$D = \frac{L_{pp0} B_0 V_c}{L_{pp} B V_{c0}} D_0$$

从干舷方面考虑,型深估算公式为

$$D = \frac{T}{T_0} D_0$$

第二种是经验公式。

对于载重型船,型深 D 可按货舱容量方程式求得,即

$$D = \frac{W_c \mu_c}{K k_c (L_{pp} - L_m - L_f - L_a) B} + h_d$$

式中:W_c 表示载货量;μ_c 表示货物积载因数;k_c 表示型容积利用系数;h_d 表示货舱双层底高度,可按建造规范对双层底高度的规定进行计算;L_m、L_a、L_f 分别为机舱长度、尾尖舱长度和首尖舱长度,机舱长度一般认为等于主机长度 L_{m1} 加上某一数值 C,L_a 一般可取为 $0.04 \sim 0.05 L_{pp}$,L_f 一般可取为 $0.05 \sim 0.07 L_{pp}$;K 表示考虑首尾瘦削、舱容减少的舱容系数,对杂货船、散货船和油船,K 都有不同的取值。

对于集装箱船的型深 D 由舱内箱的布置确定,其估算公式为

$$D \geqslant C + h_d + t_H h_c - h_H - f_M$$

式中:C 表示舱内最上层箱顶与舱盖之间的空隙,为 $0.25 \sim 0.3$ m;h_d 表示货舱双层底高度;t_H 表示舱内集装箱层数;h_c 表示集装箱高度,常为 8.5 ft 或 8 ft;h_H 表示舱口围板在中心线处的高度,如考虑甲板上两舷集装箱下面人员通行,h_H 约为 1.5 m。f_M 表示甲板梁拱高度,一般为 $B/50 \sim B/100$。

第三种是统计公式。

多用途船($1000 \text{ t} < \text{DW} < 10000 \text{ t}$):$D = 5.46 (\text{DW}/1000)^{0.2916}$

油船($15000 \text{ t} < \text{DW} < 35000 \text{ t}$):$D = 1.29 \text{DW}^{0.25} - 2.5$

油船($35000 \text{ t} < \text{DW} < 130000 \text{ t}$):$D = 7.8552 \times 10^{-5} \text{DW} + 13.0524$

这里给出了估算吃水的三个统计公式,其他统计公式不再一一列出。

4.7 船舶方形系数的确定

方形系数 C_b 的确定主要从排水量和快速性这两个基本因素来考虑。在超常规情况下,如果选取的方形系数 C_b 过大,应注意对耐波性和操纵性等性能的影响。

第一个因素是排水量。方形系数 C_b 是联系船舶排水量 Δ 与船长 L、船宽 B 和吃水 T 的纽带,即 $C_b = \Delta/(\rho k L B T)$,当排水量 Δ 相差不大时,保持船长 L、船宽 B 和吃水 T 不变,通过适当改变 C_b 可以很方便地调整排水量 Δ 的大小,见图 4.20。

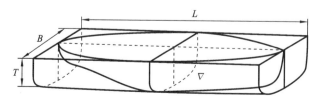

图 4.20 船舶排水量

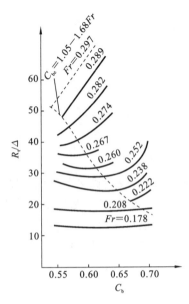

图 4.21 阻力与方形系数的关系

第二个因素是快速性。减小方形系数 C_b 有利于降低船舶剩余阻力 R_r,所以对于 R_r 比重大的高速船,一般取较小的方形系数 C_b,以改善阻力性能,见图 4.21。

第三个因素是耐波性。减小方形系数 C_b 有利于减缓船舶在海浪中的纵摇升沉运动,特别是减小方形系数 C_b 并增大船长 L 时,快速性与耐波性的改善最显著。

第四个因素是经济性。在排水量 Δ 不变的情况下,适当增大方形系数 C_b,可减小船长 L 或船宽 B,从而可降低船体重量与船价,提高船舶经济性。船模试验结果表明,对于傅汝德数 $Fr>0.18\sim0.20$ 的中速运输船,在傅汝德数 Fr 一定的情况下,存在一个阻力最低的方形系数和一个引起阻力急剧增加的临界方形系数,实船的方形系数常大于阻力最佳的方形系数而接近于临界方形系数,这时船舶尺度较小,重量较轻,船价较低,同时阻力增加亦不大,油耗较为节省,实船的这一方形系数值称为经济方形系数。

对于低速运输船,从经济性和舱容利用率等方面看,取大的方形系数总是有利的。但方形系数过大,不仅对快速性有影响,还会对耐波性和操纵性产生不利影响,其影响程度与船的大小以及所采取的其他技术措施有关。一般来说,大船的这种矛盾比小船容易解决,所以有些大型的散货船和油船方形系数可取到 0.86 以上。而小型船舶选用大的方形系数时,应谨慎对待。

第五个因素是总布置。增大方形系数有利于增大货舱舱容,也有利于机舱和船首尾端舱室的布置与建造。实船方形系数的确定,通常依船舶类型的不同而不同。

对于载重型船,为了减小船舶尺度与重量,常取与傅汝德数 Fr 配合上不引起阻力急剧增加的经济方形系数。对于布置地位型船,因其船长 L、船宽 B、型深 D 往往为舱容及甲板面积要求所决定,故一般根据重量与浮力平衡的条件和吃水 T 相互调节后,综合权衡选取方形系数。对于高速船,则多选取与傅汝德数 Fr 相配合的阻力最佳方形系数。

方形系数的选择通常先考虑在阻力性能上与傅汝德数 Fr 的有利配合。如果选择方形系数时,偏重于新船造价方面的考虑(即加大方形系数、减小其他尺度),则方形系数的确定也应不使阻力性能严重恶化。

有关方形系数 C_b 和阻力性能关系的研究很多,有不少经验公式可供估算方形系数时使用,方形系数的估算公式一般都表示为 $C_b=f(Fr)$。估算方形系数的公式主要有以下三种。

第一种是亚历山大公式。

$$C_b = C - 1.68Fr$$

该公式适用于傅汝德数 Fr 小于等于 0.30 的船。式中:C 为系数,一般可取 1.08;对于航速较高的船($Fr>0.22$ 时),可取 1.06 左右;对于大型低速船如大型油船、散货船,可取 1.14~1.10;对于更低速的货船方形系数 C_b 的取值,呈现出比亚历山大公式估算结果更大的趋势。

第二种是经验公式。

从快速性方面考虑,方形系数 C_b 与傅汝德数 Fr 的关系还有许多经验公式,图 4.22 中以曲线形式给出了几种估算资料。

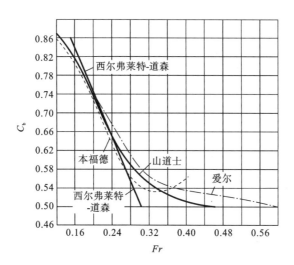

图 4.22 方形系数与傅汝德数的关系曲线

第三种是统计公式。

$$C_b = 0.912 - 0.487 Fr$$

油船： $C_b = 0.907 - 0.555 Fr$

$$C_b = 0.915 - 0.723 Fr$$

散货船： $C_b = 1.0911 L^{-0.1702} B^{0.1587} T^{0.0612} V_s^{-0.0317}$

多用途船： $C_b = 1.261 - 2.49 Fr$

方形系数 C_b 的统计公式表示的是某种船型 C_b 取值的大致规律，一般为大宗货运输船，这类船数量较多，容易得出规律。

这里给出了估算方形系数的三种船型的统计公式，其他统计公式不再一一列出。

4.8 载重型船舶主尺度的确定

船舶设计中往往根据船舶任务要求和设计特点的不同将船舶分为两种类型。

第一类是载重型船。载重型船是指载重量 DW 与排水量 Δ 的比值（DW/Δ）较大、较稳定的船舶。设计这类船时，载重量是主要矛盾，其主尺度确定往往从重力与浮力平衡入手。油船、散货船及杂货船等是典型的载重型船。

第二类是布置地位型船。布置地位型船是指为了布置各种用途的舱室需要较大舱容或甲板面积的船舶。设计这类船时，船容量是主要矛盾，故也称为容积型船，其主尺度确定通常从总布置入手。客船、科学考察船、车客渡船、集装箱船和载驳船等均属于布置地位型船。两种类型船舶确定主尺度的思路和方法有所不同。

设计载重型船的首要任务就是确保载重量要求，根据重力与浮力平衡条件，先估算能满足载重量要求的排水量，然后根据估算的排水量来确定主尺度，再进行性能校核，若校核结果不合理，则需要进一步调整主尺度，见图 4.23。

具体步骤如下：

（1）排水量估算。载重型船排水量的估算方法主要有两种。

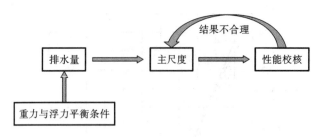

图 4.23　主尺度确定过程

第一种是载重量系数法。载重型船第一次估算排水量 Δ 时,通常利用载重量系数 η_{DW},即
$$\Delta = DW/\eta_{DW}$$
式中:DW 表示设计船的载重量;η_{DW} 表示载重量系数,显然,$\eta_{DW} = DW_0/\Delta_0$,可取自母型船或统计资料。

第二种是诺曼系数法。当具有很相近的母型船且新船载重量与母型船相差不太大时,还可采用诺曼系数法来估算新船排水量 Δ。
$$\Delta = \Delta_0 + \delta\Delta = \Delta_0 + N\delta DW$$
式中:$N = 1/(1-(W_h+2W_f/3+2W_m/3)/\Delta)$ 为诺曼系数;δDW 为新船载重量与母型船载重量的差。

(2) 主尺度初选。在排水量 Δ 估算出来后,确定主尺度第一次近似值的方法比较灵活,主要有以下四种常用的方法。

第一种是母型换算法。当新船与母型船的航速和排水量相近时,可用前面 4.3 节、4.4 节、4.5 节和 4.6 节中讲过的公式分别估算船长 L、船宽 B、吃水 T 和型深 D。

第二种是经验公式法。首先,按巴士裘宁公式求船长 L,接着,按亚历山大公式求方形系数 C_b。然后,再按满足排水量要求得到船宽 B 及吃水 T 的乘积 $BT = \Delta/(\rho k L C_b)$。最后,按航道和港口水深条件选取吃水 T,即可求出船宽 B。型深 D 的估算按 4.6 节中的经验公式估算。

第三种是统计公式法。可用前面 4.3 节、4.4 节、4.5 节、4.6 节和 4.7 节中讲过的公式分别估算船长 L、船宽 B、吃水 T、型深 D 和方形系数 C_b。

第四种是主尺度比法。以主尺度比 L/B、B/T、C_b 等为自变量,求出未给定的主尺度。

(3) 性能粗校核。主尺度第一次近似值选取后,即可进行技术性能校核,校核内容主要有五个。

第一个是载重量校核。根据主尺度第一次近似值,采用分部重量估算法估算空船重量,再用重力与浮力平衡的方法来校核载重量。假设估算的空船重量为 LW_1,则新船载重量为 $DW_1 = \Delta_1 - LW_1$。判断新船载重量 DW_1 与新船要求的载重量 DW 是否相符,若不相符则用载重量系数法公式计算新的载重量系数:$\eta_{DW1} = DW_1/\Delta_1$。用这个新的 η_{DW1} 估算排水量第二次近似值 $\Delta_2 = DW/\eta_{DW1}$,然后根据排水量第二次近似值 Δ_2 再次确定选取主尺度 L_2、B_2、T_2、D_2 及 C_{b2}。如此反复计算,直到算出的载重量与新船要求的载重量 DW 相符为止。

第二个是舱容量校核。采用货舱容量方程式 $V_c = K[L_{pp}-(L_a+L_f+L_m)]B(D-h_d)$ 来进行舱容量校核,如通过载重量校核后得到的主尺度方案不能满足舱容量要求,则最有效且合理的措施是增大型深 D。

第三个是初稳性校核。初稳性校核的关键是估算新船设计载况下的重心高。参考母型船按第 2 章所述方法进行空船的重量与重心高估算。当任务书给定载重量 DW、主机、航速和航程时,即可较准确地算出燃油、滑油、淡水等的重量,进而算出载货量,由此再根据新船的建筑特征及总布置设想分别估算出各主要载重量项目——货物、燃油、滑油、淡水等的重心高。根据空船和载重量的重量与重心高即可算出新船设计载况下的重心高,进而可按初稳性公式 $GM = a_1 T + a_2 B^2/T - \xi D$ 估算出初稳性高 GM。若初稳性高 GM 不满足相关法规要求,则应调整船宽 B、宽度吃水比 B/T 或水线面面积系数 C_w,加大船宽 B 对增加 GM 值的效果最好。

第四个是耐波性校核。新船横摇周期 T_φ 可按公式 $T_\varphi = 0.58 f \sqrt{\dfrac{B^2 + 4 z_g^2}{GM_0}}$ 进行估算。根据经验,通常我国沿海海船的横摇周期 T_φ 应大于 8 s,我国近海海船的横摇周期 T_φ 应大于 9.3 s,对于无限航区的船舶,横摇周期 T_φ 应大于 12.7 s。若新船横摇周期较小,则应在保证稳性的前提下适当减小初稳性高 GM,而减小初稳性高 GM 最有效的方法就是通过增加型深 D 或干舷来增大船舶重心高 z_g,对耐波性有特殊要求的军船或豪华邮轮可采用减摇鳍。

第五个是快速性校核。在初始设计阶段,一般采用以下三种方法进行估算。

第一种是海军系数法。当选用的母型船主尺度比、船型系数、排水量 Δ 及相对速度等参数与新船的相应参数比较接近时,可用母型船的海军系数 C 预估新船的主机功率或航速。

$$P = \dfrac{\Delta^{2/3} V_s^3}{C}$$

式中:P 表示主机功率(单位为 kW);V_s 表示设计航速(单位为 kn);Δ 表示排水量(单位为 t);C 为海军系数。海军系数 C 是一艘船的阻力与推进性能的综合反映,如果新船与母型船在阻力或推进方面有较大差别时,应对 C 值进行修正。

第二种是母型换算法。已知母型船的有效功率曲线,且新船与母型船排水量相近、水下形状相似时,可用母型换算法换算得到新船的有效功率 P_e。如两船推进效率也相当时,则还可得到新船的主机功率。

第三种是经验公式法。具体经验公式在此不再详述,大家可以查阅相关资料。

4.9 布置地位型船舶主尺度的确定

布置地位型船的主尺度主要取决于所需的船容积及上层建筑甲板面积。因此,设计客船、集装箱船、推拖船等布置地位型船舶时,一般都需从布置要求入手,计算所需的船长、船宽和型深,然后再根据重力与浮力平衡、快速性、初稳性、耐波性、抗沉性等条件,综合确定合理的主尺度。下面以集装箱船为例来具体讲解。设计集装箱船时,一般常给出能载运的标准箱的最低数目。

表 4.1 中的数据为国际标准化组织(ISO)对海运所推荐的部分标准箱外部尺度与重量。集装箱船的主尺度与装箱数及集装箱装载的行、列、层(集装箱在船长、船宽和型深方向的排列,依次称为行、列、层)数密切相关,见图 4.24。因此,集装箱船选取主尺度之前,首先要确定集装箱的布置,然后再用以下步骤确定主尺度。

表 4.1 部分标准箱外部尺度与重量

箱型	高/mm		宽/mm		长/mm		最小内部容积/m³	限定最大重量/kg
	尺度	公差	尺度	公差	尺度	公差		
1AA	2 591 (8'6″)	0 −5	2 438 (8')	0 −5	12 192 (40')	0 −10	64.8	30 480

续表

箱型	高/mm		宽/mm		长/mm		最小内部容积/m³	限定最大重量/kg
	尺度	公差	尺度	公差	尺度	公差		
1A	2 438 (8′)	0 −5	2 438 (8′)	0 −5	12 192 (40′)	0 −10	60.5	30 480
1CC	2 591 (8′6″)	0 −5	2 438 (8′)	0 −5	6 058 (20′)	0 −6	31.7	20 320
1C	2 438 (8′)	0 −5	2 438 (8′)	0 −5	6 058 (20′)	0 −6	29.6	20 320

图 4.24 集装箱船的布置

(1) 初选主尺度。

① 确定新船装箱的行、列、层数。查阅资料，调查研究，统计分析与新船装箱数相近实船的有关资料——总装箱数 N、装箱行数 X、列数 Y、层数 Z 与船主尺度的关系，确定新船装箱的行、列、层数。

② 确定船宽 B。根据新船装箱的列数确定船宽。从舱内箱的布置考虑，船宽应为货箱宽度乘以列数再加上箱间横向间隙及甲板边部两舷通道的宽度，并且遵循相关规范要求，一般应有船宽≥货舱口宽度/0.80。同时，从甲板箱的布置考虑，船宽应大于甲板箱列数与货箱宽度的乘积。

③ 确定船长 L。根据总布置要求，船长 $L=L_f+L_a+L_c+L_m$。式中：L_f 为首尖舱长；L_a 为尾尖舱长；L_c 为货舱段总长，是货箱长度与行数的乘积加上箱间间隙以及货舱两端的剩余长度之总和；L_m 为机舱长，可参考同类型、同功率主机的机舱布置长度选定或按建造规范与布置要求选定。

④ 确定型深 D。按双层底高度、舱内箱层数及舱口围板高度估算型深。应当指出，以上所选的船宽、船长、型深均为总布置要求的最小尺度，实际选取时还要从强度出发考虑建造规范对船长型深比 L/D、船宽型深比 B/D 的要求，以及从快速性、初稳性与耐波性出发考虑其长宽比 L/B 和宽度吃水比 B/T 的合理性。

(2) 估算排水量。与载重型船的排水量估算不同，布置地位型船的排水量估算，通常是按总布置要求初选了主尺度之后，再按重量方程式法进行的。

① 估算空船重量 LW。一般采用分部估算法,即 LW=W_h+W_f+W_m,如果采用了固定压载也应将其计入 LW 中。同时,一般还要计入(2%～5%)LW 的排水量储备。

② 估算载重量 DW。载货量按总装箱数乘平均箱重计算,平均箱重取决于箱运货物的种类,应按航线实际统计资料选取,一般平均箱重可取表 4.1 中限定最大重量的 60%～70%,其他项目(人员、行李、淡水、燃油等)的重量可按第 2 章所述的方法计算。

③ 估算新船排水量 Δ。新船排水量 Δ=LW+DW。

(3) 确定方形系数。载重型船的方形系数一般按经验公式取接近于经济方形系数的值,而布置地位型船的方形系数通常按重力与浮力平衡要求,由浮性方程式计算,即 TC_b=Δ/($\rho k LB$)。然后根据傅汝德数 Fr 与方形系数 C_b、吃水 T 与螺旋桨推进性能的配合,合理地确定方形系数值。

(4) 性能粗校核。这里主要指初稳性与航速校核。为了较准确地校核初稳性,最好要绘制出新船型线草图和总布置草图。型线草图可用系列船型资料或改造母型法生成,总布置草图要根据型线的肥瘦程度绘制,以便校核实际装箱数并核算其重心高 z_g。根据性能校核结果适当调整主尺度,最终获得满足装箱数要求及各项性能要求的新船主尺度方案。

【问题 4.2】 既然载重型船舶和布置地位型船舶都是船舶,那么确定主尺度时的主要考虑因素就是一样的。这个观点对吗?请简述理由。

【答案】 不对。对于载重型船舶,载重量是主要矛盾,其主尺度确定往往从重力与浮力平衡入手。对于布置地位型船舶,各种布置地位所需的舱容或甲板面积是主要矛盾,其主尺度确定通常从总布置入手。

习 题

4.1 何为船舶主尺度?确定船舶主尺度应满足哪些基本要求?

4.2 简述确定船舶主尺度的一般步骤和特点。

4.3 选取船舶主尺度(L、B、D、T、C_b)时,各自应综合考虑哪些因素?实船设计时着重考虑的主要因素是什么?

4.4 试用框图描述载重型船确定主尺度的步骤。

4.5 试用框图描述布置地位型船确定主尺度的步骤。

4.6 船东要求设计圣劳伦斯型远洋货船,主要要求如下:DW=20000 t,航速 V_k≥14 kn,主机功率为 5648.6 kW,转速 150 r/min,限制吃水 T≤9.5 m。试完成:

① 初选设计船的主尺度(可取 L/B=6.9,D=13 m);

② 重量校核,调整与确定主尺度;

③ 设计船满载出港的初稳性高 GM(z_g=0.62D);

④ 设计船满载出港的横摇周期 T_φ;

⑤ 设计船满载试航速度 V_k(用瓦特生公式估算)。

提示:按母型船资料,可取 η_{DW}=0.77,附体系数 k=1.005,机电设备重量 W_m=616 t;C_h=0.0202,C_f=0.2624,W_h=$C_h L^{1.5} BD^{0.5}(1+0.5C_b)$,$W_f$=$C_f LB$,$C_w$=3/8+5$C_b$/8。

4.7 如果远洋散货船单程空放时,一般须加压载水作压载航行,其压载水量 W_b≈

DW/3,在上题中续求:

① 设计船压载出港的平均吃水;

② 压载出港的 GM($z_g=0.5D$)和 T_φ;

③ 压载出港的 V_k。

4.8 新设计一艘散货船,要求载重量为 45000 t,服务航速不小于 14.0 kn,假设没有尺度限制。试估算:

① 该船的主尺度 L、B、D、T、C_b;

② 所需的主机功率 CSR;

③ 满载出港的初稳性高 GM 和横摇周期 $T(C_w=3/8+5C_b/8)$。

提示:按母型船资料估取排水量 Δ 及主尺度,可不进行重量校核和舱容校核。母型船要素为:$L \times B \times D \times T \times C_b = 180 \text{ m} \times 31.0 \text{ m} \times 16.6 \text{ m} \times 10.5 \text{ m} \times 0.82$;DW=40000 t;主机常用功率 CSR=7182 kW,服务航速 V_s=14.5 kn;满载重心高度 z_g=10 m。

第 5 章 船舶型线设计

5.1 船舶型线设计的基本要求

船舶型线设计是船舶总体设计的重要内容之一,船舶型线的好坏对船舶的技术性能和经济性有重大影响。型线图是后续的结构设计、性能计算、模型试验、舱室布置和放样建造(见图5.1)的基础和依据,因此,必须高度重视型线设计。型线设计考虑是否周到,设计出的型线是否优秀,对船舶航行、使用以及建造等方面有很大的影响。

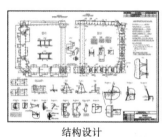
结构设计

性能计算

模型试验

舱室布置

放样建造

图 5.1 常见船舶设计环节

第一,在航行方面。型线与阻力性能关系重大,尾部型线与螺旋桨布置(见图 5.2)对推进效率和振动有很大的影响。型线与船舶的稳性、操纵性、横摇阻尼、船在波浪上的运动特性、砰击等都有关系。

第二,在使用方面。型线影响布置和舱容,例如机舱内的布置条件、货舱和压载舱的容积、甲板的布置地位等均与型线有关,见图 5.3。

第三,在建造方面。型线的平直部分、可展曲面部分可以简化施工的工艺,而复杂曲面增加了施工难度和工作量,见图 5.4。

图 5.2 尾部型线与螺旋桨布置

由此可见,型线设计时需要考虑许多方面的要求,且往往是与总布置设计平行或交叉进行的,并与总布置要求相互协调,有些要求还会相互抵触,设计者必须加以权衡。综合起来,型线设计应考虑以下五个基本要求。

第一个要求是航行性能良好。型线对船的快速性和耐波性影响很大,对稳性、操纵性等都有一定的影响。型线设计时,除对耐波性有特别要求的船舶外,一般都把快速性放在首位,同时兼顾稳性和操纵性,见图 5.5。一般来说,船体水下部分的形状特征和参数主要从快速性、耐波性、操纵性和稳性方面来考虑,水上部分的形状特征主要从耐波性、稳性及砰击等方面来考虑,并与水下部分在几何上合理地配合。由于目前还不能完全按理论的方法在型线设计中把握船舶型线与流体动力性能之间的关系,故型线设计通常采用优良的母型船或系列船型资

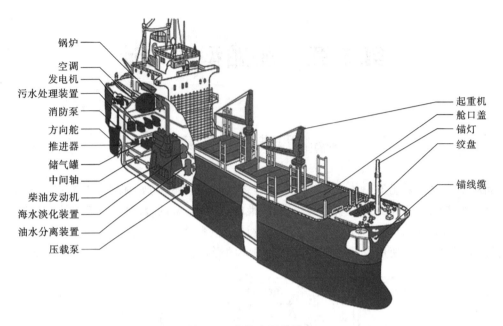

图 5.3 船舶布置和舱容

图 5.4 不同曲面

料,根据型线设计的原理和方法加以修改而成。在型线设计方面,设计者的经验具有重要的作用,经验除了在设计工作中积累以外,还可以通过参加船模试验研究工作来获取。

第二个要求是总体布置符合要求。总布置所需的甲板面积、船舱尺度、货舱大开口的尺寸、机舱和设备的布置、纵倾调整等对型线设计都有一定的要求,型线设计时应加以考虑和满足。在有些情况下,当航行性能与总布置对型线设计的要求发生矛盾时,通常是适当降低快速性要求来满足总布置要求。例如,装载特殊货物(如集装箱、车辆、大件设备等)的船舶对甲板

图 5.5　某战斗舰

和舱内的尺寸及形状有要求,尾机型小型船舶的船尾型线与主机和齿轮箱的布置关系较大,这些都必须加以注意,目的是使船舶能以比较紧凑的尺度满足布置和装载的要求,这一点对于布置地位型船尤为重要。

第三个要求是船体结构合理。复杂多变的船体形状,不仅会增加建造工时,多耗材料,而且不易保证施工质量,影响结构强度。过长过浅的尾悬体会影响尾部的强度和刚度,外飘过度、底部平坦的船首会增加波浪的冲击和船底的撞击,上翘过大的首尾龙骨会影响进坞搁墩和强度等。所有这些都是型线设计时需要注意的问题。

第四个要求是船舶造型美观。水线以上的首尾轮廓线、甲板边线以及外露的折角线应考虑美观和造型方面的要求,对于客船、游船等更应考虑型线与上层建筑等相互的协调,使之成为一个优美的整体,见图 5.6。

图 5.6　客船

第五个要求是满足型线设计精度。型线设计除了以上四个方面需要考虑外,还应满足型线设计精度的两个要求。一是应符合要求的排水体积,其误差要求与设计中考虑的排水量余量有关,如果重量裕度在1%～2%,则排水体积允许的误差为±0.5%。二是应符合要求的浮心纵向位置。在纵倾允许误差为±0.2%L(L为船长)时,型线设计结果的浮心纵向位置允许误差约为0.3%L。

在方案设计或初步设计阶段,由于重量估算和浮态的考虑还不够精确,因此型线主要用于对基本性能的计算和总布置的安排,此时型线设计的精度可以适当降低。型线设计的结果是以型线图来表达船体外形的几何形状。控制船体型线的要素曲线有:横剖面面积曲线,设计水线,首部型线和尾部型线,轮廓线和甲板线。因此,型线设计时,应先分析以上几个要素曲线的形状特征,然后选择好这些要素曲线的形状,这样才能较好地完成船舶型线设计。

【问题5.1】 简述型线设计的基本要求。

【答案】 航行性能良好,总体布置符合要求,船体结构合理,船舶造型美观,满足型线设计精度。

【问题5.2】 在型线设计的五个基本要求中,提出的具体定量要求是哪些?为什么?

【答案】 提出的具体定量要求是满足型线设计精度。因为型线设计精度的定量要求直接和船舶排水体积、浮心纵向位置有关,涉及船舶的浮性与稳性,对船舶性能影响较大。

5.2 横剖面面积曲线的特征

先来看看型线设计的方法,主要有:自行绘制法、母型改造法、系列船型法及数学型线法等。

(1) 自行绘制法是指根据新船的具体要求,按型线设计的基本原则和规律,参考相近船型的优良型线资料,设计者经分析和思考,对新船型线特征有所把握后,自行设计绘制型线图。

(2) 母型改造法是指利用与新船相近的优秀母型船的型线资料,应用适当的修改方法,将其改造成符合设计要求的新船型线,母型改造法设计型线是快捷有效的方法。

(3) 系列船型法是指选择与新船船型特征相近的系列船型,直接应用系列船型的型线资料,查得设计水线以下及部分设计水线以上的船体型值,需要时做局部修改。

(4) 数学型线法是指应用数学函数来表达水线或横剖线或船体曲面,控制形状特征参数,由计算机程序完成型线生成工作。

无论采用哪种方法,都必须首先掌握控制船体型线的要素曲线形状特征参数及其对船舶性能、布置等方面的影响规律,以此作为型线设计的基础。横剖面面积曲线是控制型线的重要因素,型线设计通常从确定横剖面面积曲线入手,见图5.7。

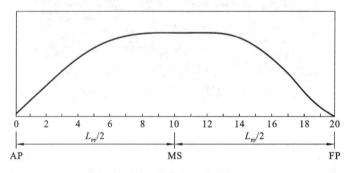

图5.7 横剖面面积曲线

横剖面面积曲线是以船长为横坐标、设计水线下各站横剖面面积为纵坐标所绘制的曲线,纵坐标也可以用各站横剖面面积与最大横剖面面积之比来表达,其形状如图 5.7 所示。该曲线具有以下五个特征。

第一个是横剖面面积曲线与横向坐标轴所包围面积,它相当于设计水线下的船型排水体积 ∇,见图 5.8。

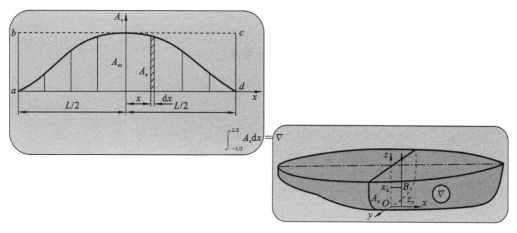

图 5.8 船型排水体积

第二个是横剖面面积曲线与横向坐标轴所包围面积形心的 x 坐标,它等于船的浮心纵坐标 x_b,见图 5.9。

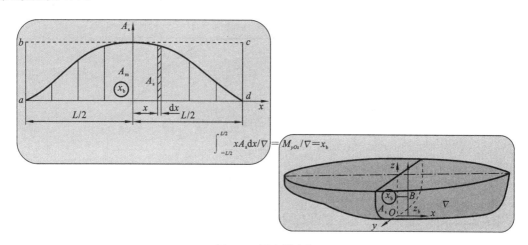

图 5.9 浮心纵坐标

第三个是横剖面面积曲线的最大纵坐标值,它代表最大横剖面面积 A_m,见图 5.10。

第四个是横剖面面积曲线的丰满度系数,它等于船在设计水线下的棱形系数,反映了排水体积沿船长的分布情况,见图 5.11。

第五个是船的平行中体长 L_p,它是丰满船的横剖面面积曲线中部的一平行段,见图 5.12。平行中体前后的两段长度分别称为进流段长 L_e 和去流段长 L_r。方形系数小的船一般没有平行中体,其最大横剖面面积常在中体后。

横剖面面积曲线的这些特征参数,如棱形系数 C_p、浮心纵坐标 x_b、平行中体长 L_p、进流段

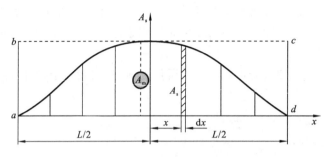

图 5.10 最大横剖面面积

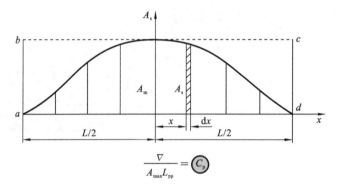

图 5.11 棱形系数

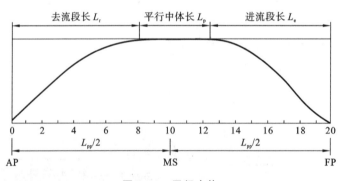

图 5.12 平行中体

长 L_e 和去流段长 L_r、最大横剖面位置以及曲线形状等，在型线设计之前都必须正确地加以选择和设计。

【问题 5.3】 型线设计的结果，是以型线图来表达船体外形的几何形状。那么，控制船体型线的要素曲线有哪些？

【答案】 横剖面面积曲线、设计水线、首部型线和尾部型线、轮廓线和甲板线。

5.3 棱形系数和中横剖面系数的选择

棱形系数 C_p 表征了排水体积沿船长的分布。在船长 L 和方形系数 C_b 一定时，棱形系数 C_p 小，表示排水体积集中在船中部，船的首尾端瘦削。棱形系数 C_p 大，则表示排水体积沿船长分布较均匀,首尾两端较丰满。在方形系数 C_b 已确定的情况下,因棱形系数 $C_p=C_b/C_m$,所以 C_p 的选择必须与中横剖面系数 C_m 的选择一起来考虑。从阻力的影响来看,中横剖面系数 C_m 并不重要,因此中横剖面系数 C_m 的选择很大程度上是考虑与棱形系数 C_p 的配合。棱形系数 C_p 对船的剩余阻力 R_r 影响很大,而对摩擦阻力 R_f 影响很小。棱形系数 C_p 对剩余阻力 R_r 的影响主要反映在兴波阻力上,它是随船的相对速度(傅汝德数 Fr)而变化的,棱形系数 C_p 的选择与傅汝德数 Fr 之间的规律大致如下。

对于 $Fr<0.2$ 的低速船,其兴波阻力所占比例不大,棱形系数 C_p 对总阻力影响较小,但选取较小的棱形系数 C_p 还是有利的。一般低速肥大船为提高装载能力和建造方便,方形系数 C_b 都比较大,这种情况下中横剖面系数 C_m 取值较大,有利于减小棱形系数 C_p,所以棱形系数 C_p 与方形系数 C_b 相差不大。一般运输货船的中横剖面系数 C_m 为 0.98~0.99,大型船的甚至达到 0.995。

对于 $0.2<Fr<0.3$ 的中速船,其兴波阻力已占总阻力相当的比例,且船体兴波主要发生在船首部,选取小的棱形系数 C_p 可使船首尾两端较尖瘦,有利于减小剩余阻力。然而,在实际中所取的棱形系数 C_p 值一般比剩余阻力最佳的棱形系数 C_p 值要大。这是因为,过小的棱形系数 C_p 意味着中横剖面系数 C_m 很大,会引起横剖面面积曲线和水线明显的凸肩,这是不利的,应避免。故要保证船体水线能从尖瘦的两端顺滑地向中部过渡,不产生明显的凸肩,这就要求中横剖面系数 C_m 也相应地取小些。另一方面,从每吨排水量的总阻力看,如排水量一定,棱形系数 C_p 小,方形系数 C_b 必然也小,这样势必增大尺度(特别是船长 L),从而增加了船的摩擦阻力 R_f,总阻力上反而不利。所以随着傅汝德数 Fr 增加,在棱形系数 C_p 减小的同时,中横剖面系数 C_m 也应取小一些。

对于 $Fr>0.3$ 的高速船,其兴波阻力随着傅汝德数 Fr 的增加越来越大,船首兴波的区域逐渐扩展到船长的绝大部分。此时,在确定的方形系数 C_b 下,过小的棱形系数 C_p 可能会导致船体曲面在中部过分凸起,从而造成较大的兴波阻力,因此,选取的棱形系数 C_p 不宜过小。

从以上分析可知,阻力上有利的棱形系数 C_p 与傅汝德数 Fr 之间存在一定的关系,通过系列的船模试验和实船的统计,可以得到图 5.13 所示的规律。

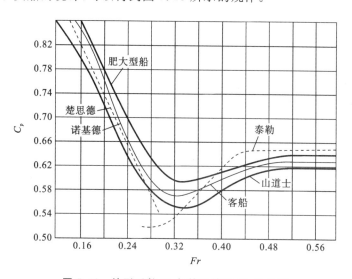

图 5.13　棱形系数 C_p 与傅汝德数 Fr 的关系

选取棱形系数 C_p 时应考虑船舶的经济性。对于一般运输货船,首先要根据主要使用状态下的傅汝德数 Fr,合理地选取经济上有利的方形系数 C_b。如果选用的方形系数 C_b 已达到傅汝德数 Fr 所允许的上限,则应取大的中横剖面系数 C_m,以降低棱形系数 C_p。

选取棱形系数 C_p 时还应考虑总布置的影响。棱形系数 C_p 较小时,船舶两端尖瘦,不利于船舶的布置,特别是尾机型船和双桨船,棱形系数 C_p 过小,机舱与轴系布置困难。因为船舶初始设计阶段确定主尺度时方形系数 C_b 已经确定,所以型线设计时也可按方形系数 C_b 值由统计曲线来估计中横剖面系数 C_m 和棱形系数 C_p。图 5.14 中给出了中横剖面系数 C_m、棱形系数 C_p 与方形系数 C_b 的关系曲线,供船舶设计时参考。

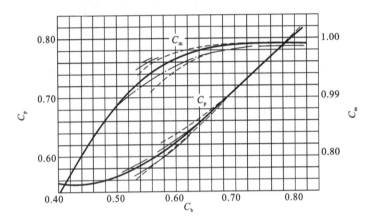

图 5.14 中横剖面系数 C_m、棱形系数 C_p 与方形系数 C_b 的关系曲线

5.4 浮心纵向位置的选择

浮心纵向位置 x_b 决定了船前后半体的相对丰满度。浮心纵向位置 x_b 的选择,主要从快速性上有利的最佳浮心纵向位置、与总布置所确定的重心纵向位置相配合这两个方面来考虑,见图 5.15。

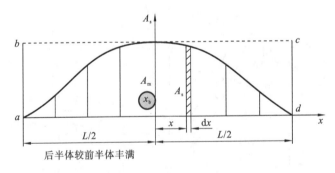

图 5.15 浮心纵向位置

第一个从阻力方面考虑。当浮心纵向位置改变时,前半体兴波阻力和后半体形状阻力的相对比例发生变化。例如,浮心纵向位置向后移动,前半体丰满度就减小,后半体丰满度增大,因而形状阻力由小变大,而兴波阻力由大变小。因此,对应于给定速度的船,存在着一个使阻

力最小的最佳浮心纵向位置。见图 5.16,从单桨船最佳浮心纵向位置可以看到,不同船型的最佳浮心位置有一定的差别,这是因为兴波阻力和形状阻力实际上还与型线的其他特征有关。双桨船最佳浮心纵向位置比相同速度(是指相同傅汝德数 Fr)的单桨船最佳浮心纵向位置约后移 1% L_{pp},对于傅汝德数 $Fr>0.45$ 的高速双桨船,阻力上的最佳浮心纵向位置在中后体 2.0%~4.0% L_{pp}。从推进效率上看,浮心纵向位置稍后于阻力最佳位置,譬如后移 0.2%~0.3% L_{pp} 是合适的,这样可增大伴流,但过分后移也会产生不利影响。

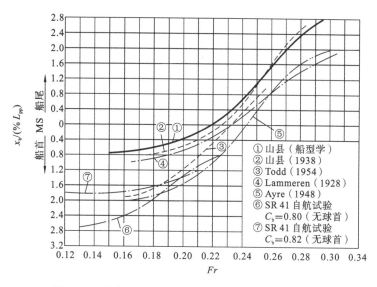

图 5.16 最佳浮心纵向位置 x_b 与傅汝德数 Fr 的关系

第二个从布置方面考虑。浮心纵向位置的选取,还应注意与满载出港时的重心纵向位置相配合,使船不致产生首倾和不允许的尾倾,尤其是吃水受限制的情况,见图 5.17。

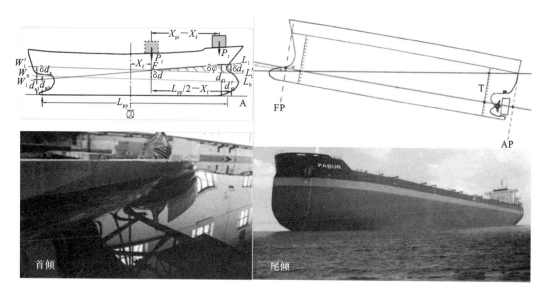

图 5.17 船舶纵倾

对于中机型船,这种配合一般困难不大;对尾机型或中尾机型船,则需要认真分析对待。

另外，某些尾机型船，为了便于机舱布置，会缩短机舱长度，或为了避免桨轴伸出过长和轴包架（或轴支架）尺度过大，将浮心适当取后些比将棱形系数 C_p 适当取大些在总体效果上更为有利。如果在总布置方面调整有困难，或者调整后造成了过多不利影响时，通常会采取适当地损失快速性而去兼顾布置上的适宜性的办法。图 5.18 中给出巴甫连柯建议的最佳浮心纵向位置 x_b 的变化范围。当浮心纵向位置 x_b 在图中阴影区域变化时，其对总阻力的影响不超过 1%。

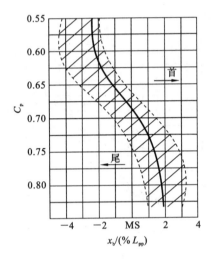

图 5.18　巴甫连柯建议的最佳浮心纵向位置范围

在一定的棱形系数 C_p 下，浮心纵向位置 x_b 决定了横剖面面积曲线前后半体的丰满度，即前后半体的棱形系数 C_{pf} 和 C_{pa} 与浮心纵向位置 x_b 有关，下面给出两个可用于估算前后半体棱形系数的经验公式。

第一个是适用于无球首船的公式。

$$\begin{cases} C_{pf}=0.973C_p+(x_b+0.89)/43 \\ C_{pa}=1.027C_p-(x_b+0.89)/43 \end{cases}$$

计算结果对应的浮心纵向位置误差小于 $0.1\%L_{pp}$。式中：x_b 表示浮心纵向位置，以 L_{pp} 的百分比计（即 $x_b=100x_{bc}/L_{pp}$，x_{bc} 代表浮心纵向坐标，中前为正，中后为负。

第二个是陶德 60 系列的近似关系式。

$$\begin{cases} C_{pf}=C_p+(1.4+C_p)x_b \\ C_{pa}=C_p-(1.4+C_p)x_b \end{cases}$$

此公式用来估算一般船的棱形系数时，精度也不差。式中：x_b 表示浮心纵向位置，以与 L_{pp} 的比值计（即 $x_b=x_{bc}/L_{pp}$），x_{bc} 表示浮心纵向坐标，中前为正，中后为负。

5.5　横剖面面积曲线形状的选择

横剖面面积曲线形状的选择是指确定进流段和去流段的长度以及面积曲线首尾段的凸凹形状，而进流段长度与去流段长度的选择其实就是确定平行中体长度及其位置，见图 5.19。

第一，来学习如何确定平行中体的长度和位置。

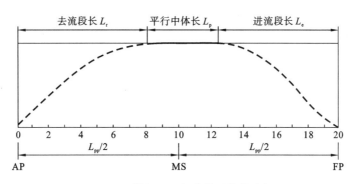

图 5.19 横剖面面积曲线形状的选择

对于傅汝德数 $Fr<0.25$ 的中低速船,若采用适量的平行中体,无论在阻力性能方面还是在使用建造方面都是有利的。

从阻力性能方面看,将排水体积适当地向中部集中,采用一段平行中体,对于前半体可使进流段尖瘦些,以降低兴波阻力。对于后半体,可使去流段的船体形状变得瘦削,有利于改善形状阻力。但也不能设置过长的平行中体,平行中体过长会导致进流段和去流段过短,在平行中体的两端会形成过硬的"前肩"和"后肩",这对降低阻力是不利的。

从使用建造方面看,因平行中体一段的横剖面形状完全相同,故使中部的船舱方整,便于装载货物。设置平行中体还可简化工艺和降低建造成本。因此,在实际设计时都希望平行中体长度取长一些,但应以不引起阻力性能恶化为上限。

对于傅汝德数 $Fr>0.25$ 的中高速船,不宜设置平行中体,因为这种船的船体一般都很瘦削,方形系数 $C_b<0.64$,如果再设置平行中体,则平行中体和过分瘦削的首尾部连接处会形成凸肩,航行时会产生严重的肩波和肩部旋涡使阻力性能恶化。根据兴波阻力理论,横剖面面积曲线进流段后部隆起的前肩会产生一个前肩波系,这个波系可能与船首波系产生不良的干扰,从而引起阻力突增。理论分析和模型试验验证表明,进流段相对长度 L_e/L_{pp} 在 $9.51Fr^2$ 和 $3.07Fr^2$ 之间是合理的,有利的进流段相对长度 $L_e/L_{pp}=6.3Fr^2$。但是,从面积曲线的特征看,引起肩波的位置应该是面积曲线在平行中体前弯曲最急剧的地方,而不是横剖面面积曲线中的面积曲线与平行中体的相切处。

在棱形系数 C_p 和浮心纵向位置 x_b 选取后,前后半体的棱形系数 C_{pf} 和 C_{pa} 已基本确定了,而平行中体长度和位置的选择就是对前后半体的排水体积沿船长进行合理的再分配。适宜的平行中体长度和位置可以通过对进流段和去流段长度的分析来确定。根据优良型线面积曲线的一般特征,对此进行修正后可得到适宜的进流段相对长度公式。

$$L_e=6.3Fr^2+0.14-5(C_p-0.7)^2$$

去流段长度 L_r 太短容易引起水流的分离,因此去流段长度 L_r 不宜过小。为了避免严重旋涡,贝克给出了最短去流段长度公式。

$$L_r=4.08\sqrt{A_m}$$

式中:A_m 表示最大横剖面面积。实践证明,对于肥大型船或短而丰满的船,一般很难满足上式的要求。根据实船统计,不同方形系数船舶的平行中体长度和位置见表 5.1。

表 5.1 不同方形系数船舶的平行中体长度和位置

方形系数 C_b	进流段长度 L_e/m	平行中体长度 L_p/m	去流段长度 L_r/m
0.81	24.0	44.0	32.0
0.80	24.0	43.5	32.5
0.79	24.5	42.0	33.5
0.78	25.5	39.0	35.5
0.77	26.0	37.0	37.0
0.76	27.0	34.5	38.5
0.75	28.0	33.0	39.0
0.74	29.0	31.5	39.5
0.73	31.0	29.5	39.5
0.72	33.0	27.0	40.0
0.71	36.0	23.0	41.0
0.70	39.0	19.0	42.0

第二,来看看如何确定最大横剖面位置。

无平行中体的船舶,其最大横剖面位置决定了进流段和去流段的长度。由于前体兴波阻力随傅汝德数 Fr 的增大而增大,所以最大横剖面位置应随傅汝德数 Fr 的增大而后移。如傅汝德数 $Fr<0.30$ 时,其位置可在中前$(0\%\sim3\%)L_{pp}$;傅汝德数 $Fr>0.30$ 时,其位置则在中后$(3\%\sim4\%)L_{pp}$,高速军舰的最大横剖面位置甚至更后。

第三,来分析一下横剖面面积曲线两端的形状。

首、尾端部形状分别与前半体棱形系数 C_{pf} 和后半体棱形系数 C_{pa}、进流段长度 L_e 和去流段长度 L_r 密切相关。

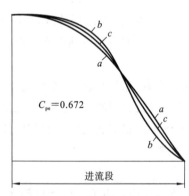

图 5.20 典型进流段形状

图 5.20 所示为进流段棱形系数 C_{pe} 相同的三种典型横剖面面积曲线的首端部形状,其中:a 为直线形,b 为凹形,c 为微凹形。显然,三种不同的形状表示排水体积在进流段范围内三种不同的分布情况,进而影响船的兴波阻力。

(1) 对于傅汝德数 $Fr<0.22$ 的低速船,兴波集中在首端部,从这点出发,虽然希望面积曲线的首端尖瘦,即呈凹形,但这种低速船的棱形系数 C_p 一般较大,相应的进流段棱形系数 C_{pe} 也较大,可能在平行中体连接处出现肩点,反而增加兴波阻力。因此,常用直线形的首端形状。

(2) 对于傅汝德数 Fr 在 $0.22\sim0.28$ 之间的中速船,兴波逐渐加剧,范围不断扩大且后移,为此,进流段应增长,以保持整个进流段内曲线和缓的变化,以便降低增长着的兴波高压区内的阻力。所以,首端形状宜取微凹形或凹形。

(3) 对于傅汝德数 $Fr>0.28$ 的高速船,首部兴波范围继续增大且后移,进流段则应更长。所以,首端形状由凹形过渡到微凹形或直线形为宜。

(4) 对于尾端形状,与进流段相似,去流段也有三种形状,其排水体积沿去流段的不同分布影响船的形状阻力。去流段的横剖面面积曲线形状,主要考虑减少水流分离而产生旋涡。一般应使平行中体向后和缓过渡,并保持曲度变化均匀,故尾端形状一般取为直线形或微凹形。

实际设计中,首尾端部形状往往根据母型或系列船型资料,结合设计水线的形状、首尾轮廓线形状和端部横剖面形状统一加以考虑,以获得适宜配合。

【问题 5.4】 横剖面面积曲线形状的选择,不包括确定哪个因素?
(A) 进流段长度 (B) 去流段长度 (C) 平行中体形状 (D) 首尾段形状
【答案】 D。

【问题 5.5】 是否设置平行中体,主要基于以下哪些因素?
(A) 阻力性能 (B) 建造成本 (C) 货舱容积 (D) 傅汝德数
【答案】 A 和 B。

【问题 5.6】 横剖面面积曲线两端的形状不包括以下哪个形状?
(A) 直线形 (B) 凹形 (C) 凸形 (D) 微凹形
【答案】 C。

5.6 横剖面面积曲线的生成

横剖面面积曲线的生成方法有多种。

第一种,根据选定的面积曲线特征值,如棱形系数 C_p、浮心纵向位置 x_b、平行中体长度 L_p 等,从一般原理和规律出发,用作图法直接生成面积曲线。

第二种,应用兴波阻力理论,通过计算不同面积曲线形状对阻力的影响,得出阻力上最佳的横剖面面积曲线。应用这种方法应注意检验所得结果是否符合其他方面的要求。

第三种,在实际设计中,大多利用相近的优良母型船横剖面面积曲线,根据新船要求修改而成,也就是常说的母型改造法。

第四种,如果采用系列船型,横剖面面积曲线可以根据设计所需的棱形系数 C_p 和浮心纵向位置 x_b 从系列船型资料中直接查得。下面重点介绍横剖面面积曲线直接生成方法和面积曲线母型改造法。

先来看看面积曲线直接生成法。先作一个满足棱形系数 C_p 和浮心纵向位置 x_b 的梯形横剖面面积分布线,如图 5.21 中的虚线所示。

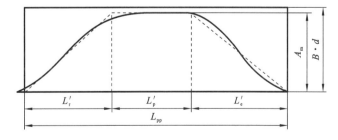

图 5.21 横剖面面积曲线直接生成法

由梯形的几何特性和相关公式可得到相当的进流段长度 L'_e 和去流段长度 L'_r。由这个梯形,可以作出所围面积相等的光顺曲线,曲线的形状应符合横剖面面积曲线的基本要求,如首尾端的凹凸性等。经过调整、计算和修改,最后得出符合设计要求的横剖面面积曲线。如果没有平行中体,则将梯形改为三角形。三角形的顶点位于最大剖面处,且顶点须高出对应的最大剖面积对应的点,在无因次面积曲线上,顶点高等于两倍的 C_p,用上述原理可生成横剖面面积曲线,见图 5.22。在实际设计中,直接生成面积曲线的方法由于较难把握,加之性能方面的关系,因此在没有丰富的设计经验时很少采用。

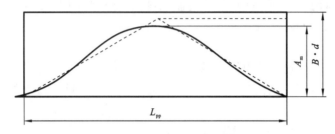

图 5.22　无平行中体横剖面面积曲线

再来重点介绍面积曲线母型改造法。母型改造法就是指将初始得到的横剖面面积曲线,即母型船的横剖面面积曲线,按设计要求改变棱形系数 C_p、浮心纵向位置 x_b 和平行中体长度 L_p 及位置时,采用适当的修改方法,在保留曲线原有基本形状的条件下修改得到新的横剖面面积曲线。

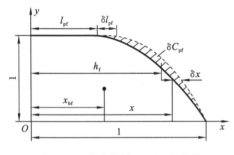

图 5.23　前半体横剖面面积曲线的无因次表示

第一种修改方法是 $1-C_p$ 法。修改横剖面面积曲线的方法很多,其基本原理是将原各站横剖面面积通过沿纵向(x)移动一个距离(δx)来实现修改棱形系数 C_p、浮心纵向位置 x_b 和平行中体长度 L_p。采用不同形式的修改函数 $\delta x = f(x)$,就产生了各种修改方法,最常用的一种修改方法称为 $1-C_p$ 法。应用 $1-C_p$ 法时,需将横剖面面积曲线分为前后半体分别进行修改。首先将前后半体的面积曲线及修改参数无因次化,以前半体为例,见图 5.23。

设修改函数为 $\delta x = a(1-x)$,该函数的边界条件:$x=1.0$ 时,$\delta x=0$。再由约束条件即可得到 a 及修改函数 δx。

$$\delta C_{pf} = \int_0^1 \delta x \, dy = \int_0^1 a(1-x) \, dy = a(1-C_{pf})$$

$$a = \delta C_{pf}/(1-C_{pf})$$

$$\delta x = \frac{1-x}{1-C_{pf}} \cdot \delta C_{pf}$$

对于后半体,同理可得修改量 δx 的表达式,只要将式上式中的下标"f"改为"a"(a 表示后半体)即可。应用上式时,必须已知修改前后的半体棱形系数。对于母型船的面积曲线,可以通过近似积分计算得到前后半体的棱形系数 C_{pf} 和 C_{pa}。然而对于新船,通常仅知道整体的棱形系数 C_p,此时可以应用 5.4 节描述的经验公式估算新船前后半体的棱形系数 C_{pf} 和 C_{pa},从而求得 δC_{pf} 和 δC_{pa}。

$1-C_p$ 法的优点:变换公式简单,能很好地满足设计船棱形系数 C_p 的要求。当母型船的面积曲线和水线光顺时,修改所得设计船的相应面积曲线和水线也一定光顺。因此,$1-C_p$ 法广泛用于有平行中体丰满船的棱形系数 C_p 改造。

$1-C_p$ 法的缺点:最大移动量限制在平行中体的端部,故对于无平行中体船舶且要减小棱形系数 C_p 时就不能采用此方法。

为了克服 $1-C_p$ 法的缺点,拉肯贝提出了用二次多项式作为形变函数。这种变换对有、无平行中体的船都能适用,可灵活多样地改变面积曲线各要素。

综上所述,对于有平行中体的丰满船可利用 $1-C_p$ 法完成面积曲线的棱形系数 C_p 改造,而对于无平行中体的船则可利用拉肯贝法完成面积曲线的棱形系数 C_p 改造,然后再进行浮心纵向位置的改造。

第二种修改方法是迁移法。当仅改变浮心纵向位置 x_b 而不改变棱形系数 C_p 时,可将横剖面面积曲线向前或向后推移,保持曲线下的面积不变,使曲线下的形心纵向位置满足新船 x_b 的要求。

迁移法的形变函数为 $\delta x = by$。式中:y 表示面积曲线在 x 处的纵坐标。$b = \overline{BB_0}/\overline{KB_0}$,$\overline{BB_0} = \delta x_b$,$\overline{KB_0}$ 为曲线下面积形心的纵坐标(见图 5.24),$\overline{KB_0}$ 可由相关近似公式估算。

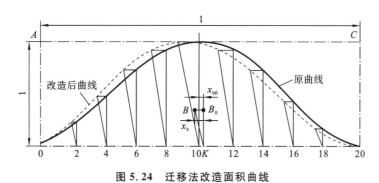

图 5.24 迁移法改造面积曲线

5.7 设计水线形状的选择

设计水线的形状特征和横剖面的形状特征是相关的,设计水线丰满意味着横剖面在设计水线处较宽,在一定的横剖面面积下,下部必然较窄,横剖面形状呈 V 形。反之,设计水线瘦削,横剖面形状呈 U 形,见图 5.25。

设计水线形状确定以后,很大程度上已决定了横剖面形状,或者说是 UV 程度,所以在选择设计水线形状时应对横剖线形状有一个清楚的认识,并将两者结合起来统一考虑。近水面处的水线形状对兴波阻力影响较大,通常以设计水线为代表进行研究。设计水线的形状特征和参数包括:水线面系数 C_w、设计水线首段形状及半进流角 i_e(近首垂线处水线与中心线的夹角)、平行中段长度、尾段形状及去流角等。

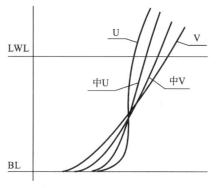

图 5.25 横剖线的形状

第一个参数是水线面系数 C_w。

水线面系数 C_w 与多种因素有关,这些因素包括快速性、稳性、耐波性、总布置与型线等。从快速性考虑,随着傅汝德数 Fr 增大,水线面系数 C_w 应减小以利于静水阻力。从稳性与耐波性考虑,取较大的水线面系数 C_w,初稳性高 GM 增大,而且水上体积相对增加,稳性复原力臂也会增大。在横剖面面积曲线一定的前提下,增大水线面系数 C_w,横剖面形状呈 V 形,反之则呈 U 形,V 形横剖面的纵摇、升沉阻尼大,有利于耐波性。同时,增大水线面系数 C_w,随着水线面面积的增大甲板面积也增大,从而有利于甲板设备的布置,但对于船体端部的空间布置可能不利。在实际船舶设计中,水线面系数 C_w 的选取一般先考虑快速性,然后校核稳性、耐波性、总布置与型线等方面,看是否合适。通常水线面系数 C_w 与棱形系数 C_p 有一个大体的协调范围,如 $C_w=(0.97\sim1.01)C_p^{2/3}$。设计实践表明:水线面系数 C_w 在此范围内变化,对快速性影响不大。

第二个形状特征和参数是设计水线首段形状及半进流角 i_e。

设计水线首段形状对兴波阻力的影响机理与前面所述的横剖面面积曲线相类似。它的选取与相对速度密切相关,所以,首段形状特征如下:

当 $0.16<Fr<0.20$ 时,首段形状是凸形到直线形;

当 $0.20<Fr<0.22$ 时,首段形状是直线形或微凹形;

当 $0.22<Fr<0.32$ 时,首段形状是微凹形;

当 $Fr>0.32$ 时,首段形状是直线形,整个进流段保持和缓的曲度。

设计水线的半进流角 i_e 对船首部兴波阻力有重要影响,适宜的半进流角 i_e 主要与傅汝德数 Fr 有关,其次与 C_p、L/B、C_w 等有关。在 C_p 与 Fr 合理配合的情况下,可用图 5.26 所示的曲线来反映半进流角与棱形系数的关系。

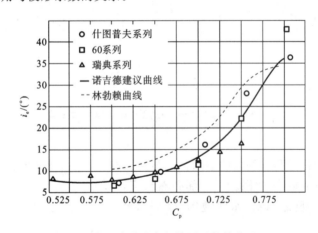

图 5.26 半进流角与棱形系数的关系

图中资料来源于 $L/B=7.0$ 左右的船舶,当 L/B 较小时,i_e 应随 L/B 的减小而适当增大。从耐波性看,设计水线首段适当丰满些较有利,而呈 S 形时则不利。小型船舶的设计常从稳性和总布置的要求考虑,一般设计成较丰满的首部水线。

第三个参数是设计水线平行中段长度。

设计水线平行中段长度取决于水线面系数的大小和水线首尾端的形状,通常单桨船的设计水线平行中段长度约为横剖面面积曲线平行中体长度的 2 倍。速度较高、C_b 小的船没有平行中体,但设计水线在船中偏后部仍有一段平行中段,因为首部瘦削尾部丰满的设计水线对快速船会有更小的阻力。图 5.27 给出了 60 系列、57 系列以及日本肥大船系列 SR98 的平行中段长度与 C_p 的关系,图中纵坐标为平行中段长度 L_{wp} 占设计水线长 L_{wl} 的百分数。

第四个形状特征和参数是设计水线尾段形状及去流角。

从阻力上看,设计水线尾段的形状主要影响形状阻力。在一般情况下,设计水线尾段形状对总阻力的重要性次于设计水线首段形状。为了避免水流分离产生旋涡,尾段要求保证顺滑。通常尾段型线以直线形为佳,不宜呈凹形。尾段的去流角应不大于 30°,单桨船螺旋桨区的水线应力求平直,终端(尾柱处)水线形状不应钝阔,纵向斜度不要超过 20°。水线反曲处斜度应避免过大,注意顺滑过渡。此外,设计水线应盖住螺旋桨和舵,以利于安全。

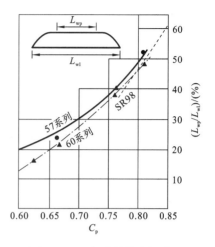

图 5.27 平行中段长度与棱形系数的关系

【问题 5.7】 近水面处的水线形状对兴波阻力影响较大,通常以设计水线为代表进行研究。请问设计水线的形状特征和参数包括哪些内容?

【答案】 水线面系数、设计水线首段形状及半进流角、平行中段长度、设计水线尾段形状及去流角。

5.8 首部型线的选择

图 5.28 所示为四种常规船型的横剖线形状,根据其形状特征可分为:U 形、V 形、中 U 形、中 V 形。

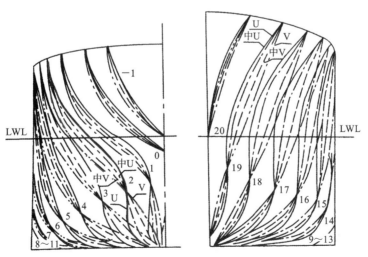

图 5.28 横剖线形状

对于 U 形剖面,排水量沿吃水高度分布较均匀,使设计水线瘦削,半进流角小,有利于减小兴波阻力。在尾部 U 形剖面使伴流比较均匀,有利于提高船身效率,改善螺旋桨工作条件,降低螺旋桨激振力。但相对于V形,U形剖面湿面积较大,摩擦阻力大些,耐波性也差些。一般大型运输船及中、高速船舶采用U形剖面。

对于V形剖面,V形剖面的面积分布偏于上部,湿表面积较小,对减小摩擦阻力有利。在尾部,V形剖面使去流段水流顺畅,可减小旋涡阻力。V形剖面可增加纵摇和升沉的阻尼,对耐波性有利。小型船舶多采用V形剖面。

对于中U形剖面或中V形剖面,这种剖面兼顾阻力和耐波性两方面的要求,为大多数中型船舶所采用。水上部分的横剖线应与水下部分的光顺过渡,首部适度外飘,可缓和纵摇运动和甲板上浪,并可提供足够的甲板面积。

再来看看首部横剖线。首部横剖线形状主要从静水阻力和耐波性这两方面来考虑。

第一,从静水阻力方面来考虑。V形横剖面湿表面积较小,可减小摩擦阻力,同时它的舭部较瘦,有利于减少丰满船($C_b>0.75$)的舭部旋涡。但V形剖面设计水线首端丰满、半进流角大,兴波阻力较大。U形剖面船的排水量相对集中在下部,设计水线瘦削,半进流角小,有利于减小兴波阻力,但湿面积大,摩擦阻力大。由此,从总阻力方面来考虑,对应不同的速度,首部横剖线存在一个阻力上有利的形状选择问题。哥德堡船舶研究院曾对图5.29(a)所示的无球首前体横剖线形状U形和V形的船模进行对比试验,其典型的阻力曲线见图5.29(b)。

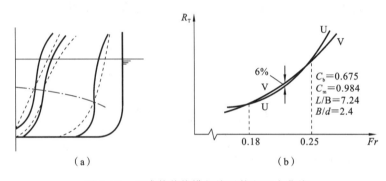

图5.29 无球首前体横剖线形状和阻力曲线

该研究结果表明:在低速和高速情况下,V形剖面阻力明显优于U形剖面阻力。在$0.18<Fr<0.25$范围内,U形剖面阻力性能较好;当B/T增大时,U形剖面有利的范围将缩小。图中所示为横剖线形状在比较极端情况下的一个对比试验结果,一般程度的横剖线形状UV度对阻力的影响没有如此显著的差别。

第二,从耐波性方面来考虑。V形横剖面的船舶在纵摇和升沉运动时,浮力和阻尼力矩增大,能明显减小纵摇和升沉运动,且能缓和船底砰击(尤其当波长与船长之比$\lambda/L>1.0$时),但V形剖面会增加船舶在波浪中航行的阻力(尤其是$\lambda/L<1.2$时)。

综合静水阻力和耐波性两方面的影响,船舶首部横剖线形状可参考以下原则进行选择。低速船采用V形横剖线较有利。船长较长的中高速船,航行中较少遇到波长超过船长的波浪,可偏重静水阻力考虑,采用U形横剖线。小船则偏重耐波性考虑,加之L/B通常较小,采用V形的横剖线。现代货船还从使用和布置等方面考虑,如甲板装载集装箱或有大开口等要求,人们更偏爱于首部采用V形的横剖线。

第三,水上部分形状。船首水上部分的横剖线通常具有一定的外飘,这样储备浮力和甲板面积都大些。适量的外飘可减少甲板的上浪和淹湿,并对提高大倾角稳性的复原力矩也有一定的效果。需要时还可设置折角线来加大外飘,如图5.30虚线所示。

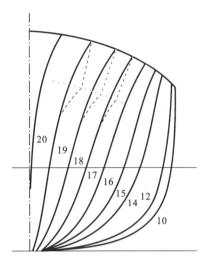

图 5.30 水线以上横剖线外飘和折角线

对于水下横剖面接近 U 形的船,为获得足够的甲板面积,通常需要更大的外飘。从相关耐波性试验研究结果看,我们认为过大的外飘及折角线对纵摇、垂荡作用不大,且加剧了船侧砰击和飞溅,导致甲板上浪增加,增大了甲板淹湿概率,使波浪增阻加大导致较大的失速,这种情况在型线设计中应加以注意。

5.9 尾部型线的选择

尾部型线与首部型线一样,尾部横剖线也有从 U 形到 V 形的不同形状,见图 5.31。

尾部横剖线形状主要从阻力和伴流这两方面来考虑。从阻力方面看,V 形剖面能使进去流段的水流较顺畅地向后沿斜剖线流动,而且 V 形剖面的湿面积也小。U 形剖面船尾容易引起舭涡而且湿面积也大。可以说,U 形的尾部横剖线形状在各种 Fr 下的阻力性能都比 V 形的差一些。从伴流方面看,U 形和 V 形剖面对船尾伴流场的影响是不同的,对于肥大型船,这种差别更为显著。V 形尾不仅轴向伴流的脉动量大,而且平均伴流沿径向分布也不均匀。U 形尾的轴向伴流分布比较均匀,可以提高推进效率,并能减少螺旋桨叶梢部分的空泡和激振力。对于方形系数大于 0.6 且小于 0.7 的船,U 形尾和 V 形尾对伴流场影响的差别小一些。

总的来说,尾部剖面形状对推进效率的影响大于对阻力的影响,况且还有对尾部振动的考虑。因此,现代中低速船舶尾部大多采用 U 形剖面,甚至加球尾。有些情况下,为了兼顾阻力性能或布置要求等因素,也有将尾部 V 形剖面在接近螺旋桨处逐渐过渡到 U 形的做法,图 5.32 所示的船尾型线就是由 V 形过渡到 U 形的例子。

由于船尾型线特征的关系,其对螺旋桨伴流不均匀的影响是无法完全避免的,需要时可在螺旋桨的设计上采取一些措施来减小螺旋桨伴流不均匀的影响。例如,对于螺旋桨径向进流速度的不均匀可采用变螺距桨来改善,而周向的不均匀则可采用大侧斜螺旋桨来改善。常规双桨船船尾形状对推进效率和振动的影响较小,因此可采用阻力性能优良的 V 形横剖面。

船尾水下型线除了考虑阻力和伴流外,还有两个因素也应予以重视。

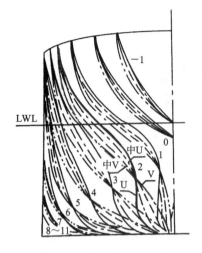
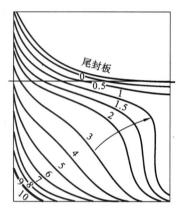

图 5.31　尾部横剖线形状　　　　图 5.32　船尾型线示例

第一个因素是要尽量减少水流分离。水流分离形成旋涡，会造成能量损失。减少水流分离主要是为了避免出现过凸的尾肩和船体型线沿水流方向的过分弯曲。水流在流动方向上与船体表面的夹角达到 15°时，水流开始发生分离，夹角达到 20°时，水流分离已无法避免。船尾水流是向后并向上向内流动的，因此，型线沿流线的斜剖线曲率变化应缓和，避免出现 S 形，倾斜度应尽量控制在 20°以内。但对于螺旋桨轴线上部的型线，实际上难以达到水流不分离的要求，此时应尽量将无法避免的水流分离区域限制在船尾较小的范围内。因为近尾端处的水流分离现象由于螺旋桨的吸水作用而减少，并且旋涡容易进入桨盘面被螺旋桨吸收，需要时应采用补偿导管等措施来改善。此外，舵和螺旋桨后移，可延长水线，减少尾端水流分离的程度。对于 B/T 大的船，尾部水流更多地沿纵剖线流动，因此船尾底部的纵剖线倾斜度应尽量减小，形状以接近直线为好。

第二个因素是要保证螺旋桨良好的供水。螺旋桨前方的水线末端应尽可能尖削，水线形状呈直线或微凹形，这样有利于螺旋桨吸水，减小螺旋桨推力减额，提高推进效率。对于船尾很丰满的船，难以满足以上要求时，应尽量将螺旋桨后移，并适当加大与船体之间的间隙。这样做虽然螺旋桨的伴流分数有所降低，但推力减额分数会减小更多，有利于提高船身效率。对于对船尾形状有特殊要求的船舶，设计船尾型线时，应特别注意保证螺旋桨供水充足和来流顺畅。螺旋桨供水不足会使推进效率急剧下降，这一点应予以充分重视。

5.10　侧面轮廓线的选择

型线的侧面轮廓线包括首轮廓线、尾轮廓线、龙骨线、甲板中心线和甲板边线。侧面轮廓线是船体型线最基本的边界线，也是船体形状特征的重要控制要素之一。侧面轮廓线的设计也同样关系到船舶的性能。甲板边线与总布置关系密切，设计中必须与总布置设计相互协调。

第一，来看看首轮廓线。常规船不带球首的首轮廓线基本形状如图 5.33 所示，现代船最常用的首轮廓线形状就是图中所示的前倾型首。这种形状的船首相对直立型首而言，有较多优点：水线以上船首可以较为尖瘦，具有劈水作用，减少波浪对船体的冲击；可以改善迎浪中的纵摇和升沉运动，这对小船效果更为明显；还具有较好的防撞作用，减少了两船碰撞时水下部分破损的危险性;增加了储备浮力和甲板面积;外形显得较为美观。

图 5.33 中的直立型首轮廓线和梅尔型首轮廓线是 20 世纪 30 年代前后流行的首轮廓线形状,相对前倾型首轮廓线而言是两种极端。前倾型首轮廓线可以用弧线或直线加弧线形成。其中水上部分的前倾角度一般为 15°～30°,可以为直线形或外飘形,水下部分可以用弧线或直线加弧线构成。水上部分形状的变化较多的是出于造型上的考虑,确定船首轮廓线时应注意与水线和横剖线形状的配合,前倾大的首轮廓线一般与 V 形的横剖线形状相配合,前倾小或接近直立型的首轮廓线与 U 形的横剖线相配合。

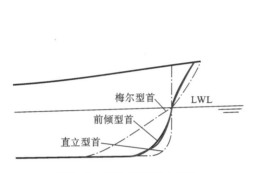

图 5.33 首轮廓线基本形状

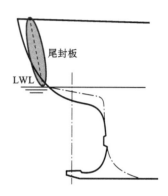

图 5.34 单桨船的巡洋舰尾

第二,来看看尾轮廓线。尾轮廓线形状的选择主要是考虑舵和螺旋桨的布置以及与横剖型线的配合,现代单桨运输船一般都采用巡洋舰尾,其侧面轮廓形状如图 5.34 所示。为了简化工艺,大多在水线以上切除了巡洋舰尾的曲面尾端,改用一块后倾 0°～15°的平板作为尾封板,如图 5.34 中虚线所示。

后倾的尾封板可防止倒航时上浪,外形也好看些。螺旋桨上方的尾悬体需浸没在水中一定的深度,这样可改善船尾的水流,对改善阻力性能有利。当吃水较浅且螺旋桨直径较大时,为了布置螺旋桨,不得已只好减小浸深,使尾悬体的轮廓线比较平坦,如图 5.35 中点画线所示,此时应注意尾悬体横剖线的形状应具有一定的 V 形,否则容易引起尾部砰击和螺旋桨对船体产生较大的激振力。

尾框设有底龙骨(也称舵托)的称为闭式尾框,不设底龙骨的称为开式尾框,如图 5.36 中下部的双点画线所示。

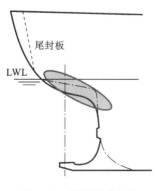

图 5.35 尾悬体横剖线

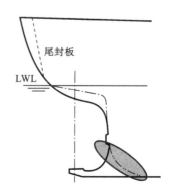

图 5.36 开式尾框

开式尾框的优点是:可使螺旋桨轴线下移,增大尾悬体的浸深,对改善阻力性能有利;消除了螺旋桨对底龙骨的振动脉冲;简化了建造工艺,节约了材料。闭式尾框的优点是:在船搁浅或拖底时增加了对舵和螺旋桨的保护;减少了渔网等杂物对螺旋桨的缠绕。我国沿海渔场较多,因此沿海航行的船舶,船东大多要求采用闭式尾框。双桨船的舵和螺旋桨布置在船两侧,螺旋桨的布置与船尾横剖线的形状关系密切,中纵剖面上的尾轮廓线由横剖线形状确定。常规中低速双桨船的螺旋桨尾轴悬伸在船外较长,需安装轴支架和轴包套,因此附体阻力较大且会产生局部的高伴流区,对推进效率和激振都不利。因此,这种型线在现代双桨货船特别是宽浅吃水船上已较少采用。

设计尾轮廓线时,尾框内的形状和尺寸应根据舵和螺旋桨的具体位置和尺寸,考虑桨叶与尾框间的间隙来决定,见图 5.37。

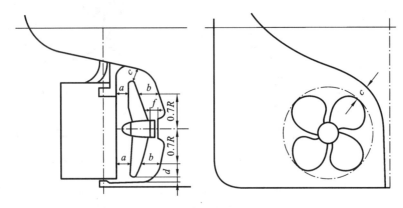

图 5.37 桨、舵与尾框间的相互间隙

桨叶与舵及尾框之间间隙的大小主要影响螺旋桨对船体的激振力,同时也与推进效率以及阻力有关。激振力的大小大致与间隙的 1.5 次方成反比。为了减小振动,间隙应取大些。图中间隙 c 对船体的激振力影响最大,增大间隙 c 对减小振动有利。但是对于一定的螺旋桨和不太丰满的后体,间隙 b 和 f 小有利于提高船身效率,间隙 c 和 d 小可增大尾悬体的浸深,对改善阻力性能有利。间隙 a 小可使螺旋桨往后移,对改善阻力性能也有利,并可使舵回收更多的螺旋桨尾流中的旋转能量,但应考虑在舵转 35°时能拆卸和安装螺旋桨。间隙 f 要考虑尾轴密封装置的安装尺寸。总的来说,尾框的设计以防止大的激振为主要考虑因素,为此适当牺牲快速性的要求也是值得的。为了防止产生过大的激振,各船级社的船舶建造规范对尾框间隙尺寸提出了最小值的要求,在设计中应予以满足。表中给出了各间隙取值的范围和我国船级社(CCS)建造规范的建议值。在初步设计阶段,如果舵和螺旋桨的尺寸尚未确定,则对于闭式尾框,螺旋桨柱与尾垂线的距离初步可取 $0.03L$ 左右,开式尾框可取 $0.04L$ 左右,或者参考母型船选定。

第三,来看看龙骨线。龙骨线即平板龙骨上缘的船底线。对于没有初始纵倾的船舶,龙骨线与基线一致。初始纵倾是指在首尾垂线处龙骨线与基线的高度之差,通常为尾倾。船舶设有初始尾倾,目的是加大尾吃水,以便能设置更大直径的螺旋桨,小型拖船常设有初始纵倾。

最后,来学习一下甲板线,见图 5.38。甲板线包括甲板边线和甲板中心线。甲板边线是一条空间曲线,甲板中心线则是一条平面曲线。

在型线图上,甲板线用纵剖线图中的舷弧线、脊弧线和水线图中的甲板半宽线来反映。还需要了解一下这些相关知识。

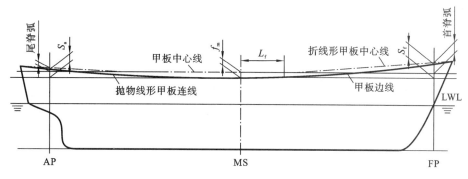

图 5.38 甲板线示意图

(1) 舷弧线。舷弧线是甲板边线在纵中剖面上的投影线,标准舷弧线为二次抛物线,其形状由首舷弧(S_f)和尾舷弧(S_a)所确定。首、尾舷弧分别指首、尾垂线处舷弧线高度减去型深后所得的值。首舷弧的大小,一般是由甲板上浪和淹湿性的要求来决定,尾舷弧通常为首舷弧的一半。但在实船设计中,只要首垂线处包括首楼高度在内的干舷,不低于载重线规定的最低值,也可取其为非标准舷弧。

(2) 脊弧线。脊弧线则是甲板面与纵中剖面的交线,标准舷弧线相应的脊弧线也是二次抛物线。现代大中型船舶为简化施工工艺,脊弧线大都采用折线,距首垂线 $0.15L_{pp}$ 左右处向前一段为斜直线、向后为水平线,尾端一段也为斜直线。设计新船时通常是先确定脊弧线,反过来再根据每站处的甲板边线宽度、梁拱等确定舷弧线。这样在建造时可简化施工工艺,又可保证脊弧线不至于出现下弯现象。

(3) 甲板半宽线。它是甲板边线在水线图上的投影线,给出甲板在首尾端及各站的半宽。甲板半宽线按布置和使用要求决定,如货舱口的尺度、锚泊设备的布置、甲板上的作业空间等。

(4) 梁拱。通常指中横剖面上甲板中心线相对甲板边线拱起的高度(f_m)。一般取为$(1/50 \sim 1/100)B$,海船常用 $B/50$,内河船也有取 $B/100$ 的。梁拱线一般为抛物线形状。现代船舶为简化工艺,也有用大圆弧线或折线或二者结合的。

5.11 型线设绘的基本要求

型线图的设绘方法主要有 4 种,自行绘制法、母型改造法、系列船型方法和数学型线方法,已经在 5.2 节(横剖面面积曲线的特征)中学过。无论采用何种型线设计方法,现在都可以借助计算机和绘图机来进行型线图的设绘。目前,国内外已开发应用的许多船舶 CAD 软件系统中,很多具有型线设计的功能。但是,任何型线设计软件的应用,都要求使用者掌握型线图设绘的基本原理和方法,否则,盲目操作软件是不可能得到符合设计意图的优良型线的。型线设计的结果是以型线图来表达的。型线图是以横剖线图、水线图和纵剖线图(包括斜剖线)来表达船体形状的。

横剖线图是以一组沿船长不同位置,垂直于基平面的横剖面与船体型表面相交的横剖线叠绘在一起而得的。由于船体形状一般左右对称,所以仅绘一侧横剖面即可,规定前半体绘右侧,后半体绘左侧。横剖面的位置称为站,站号编排自尾向首(军船和国外有些民船也有自首向尾的)。站距通常按垂线间长 20 等分,也可按 10 等分,首尾再加密(如 1/2 站或 1/4 站等)。

水线图是以一组平行于基平面的平面与船体型表面相交的水线叠绘在一起而得的,通常只给左侧。水线的数目在设计水线以下常取 5~8 根,在底部船体表面宽度变化剧烈处加密,设计水线以上的水线根数可取 2~4 根。水线间距可不按设计吃水等分,可取整数。

纵剖线图是以一组平行于中纵剖面的平面与船体型表面相交的纵剖线叠绘在一起而得的。纵剖线的数目和位置根据船体表面的弯曲程度来选取,可取 2~5 根。纵剖线的间距最好与水线间距一致或成倍数,这样便于放样。纵剖线图还包括侧面轮廓线。甲板边线、折角线、舷墙顶线等空间曲线。在三个平面上的投影线均应分别绘制在横剖线图、水线图和纵剖线图上。

绘制型线图主要有两个方面的基本要求。

第一个基本要求就是精确绘制格子线。

横剖面、水线面和纵剖面在各自另外两个平面上的投影线称为格子线。格子线是绘制剖面曲线的基准线,手工绘制时其尺寸和垂直度务求精确。绘制格子线是绘制型线图的重要工序,它的质量影响到型线图的绘制工作是否能顺利进行,必须加以重视。绘制格子线以前,应选取恰当的比例,安排好图面的布置。通常水线图放在图面的下部,平行中体较长的船横剖线图可安排在纵剖线图的中部,否则可安排在纵剖线图的上部。型线图上应留出安排型值表和标写主要因素的位置,有困难时,型值表可另起一页。

第二个基本要求就是光顺性。

型线设计中光顺的概念比一般数学意义上光顺的概念更广泛,除了一般的光顺概念以外,它还与船体曲面在流体中的性能联系起来定义光顺与不光顺。反映在型线图上,曲线的凸凹性和曲率的变化是型线设计中重点考虑的光顺性问题,例如不该凸的曲线凸了,也称为不光顺。从几何关系上看,单根曲线应在三向投影正确的前提下达到光顺的要求。型线图绘制过程中,曲线的三向光顺工作量很大,一个有经验的设计师从一簇曲线的变化规律中可判断出另外两向的光顺性,但在设绘型线图之初,不必花很多时间将某一方向的剖线都绘光顺,否则很可能会造成很大的返工。有效的做法是从控制曲面的重要部位开始,三向(至少两向)恰当地间隔交叉进行,使三向光顺经过一个逐步逼近的过程来完成。当有不光顺型值点需要修改时,应首先分析一下该型值点修改后对另两向剖面线的影响,如果其影响不利于另外两向剖面线的光顺,则应考虑通过修改其他型值点来达到光顺的目的。

绘制剖面曲线时,还应注意平底线和平边线以及曲线与圆弧相切点连线的光顺性。平底线是指横剖线与船底平面切点在另外两向投影面上的连线,平边线是指横剖线和水线与船侧平面切点在纵剖线图上的连线。

【问题 5.8】 船体型线图的设绘方法主要有四种,以下哪一个不是船体型线图的设绘方法?

(A) 自动设绘法 (B) 母型改造法 (C) 系列船型法 (D) 数学型线法

【答案】 A。

【问题 5.9】 船体型线图由三个主要的剖线图组成,以下哪一个不属于船体型线图的剖线图?

(A) 纵剖线图 (B) 横剖线图 (C) 垂剖线图 (D) 水线图

【答案】 C。

【问题 5.10】 船体型线设计的基本要求涉及格子线和光顺性。光顺性就是看型线是否光滑、平顺。这个观点对吗?

【答案】 不正确。除了光滑、平顺外,还要考虑型线的凸凹性和曲率是否合适。

5.12 母型改造法生成型线

设计新船的型线,如能找到与新船相近的优秀母型船(包括实船或船模)的型线资料,通过改造,就可以得到符合新船设计要求的型线。用母型改造方法生成的型线,可以保持优秀母型船的型线特征,因而对新船的性能比较容易把握。一个有经验的设计师,从优秀母型出发经适当修改而得的型线往往优于用其他方法设计的型线。因此,用母型改造法设计型线是一种非常实用并且行之有效的方法,深受设计者的欢迎。在选择母型船时,不仅要考虑到母型船型线的优良性,还要注意到新船与母型船各要素(如 Fr、C_p、C_m、x_b、L_{pp}/B、B/T 等)的接近程度,否则修改量太大,就很难保持母型船的优良性能。例如,母型船后体型线已接近水流分离的临界值,而新船的 L/B 比母型船小或者浮心位置后移,改造后的后体型线很可能产生较严重的水流分离。所以选择母型船时,要对母型船的性能和型线特征加以分析,结合需要改造的参数和修改量对新船的性能做出估计,使修改有的放矢,做到扬长避短。

当新船与母型船的主尺度不同时,需做尺度变换,常用的是线性变换,即对于长度坐标有 $x=(L/L_0)x_0$;对于宽度坐标有 $y=(B/B_0)y_0$;对于吃水坐标有 $z=(T/T_0)z_0$。式中:带有下标"0"者为母型船的参数。事实上,如果新船的站线和水线的划分与母型船成比例,绘制型线图时长度和吃水的坐标值也就无须换算。上述尺度经线性变换后,船型系数(C_b、C_p、C_w 等)和浮心纵向相对位置坐标 x_b 都保持不变。但是,如果 $L/B \neq L_0/B_0$,则设计水线半进流角和水线的去流角已有所改变。对于 $D/T \neq D_0/T_0$ 的情况,不能用线性变换的方法同时满足对新船型深的要求。将母型船的横剖面面积曲线作为新船初始得到的横剖面面积曲线,应用 5.6 节中介绍的面积曲线修改方法,改变棱形系数和浮心纵向位置以及平行中体长度和位置。大多数情况下,新船的中横剖面系数 C_m 与母型船相同,那么修改后,新船的方形系数也已满足要求。

改造横剖面的形状,又称剖面的 UV 度改造,实际上是修改母型船的水线面系数或其形状。在用手工方法改造时,为使修改有的放矢,最好先用前面的方法改造出符合 C_b、C_p 和 x_b 要求的横剖型线,在此基础上再进行必要的横剖面形状的修改。通常,先选择 1~2 个较典型的剖面,按需要对其进行形状改造,并保持其横剖面面积不变,求得该剖面设计水线半宽的改变量。然后,根据该改变量并参考母型船的设计水线形状绘出新船的设计水线,并使水线面系数 C_w 等水线参数符合新船的要求。这样,其余各剖面在设计水线处的半宽改变量就都被确定,然后逐个改造各站横剖型线,改造中均应保持剖面面积不变,见图 5.39。横剖型线改造后,按新的型值光顺水线,最后绘出符合要求的新船型线图。

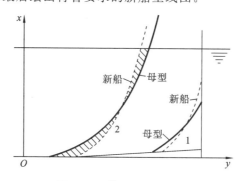

图 5.39 横剖面形状改造

利用母型改造方法设计型线,如果横剖面形状和中剖面系数不做修改,则横剖面面积曲线修改后,就可以利用插值的方法生成型线。若横剖面形状或中剖面系数也作了修改,而修改后的 C_p、x_b 等不符合要求时,则可将修改后的型线作为中间母型,重新计算出横剖面面积曲线,再通过面积曲线的修改使船型系数等都满足设计要求。下面介绍横剖面面积曲线修改完成后如何生成型值。

以前半体为例(见图 5.40),在横剖面面积曲线图上,量出各站处新船与母型船横剖面面积百分数相同的距离 δx_i,然后在母型船的水线图上距对应站 δx_i 处量取各水线半宽 y_{ij},再乘以 B/B_0(型宽线性改造的比例值),即可得到新船各站半宽型值。上述方法实际上就是将母型船相同剖面积(是指百分数相同)的横剖面移作新船的横剖面,如图 5.40 所示的母型船 A—A 剖面被移作新船 16 站的横剖面。

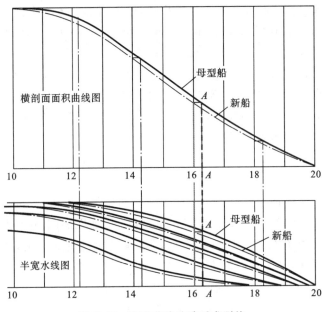

图 5.40 面积曲线改造后求型值

具体绘制型线图时,新船横剖线图的水线先按母型船比例划分,即按式 $z=(T/T_0)z_0$ 确定各水线高,将母型船上量得的 y_{ij} 乘以型宽修改比例值后,点在各水线上,将各半宽点连成光顺曲线后即得新船的横剖线图。为使新船的水线划分整齐,在横剖线图上按新船要求重新划分水线,然后绘出新的水线图和纵剖线图。绘制水线图和纵剖线图以前,应按新船要求先绘制纵剖线图上的甲板边线和首尾轮廓线。由于新船的型线是通过母型船的剖面移动得到的,因此,首轮廓线一般也应由母型船的形状按相同规律修改而得,否则与水线端点不易配合。尾框尺寸涉及桨和舵的布置,可按新船要求参照母型船形状自行设计,但应注意尾框的修改会使水线尾端点距中值改变,因此必须对尾部水线做适当修改。

设计水线以上的型线,由于甲板边线需满足新船的型深和舷弧要求,通常情况下不会与经吃水比例修正后的母型船甲板边线高度相同,因此需要另行绘制,绘制时可参照母型船改造所得的横剖线形状,按自由绘制的方法进行。绘制时应满足总布置对甲板边线宽度的要求,同时应注意横剖线上部的外飘程度。

习 题

5.1 船体横剖面面积曲线具有哪些特征?

5.2 选取棱形系数 C_p 应考虑哪些因素?实船设计中对不同 Fr 的船舶应如何选取 C_p?

5.3 为什么浮心纵向位置 x_b 的改变会引起阻力性能的变化?选取 x_b 时应着重考虑哪些因素?实船设计中如何选取 x_b?

5.4 什么样的船舶采用平行中体?采用平行中体有何优点?如何确定平行中体长度?无平行中体船舶的最大横剖面位置如何确定?

5.5 横剖面面积曲线的首尾端部形状有哪几种?如何选择?

5.6 描述设计水线的形状特征与参数有哪些?如何选择?设计水线的丰满度与横剖型线的形状有何联系?

5.7 船舶首、尾横剖面形状有哪几种形式?其对性能(快速性、稳性、耐波性及船体振动等)影响如何?实船设计时应怎样选择首、尾横剖面形状?

5.8 为什么大量船舶都采用前倾首?

5.9 简述商船巡洋舰尾部与高速艇尾部的形状特征。

5.10 简述球首减阻机理,常见的球首有哪几种?各适用于何种船型?

5.11 球尾在性能上有何优点?你了解的球尾有哪些?其收效如何?

5.12 说明利用自行绘制法设绘型线的思路。

5.13 利用母型改造法设绘新船型线的前提是什么?分为哪几种不同的情况?应分别怎样进行改造?

第 6 章 船舶总布置设计

6.1 船舶总布置设计的基本要求

船舶舱室容积和甲板面积构成了船舶的体积空间和面积空间。显然,船舶的体积空间和面积空间是有限的。因此,这些空间必须合理地分配给为实现船舶功能所必须具备的设备和装置、货物、船员和乘客、消耗品等。

船舶总布置设计,就是对船上的有限空间进行有效、合理分配的过程。如果船舶总布置设计不合理,将直接影响船舶的技术性能和经济性能。因此,必须严肃、认真地对待船舶总布置设计,这是船舶设计中极为重要的环节。

6.1.1 船舶总布置设计的基本任务

船舶总布置设计的基本任务,简单地说,是在满足营运要求和保证船舶航行性能和安全性的前提下,合理地确定船舶的整体布置,绘制出详细的总布置图。

详细的总布置图是反映船舶总布置设计的主要技术文件,一般由侧面图、各层甲板图、舱底平面图及平台平面图组成,有的还要绘出横剖面图和阴影图。

船舶总布置设计主要包括以下几类具体任务。

(1) 主船体和上甲板上的总体区划。包括通过设置各纵、横舱壁和各层甲板、平台等,对主船体内的体积空间进行划分,上甲板上主要是上层建筑的布置,以及确定机舱、货舱、压载水舱、工作舱室、居住舱室和其他各种舱室的位置和地位等,见图 6.1。总体区划工作是船舶总布置设计中最基本和最重要的工作。

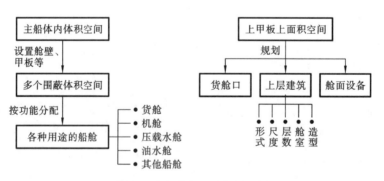

图 6.1 主船体和上甲板的区划

(2) 浮态计算与调整。包括在总体区划的基础之上,对船舶浮态的计算,以及在计算的基础之上对浮态进行调整。浮态调整需要注意妥善合理地安排船的各部分重量沿船长方向的分布、仔细控制重量的垂向分布、协调稳性和摇摆性能对重心高度的不同要求,以保证船舶在各种载况下均有适宜的浮态,具体流程见图 6.2。

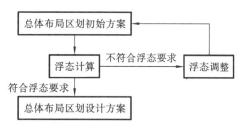

图 6.2　浮态计算与调整流程

(3) 舱室和通道的布置。包括各类生活舱室和工作舱室的内部布置,以及对全船通道的规划,见图 6.3。

图 6.3　舱室与通道

(4) 舾装设备的布置。包括对除机器处所以外的舱内和露天甲板以上的各种设备的布置,见图 6.4。

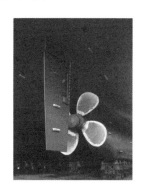

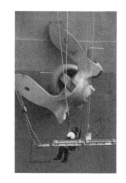

图 6.4　部分舾装设备

6.1.2　船舶总布置设计的基本特点

船舶总布置设计的基本特点可以概括为十二个字,那就是:统筹兼顾、贯穿始终、因船而异。

(1) 船舶总布置设计的第一个特点是统筹兼顾。

船舶总布置设计与型线设计一样,会影响全局,也是后续设计绘图与计算工作的主要依据。在设绘总布置图的过程中涉及船、机、电三个专业。其中,船体又包括总体性能、船体结构及舾装共三个方面。考虑的因素包括船舶使用要求、航行性能与经济性等。

(2) 船舶总布置设计的第二个特点是贯穿始终。

船舶总布置设计贯穿了船舶设计的各个阶段。在初始设计阶段早期,就需要对船舶的总布置有所设想和考虑,绘制总布置草图,以便于方案构思和把握主尺度与载重量、舱容、布置地位之间的关系。

随着设计的不断深入,在详细设计阶段需要进一步深化和细化总布置设计并绘制详细的总布置图。在后续设计工作中,需要协调好主要性能之间的矛盾并对详细的总布置图进行反复的修改完善。

在完工设计阶段,需要根据建造施工中对原设计的修改,对总布置图进行相应的调整并绘制出正式的总布置图。

(3) 船舶总布置设计的第三个特点是因船而异。

船舶总布置设计可以因船舶类型、用途、航区条件等的不同而有很大的差异,见图 6.5。例如:客船上层建筑发达,外部造型美观,生活舱室与公共处所庞杂;而货船则简洁朴实,货舱区较长;用于客运的邮轮与用于旅游的豪华邮轮,虽同是客船,但两者在外部造型、内部装潢、舱室面积与生活服务设施标准等方面就大为不同。

 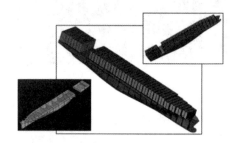

图 6.5 不同船的布置特点

6.1.3 船舶总布置设计的基本原则

不同类型的船舶,由于其用途及航行条件不同,故总布置的特点和要求也有所不同。在总布置设计时,除了注意各类船舶在布置上的特殊要求外,一般都应遵循一些基本原则。

(1) 最大限度地满足和提高设计船舶的使用效能。

这是总布置设计在考虑问题时的基本出发点。例如,货船首先应合理利用舱容,提高装卸效率,确保运输质量,提高运输能力;客船则应合理分区和布置客舱,保证旅客的舒适、安全与方便;渔船应保证捕捞作业的安全与方便等。

(2) 保证船舶具有良好的航行性能。总布置设计时,应采取适当的措施保证船舶有适宜的浮态和稳性,良好的耐波性和驾驶视野等。

例如,合理地进行船上各项重量分布以保证船舶在各种装载情况下有良好的浮态;降低重心,减小受风面积以及合理设计干舷甲板上的开口位置以改善大倾角稳性;合理地布置水密舱壁,以改善船舶抗沉性与结构强度;采用舷弧或升高甲板,保证首部干舷,以减少甲板上浪;保证良好的驾驶视线和合理布置航行信号设备,以减少航行事故发生的概率等。

(3) 注意船体结构的合理性和工艺性。例如,注意重量的分布,力求减小总纵弯矩和剪力。避免主要结构的不连续性和纵向构件截面的突变,改善应力集中。各种舱壁、围壁、支柱等的设置,应充分考虑它们对结构强度、振动以及施工的影响。

(4) 满足相关法规和规范的要求。例如,相关法规和规范对各类船舶的分舱与破舱稳性的要求;法规对救生、消防、信号设备的配置和布置的要求;法规对客船乘客定额和舱室设备布置的要求;等等。

(5) 保证船上各处所有良好的可达性,便于建造、检查、维修及设备的更换。例如,确定结构空间时,双层底高度、弦边舱宽度等要注意装配与焊接工艺的方便,确定机舱开口时要考虑主机吊出和吊入所需的空间。

(6) 充分考虑外部造型的美感和内部装潢的舒适性。例如,在经济、适用的前提下,充分运用建筑美学的手法于设计之中,给人以舒适和美感,为改善船员和乘客的生活质量创造条件。

6.2 主船体内体积空间的纵向划分

在船舶总布置设计时,首先要进行总体布局的区划工作。总体布局的区划是指根据设计船的技术要点和使用特点,参考母型船资料,并遵守相关法规和规范的规定,对全船空间进行合理的划分。

这一工作主要包括对主船体内体积空间的划分和对上甲板上面积空间的规划。

主船体是由上甲板和船舶外板所围成的水密浮体。对主船体内体积空间的划分主要是指通过设置各纵、横舱壁,甲板和平台等,将主船体的内部空间分隔成多个围蔽空间的过程。

一般来讲,主船体划分主要包括纵向划分和垂向划分。

首先,通过在船舶纵向上设置横舱壁,将主船体从几何上划分为几个主要区域,包括首尖舱、中部舱和尾尖舱。然后,在每个区域中再根据需求,通过甲板、平台、内底板等在垂向上将其分隔成层。最后,在划分好的体积空间中布置不同用途的船舱。

对于民用运输船舶而言,中部舱主要用来布置货舱和机舱。

首尖舱通过防撞舱壁与中部舱分隔,尾尖舱通过尾尖舱舱壁与中部舱分隔,见图 6.6。

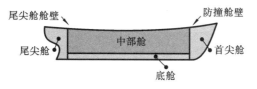

图 6.6 纵向舱室划分

主船体内体积空间的纵向划分是通过设置水密横舱壁来实现的。由于横舱壁通常必须设置在肋位上,因此,需要首先确定全船的肋位。

在肋骨间距确定之后,应进一步确定水密横舱壁的数目。

需要注意的是,对于民用运输船舶而言,保证货舱舱容是设计的出发点,在设计时需要尽量压缩其他舱室的长度。

因此,在确定了水密横舱壁的数目之后,需要进一步确定防撞舱壁和尾尖舱舱壁的位置,并据此来确定首尖舱和尾尖舱的长度。

【问题 6.1】 主船体内体积空间的纵向划分,是通过设置什么来实现的?

(A) 水密纵舱壁　　　　　　(B) 水密横舱壁
(C) 舱内甲板室　　　　　　(D) 舱内双层底

【答案】　B。

6.2.1　主船体内体积空间纵向划分的一般步骤

主船体内体积空间的纵向划分一般包括两个步骤,即确定肋骨间距和确定水密横舱壁的数目。

(1) 确定肋骨间距。

根据中国船级社《钢质海船入级规范》(以下简称《规范》)的规定,海船的标准肋骨间距可以根据垂线间长来确定,且不大于 0.7 m。对于在首尾尖舱内的肋骨间距,则要求其不大于 0.6 m。

$$S_b = 0.0016 L_s + 0.5, \quad S_b \leqslant 0.7 \text{ m} \tag{6-1}$$

式中:S_b——标准肋骨间距,单位为 m;

L_s——垂线间长,单位为 m。

在船舶设计时,需要在上述标准肋骨间距的基础之上,考虑布置和施工方便等因素来最终确定肋骨间距。例如,为了布置紧凑,某些船的货舱和机舱可采用不同的肋距;对集装箱船的货舱区域应按集装箱和导轨的布置选取肋距。除了海船,对于内河船舶,肋骨间距也有具体规定可参阅,例如中国船级社发布的《钢质内河船舶建造规范》。

(2) 确定水密横舱壁的数目。

这一工作是根据相关法规和规范的要求结合总体布置要求来进行的。

首先,考虑分舱与破舱稳性的要求。表 6.1 给出了不同类型船舶所适用的破舱稳性适用规则。

表 6.1　破舱稳性适用规则

船 舶 类 型	适 用 规 则
客船、B 型干舷的干货船及兼装船*、拟装载甲板货的 B-60 和 B-100 型干舷货船	IMO MSC.2016(82)决议附件 2 之第Ⅱ-Ⅰ章 B-1 部分
散货船(附加要求)	SOLAS 第 XII 章第 4 条
B-60、B-100 及 A 型干舷船舶	经 1988 年议定书修正案(MSC.143(77)决议)修订的 1966 年国际船舶载重线公约第 27 条
化学品液货船	IBC 规则
液化气体船	IGC 规则
油船(包括兼装船*)	MARPOL 73/78 附则Ⅰ第 28 条
特殊用途船	MSC.266(84)
近海供应船	MSC.235(82)及其修正案 MSC.335(90)
核能船舶	IMO 决议 A.491(XII)
装运核燃料及放射性废料的船舶	INF 规则
散口集装箱船	MSC/Circ.608/Rev.1
极地航行船舶(附加标志为 PC) 冰区航行船舶(附加标志为 B1* 或 B1)	MSC.385(94)

注:* 兼装船是指设计为装运散装货油或散装固体货物的货船(见 SOLAS Ⅱ-2/3.14 条定义)。

其次,考虑《规范》的要求。《规范》一般是从船体结构强度的要求出发的。《规范》规定,根据不同船长,海船的水密横舱壁的总数一般应不少于表 6.2 中的数目。对于船长大于 190 m 的船舶,需要由直接计算确定。

表 6.2　水密横舱壁的总数

船型	船长/m						
	$L\leqslant60$	$60<L\leqslant85$	$85<L\leqslant105$	$105<L\leqslant125$	$125<L\leqslant145$	$145<L\leqslant165$	$165<L\leqslant190$
中机型	4	4	5	6	7	8	9
尾机型	3	4	5	6	6	7	8

除此之外,《规范》对水密横舱壁的布置主要还有以下规定。

① 所有船舶至少应设有一道防撞舱壁、一道尾尖舱舱壁以及机器处所每端的一道舱壁;

② 除去对防撞舱壁和尾尖舱舱壁的单独规定外,其余水密横舱壁均应通至舱壁甲板;

③ 由于特殊运输需求,如水密横舱壁的设置无法满足关于横舱壁总数的要求时,只要进行适当的结构补偿,并经直接计算证实,船体的横向强度是足够的,经船级社同意,可减少一道或几道水密横舱壁;

④ 为了保证水密横舱壁的完整性,除了特殊情况以外,水密横舱壁上一般是不允许设置通道的,如确有必要,水密横舱壁上的开口必须用水密门关闭,如滑动式水密门。

【问题 6.2】　简述主船体内体积空间纵向划分的一般步骤。

【答案】　第一,确定肋骨间距;第二,确定水密横舱壁的数目。

具体步骤如下:

确定机舱的位置;确定在相应的中机型或者尾机型下的最大肋骨间距和最少水密横舱壁的数目;根据具体情况(主要是便于安装)确定一个合适的肋距;确定水密横舱壁数,并确定其位置,有必要时可添加非水密横舱壁。

6.2.2　防撞舱壁布置的有关规定

《规范》规定防撞舱壁距首垂线的距离应符合式(6-2)的要求,即不小于船长的 5% 或 10 m 中的较小者,除经主管机关允许外,该距离不允许大于船长的 8% 或船长的 5% 加 3 m 中的较大者。

$$\min(0.05L_f, 10 \text{ m}) < L_c < \max(0.08L_f, 0.05L_f + 3 \text{ m}) \tag{6-2}$$

当船舶水线以下的任何部分自首垂线向前延伸,如球鼻首,则上述长度计算的起点应取此类延伸的长度中点处,首垂线前方距离船长的 1.5% 处,首垂线前方距离 3 m 处之中的最小者,见图 6.7。

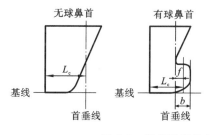

图 6.7　长度计算起点的选取

对防撞舱壁的布置,《规范》还有相关的具体规定。例如,船舶必须设有水密延伸到舱壁甲板的防撞舱壁,防撞舱壁可以具有阶层或凹入,对于油船和散货船,防撞舱壁应延伸至干舷甲板。当船舶首部设有长上层建筑,其防撞舱壁应风雨密,延伸至干舷甲板上一层的甲板。此延伸部分不必直接设于其下的舱壁之上,由此形成阶层的,甲板部分应有效地风雨密。这些规定都是从船舶碰撞后的安全考虑的。

6.2.3 尾尖舱舱壁布置注意事项

对尾尖舱舱壁的布置,通常应注意如下事项。

(1) 尾尖舱舱壁距离尾垂线的距离,主要取决于布置尾轴管所需的长度以及尾部舱室舱容的要求,具体长度可以参照母型船选取;

(2) 如尾部过瘦,机舱尾端无甚用处,则不如将尾尖舱舱壁与尾垂线之间的距离适当拉大,使得机舱前移,这样反而有利于油水舱和尾部舱室的布置;

(3) 尾尖舱舱壁应水密通至舱壁甲板。只要不降低分舱的安全程度,也可在舱壁甲板下方将舱壁做成阶层状。当尾尖舱的水密平台甲板在水线以上时,尾尖舱舱壁也可通至水密平台甲板即可。

6.3 主船体内体积空间的垂向划分

对主船体内体积空间的垂向划分,主要是通过设置甲板、平台和双层底来实现的。

6.3.1 甲板的布置

甲板是船体的重要构件,是船舶结构中位于内底板以上的平面结构,用于封盖船内空间,并将其水平分隔成层。

甲板的布置主要从层数和层高两方面考虑。

首先考虑甲板层数。船舶甲板层数的确定主要从装载所需要的甲板布置地位和使用要求考虑,一般有如下规律。

(1) 散货船、油船、集装箱船、矿砂船、运木船一般只设单层连续上甲板。对于小型货船、拖船、渔船及许多内河船,由于其舱深较小,通常也只设单层连续上甲板。

(2) 中、大型多用途船,大多设有双层甲板。这是因为多用途船在一个航次中经常装有多种货物,外形尺寸和重量相差较大,此外,还有些非耐压货物不宜堆积太高,因此需要合适的舱位把货物分类,避免混装,确保货物安全。

(3) 滚装船和车客渡船由于其货物的装卸方式,甲板层数较多,一般至少设置二至四层连续甲板,纯汽车运输船则多达10层至14层。

(4) 客船根据主船体内布置乘客舱室以及其他舱室的要求,可以有双层、三层甚至多层甲板。

其次,考虑甲板层高。民用运输船舶主体部分的甲板层高主要根据货物种类及作业条件等使用要求而定。如图6.8所示,多用途船考虑装载集装箱时,双层甲板间的层高应符合集装箱高度的要求;车客渡船和滚装船装载车辆或滚装货物时,其甲板层高主要根据车辆等单元货物的高度确定,应注意这一高度还必须考虑结构构件所占的空间以及车辆运行或铲车升降等所需的高度间隙;相关法规对客船的乘客生活舱室的净高度有最低限的规定。

多用途船　　　　　　　　车客渡船　　　　　　　　客船

图 6.8　民用运输船舶

6.3.2　平台的布置

平台是指局部的水平分隔。常见的平台包括舵机舱平台、机舱平台、首尖舱平台等，见图 6.9。平台的设置主要是出于充分利用空间的考虑，以便在有限的空间内增加布置地位。例如，大型船舶机舱内常设置多层平台用于布置各种机电设备以及作为备品备件的仓库。

需要注意的是，设置平台时要考虑纵向水平构件的连续性，特别是位于船中处，长度又较大的平台，更应注意间断处过大的应力集中问题。

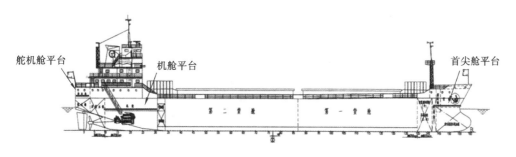

图 6.9　平台的设置

6.3.3　双层底的布置

双层底一般是船底板、内底板及其骨架组成的船底结构和空间的统称。双层底的设置，主要是为了提高船舶在触礁或搁浅等海损事故时的抗沉能力以及船舶的纵向强度。同时，还可作为燃油、淡水储存舱或压载水舱等。因此，无论是从安全性角度考虑，还是从使用角度考虑，船舶都应该设置双层底。

对于双层底的布置，船舶相关法规和规范有具体的规定。

(1) 对于客船和 500 总吨及以上的货船应设置双层底，且在适应船舶设计及船舶正常作业的情况下，该双层底应尽可能自防撞舱壁延伸至尾尖舱舱壁。

(2) 对于油船，从防污染方面考虑，MARPOL 公约规定载重量 600 t 以上的油船，必须在货油舱区域设置双层底舱予以保护。对于双层底高度有如下规定：① 当载重量大于或等于 5000 t 时，双层底高度不小于船宽的 1/15 或 2 m 中的小者，最小值为 1 m；② 当载重量小于 5000 t 时，双层底高度不小于船宽的 1/15，最小值为 0.76 m。

(3) 除液货船外，其他船如果设置双层底，其内底应延伸至船舶两侧，以保护船底至舭部弯曲部位。双层底自龙骨线量起的垂直距离应不小于船宽的 1/20,且不得小于 0.76 m,但不必大于 2 m。

(4) 客船如果有大的底部货舱,双层底的高度应增至从龙骨线量起不大于船宽的 1/10 或 3 m 中的小者。

(5) 在船体双层底的中纵剖面处应设置中桁材,中桁材的高度 h_0(单位为 m)应不小于式 (6-3)中计算所得之值,且不小于 0.76 m。

$$h_0 = 25B + 42d + 0.3 \text{ m} \tag{6-3}$$

式中:B——船宽,单位为 m;

d——吃水,单位为 m。

在设计时,双层底高度的确定还要考虑以下各种因素。例如,双层底舱容的需要;双层底高对重心高度的影响;结构钢料重量,这是因为双层底结构重量较大;便于人员施工,满足管路安装、检修的要求等。

双层底高度过高,将增加结构重量减少货舱容积。因此,一般来讲,双层底高度在满足规定要求,并兼顾施工及油水舱舱容需要的前提下,尽可能取小值。

有时,为了便于主机的安装、首尾段狭窄部分的施工以及满足油水舱舱容等方面的需要,可适当增加局部双层底的高度,但必须注意各区段结构过渡的连续性。在实际应用中,常采用如图 6.10 所示的过渡形式。

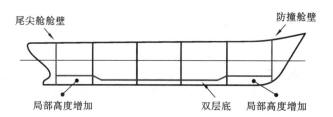

图 6.10 结构过渡的连续性

双层底的形式因船舶类型的不同而有区别,见图 6.11。例如,散货船的内底常做成向两舷升高的形式,与外板和船底边、纵桁一起构成底边舱以便减少清舱工作量;矿砂船因货物积载因数小,为避免货物重心过低、初稳性过高、横摇周期过短,其双层底常抬高很多,且舷边舱内不设内底。

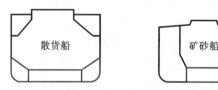

图 6.11 双层底的形式

【问题 6.3】 实现主船体内体积空间的垂向划分的布置工作,不包含以下哪一项?

(A) 甲板的布置　　　　　　　　(B) 平台的布置

(C) 双层壳的布置　　　　　　　(D) 双层底的布置

【答案】 C。

6.4 主船体内主要舱室的布置

6.2节至6.3节介绍了主船体内体积空间的主要划分原则。根据这些原则,将主船体内的体积空间从几何上划分为多个围蔽空间之后,需要进一步在划分好的体积空间中布置不同功能用途的船舱。本节内容将介绍主船体内主要船舱的布置原则。

对于民用运输船舶而言,其主要船舱包括货舱、机舱、压载水舱、油水舱等,见图6.12。

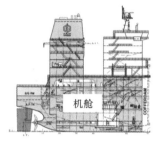

图 6.12 主要船舱

在船舶总布置设计中,保证货舱舱容是设计的出发点。因此,首先介绍货舱的布置要点。

【问题 6.4】 对于民用运输船舶而言,在船舶总布置设计中,保证哪个舱容是设计的出发点?
 (A) 货舱　　　　(B) 机舱　　　　(C) 压载水舱　　　　(D) 油水舱
【答案】 A。

6.4.1 货舱的布置

从几何特征出发,民用运输船舶的货舱和机舱主要被布置在船舶的中部舱,即双层底内底板之上、上甲板之下、尾尖舱舱壁之前、防撞舱壁之后。

货舱布置工作主要包括货舱形式、货舱数和货舱舱长的确定,应保证尽可能大的货舱舱容和尽可能均匀的横舱壁间距,见图6.13。

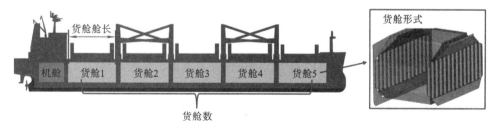

图 6.13 货舱布置

具体货舱布置设计时,还需要考虑的因素主要有相关规范和法规的要求以及货物装卸的要求,具体内容如下。

第一,相关规范和法规的要求。各类运输船舶货舱的具体分舱要求各不相同,但必须满足相关规范和法规的要求。例如,民用运输船舶的防撞舱壁、尾尖舱舱壁加上中部舱内的横舱壁数需要满足相关规范所规定的最少舱壁数,从而限定了货舱的最少数目;当散货船大于150 m,装载密度大于1 t/m³的干货时,破舱稳性应满足任一货舱破损进水的要求;为防止油船海损造成海洋环境污染,油船的货油区横剖面结构、货油舱舱长及单舱容积需要满足MARPOL公约和我国相关法规的具体规定。

第二,货物装卸的要求。货舱的形式、尺度以及货舱口的大小,必须考虑货物的性质,以适合货物的装载和卸载。例如,对散货船货舱进行分舱时,需要考虑货物的合理配载,防止船体产生过大的弯矩和剪力;主要用于装运谷物和煤炭的散货船,一般以均匀舱长来布置;谷物和矿砂兼运的散货船,为了在装矿砂时重心不过低,初稳性不过大,可采用长短舱组合的布置方式,长舱装谷物,短舱装矿砂,这样不会在载运矿砂时因船体重心过低而引起剧烈的横摇。又如,集装箱船货舱数目和长度与集装箱布置有关,其货舱舱长是根据集装箱及导轨布置而定;对于需要装载钢轨、机车等长大件货物的杂货船、多用途船等,首先应满足货物长度的使用要求。但当一个货舱的长度超过船长的15%或30 m中的大者时,横向结构应予以加强以保证船体横向强度,并提交相应的技术支持文件;散货船的货舱两舷侧一般都设有顶边舱和底边舱。设置边舱的好处主要有三点:① 减少卸货时的清舱工作量;② 可以将散货装满以避免货舱的舷侧顶部出现三角形空隙地带,减少平舱工作量;③ 顶边舱和底边舱可用于装载压载水,增加了压载量,提高了压载重心,可增加压载航行的首尾吃水和改善压载状态的横摇性能。

【问题 6.5】 布置货舱时,不必确定以下哪一项?
(A) 货舱形式　　　　(B) 货舱数目　　　　(C) 货舱长度　　　　(D) 货舱体积
【答案】 D。

6.4.2 机舱的布置

由于船舶的中部舱室主要包括机舱和货舱,在总布置设计时,需要在满足货舱舱容的前提下,进一步确定机舱的部位和长度,见图 6.14。

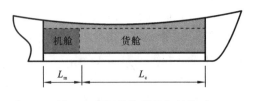

图 6.14　机舱的部位和长度

机舱的长度主要是从满足机电设备布置地位出发来考虑。机舱的部位选择是从船舶的整体功能要求出发来考虑。

由于机舱的位置影响到全船不同区域的布局和上层建筑的位置,进而影响到设计船的使用效能与技术经济性能,因此需要格外注意。

一般来讲,根据机舱所处的部位,可以将船舶分为尾机型、中机型和中尾机型等类型,见图 6.15。

货船大多采用尾机型船。例如,油船、散货船全部为尾机型船,而杂货船、集装箱船、多用途货船等也多采用尾机型船。

尾机型船得到广泛采用,是因为它具有以下突出的优点。

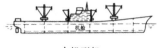  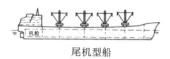

图 6.15 船舶类型

（1）对于货船，采用尾机型布置时，可使中部方整的船体用于设置货舱，便于装货、理货。装载散装货物时易于清舱，且有利于货舱口的布置及船体空间的利用，还可提高装卸效率，这些对于提高货船的经济效益非常有利。

（2）尾机型船可缩短轴系长度，提高轴系效率，降低造价，且不需设轴隧而使舱容有所增加，并有利于结构的连续性与工艺性。

（3）对于液货船，消防法规规定机器处所应位于液货舱、污油舱、液货泵舱和隔离空舱的后方，因此必须采用尾机型。

尾机型船也存在不利之处，主要表现在以下方面。

（1）浮态调整比较困难。因尾机型船货舱集中在中前，而空船重量中机电设备的重量集中在尾部，因此满载和空载的重心位置变化很大，导致空载时尾倾过大，首吃水不足，而压载航行时重心偏后，易出现尾倾。

（2）适居性差。因上层建筑位于机舱之上，尾机型船来自尾部螺旋桨和主机的振动大、纵摇与升沉幅值及加速度大，容易使船员感到不适。

（3）对于型线较瘦的集装箱船、滚装船及快速杂货船，机舱布置较困难，特别是双机双桨船更是如此。

（4）对于有抗沉性要求的船舶，因尾机型船的机舱相对较长，因此不易满足《规范》的要求。

尽管尾机型船有上述各种不利之处，但由于运输货船是以运载能力和装卸效率为设计的主要考虑因素，因此现代货船仍大多采用尾机型船。

对于尾机型船的不足之处，还可通过以下技术措施来弥补。

（1）在机舱布置方面精心设计，充分利用空间，尽量缩短机舱长度，减少舱容损失，并尽可能提高机舱自动化程度。

（2）采取避振、隔振、隔音的技术措施，改善船员的生活环境。

（3）在型线设计上尽量兼顾浮态及机舱布置地位；在油水舱的布置地位方面注意重量的均匀分布，等等。

一些双机、双桨或多机、多桨的运输船舶，由于机舱布置地位要求较多，采用尾机型船容易导致机舱过长，损失舱容太多，因此采用将机舱及上层建筑适当前移，尾部保留一个货舱，构成中尾机型。例如大型集装箱船不少采用中尾机型船，见图 6.16。

图 6.16 中尾机型船

中机型船的优缺点正好与尾机型船的相反。客船多采用中机型船。拖船、渔船等根据舱面作业上的布置要求,并考虑到方便调整浮态等因素,也常采用中机型船,见图6.17。

图 6.17 中机型船

少数特殊用途的船舶,如中小型滚装船、尾滑道拖网渔船等,因其使用要求与后部布置地位的需要,常采用中前机型船,见图6.18。

图 6.18 中前机型船

总之,机舱的部位和长度,应根据新船的具体使用要求与特点,参照相近母型船的使用情况,权衡各方面的利弊后,分析择优选定。

【问题 6.6】 通常,从船舶的整体功能要求出发选择机舱所在的部位。按机舱所处部位对船舶进行分类,一般不包括以下哪种类型?

（A）首机型　　　　（B）中机型　　　　（C）尾机型　　　　（D）中尾机型

【答案】 A。

6.4.3 压载水舱的布置

压载水舱可设在双层底、首尾尖舱、底边舱、顶边舱及双壳体的边舱等处,其数量及位置应考虑压载水量、船舶在不同装载情况下的浮态和稳性,以及防污染等因素加以确定。

此外,在布置压载水舱时,还应同时考虑管系,包括注入管、空气管的布置和走向。

尽量让压载水管不穿过饮水舱、炉水舱及滑油舱,让货油管不穿过压载舱。否则应采用加厚管等保护措施,以免因渗漏而造成污染。更为详细的管系布置规则可参考相关法规与规范。

【问题 6.7】 布置压载水舱而考虑其数量及位置时,不必过于关注以下哪个因素?

（A）压载水量　　　　　　（B）船舶的浮态和稳性
（C）防止污染　　　　　　（D）船体的结构形式

【答案】 D。

6.4.4 油水舱的布置

船上的油水舱主要包括燃油舱、淡水舱、滑油舱、污油水舱等。

油水舱的设置应与机舱布置相协调,并注意对浮态、完整稳性和破舱稳性的影响。通常要求船舶到港时不要产生首纵倾,因此最好在船的首、尾部都能布置部分消耗液舱。如有困难,则最好使船舶在出港时带稍大的尾纵倾,而在到港时趋近于平浮状态。

对于油水舱的各类舱室,有相关的具体布置原则。

第一,燃料舱的布置。通常船上的燃油装置,如主、辅机等,所用的燃油分为柴油(也称轻油)和燃料油(也称重油)两种。因燃料油需加热后才能将其抽出,为便于布置和减少加热管系,燃料油舱最好采用深舱。燃料油深舱可布置在机舱前端或两侧。轻油一般无须加热,故通常布置在双层底内。日用油柜则需布置在较高的部位,如机舱平台上,以便利用重力使燃油直接进入主、辅机油泵。

第二,滑油舱的布置。滑油舱主要包括滑油储藏舱、滑油沉淀舱、滑油循环舱及滑油污油舱等。滑油舱必须与燃油舱、压载水舱、淡水舱等其他舱用隔离空舱隔开,并且滑油舱与船体外板也应隔离。通常滑油循环舱布置在主机座下的双层底内。滑油储藏舱及滑油沉淀舱多为布置于机舱内的深舱。滑油舱的数量、大小和布置必须注意与轮机专业的机舱布置相协调。

第三,淡水舱的布置。淡水舱主要包括锅炉水舱、饮水舱和洗涤水舱等。这些水舱通常布置在双层底、深舱以及尾尖舱上方等处所。容积较小的日用水柜常设于机舱平台上及机舱棚顶或烟囱内等处。饮用水舱尽可能与其他油水舱隔离以保证饮用水的卫生。

6.5 上甲板平面空间的规划

对于民用运输船舶来说,上甲板上的平面空间主要被分配给货舱口和货舱口盖,上层建筑以及各类维持船舶正常运营所需要的舱面设备等,见图6.19。

图 6.19 上甲板上的平面空间

6.5.1 货舱口的布置

上甲板上的货舱口是货物垂向装卸的通道,位于货舱的上方。货舱口的布置主要考虑货舱口的尺度和货舱口盖的布置。货舱口尺度的选择需要综合考虑货物品种、起货设备、舱口盖形式、船体总强度和抗扭强度等因素。货舱口面积与舱底面积之比值,常称为货舱敞开系数。这一系数可以用来表征货舱口的大小。一般来讲,增大敞开系数对提高装卸效率有利,但对强度不利。

货舱口的布置具体需要考虑以下内容。

(1) 考虑货舱口宽度。货舱口宽度增大,将削弱甲板的纵向强度,同时货舱口盖的重量和成本均有提高。不同类型货船的货舱口宽度一般有如下规律,见图 6.20。例如,普通杂货船的舱口宽度一般为船宽的 40%~60%,如果选用定型的货舱口盖,则可根据货舱口盖宽度确定货舱口宽度;散货船应结合顶边水舱压载水量的需要确定货舱口宽度,货舱口过宽压载水量将不足,同时甲板增厚较多,增加焊接工作的困难;集装箱船和以集装箱为主的多用途货船,货舱口宽度可达船宽的 80%,除了舷边舱之外,就是货舱口,货舱敞开系数接近 1.0。

图 6.20 货舱口宽度

为解决货舱口盖过大过重的矛盾,视不同情况可采用双列或三列货舱口,既有利于提高货舱的敞开系数,又有利于甲板纵向强度,可使货舱口盖的重量不至于增加过多。

(2) 考虑货舱口长度。货舱口长度从装卸上考虑,应尽量长,但要留出起货机平台、桅屋以及堆放货舱口盖所需的地位。各货舱口的长度,最好结合货舱盖的片数来确定。例如,两端有起货设备的货舱口,为避免起货作业的相互干扰,长度一般不小于 12 m。装载特大件的货舱,其货舱口长度应根据承运的货种来确定。

(3) 考虑货舱口盖的布置。货舱口盖是船上货舱区域甲板开口的关闭装置。现代钢质海船上传统的盖帆布的木质货舱口盖近乎绝迹,绝大多数采用钢质货舱口盖。

货舱口盖基本组成部分可分为盖板结构、密封装置、压紧装置、支承装置、限位装置等。多块盖板组成的机械传动货舱口盖,还设有连接装置、滚轮装置及驱动装置等。

货舱口盖除了作为关闭装置之外,还能载运各种甲板货物,诸如杂货、木材、集装箱等。中间甲板货舱口盖有时还可作为谷物舱分隔。

货舱口盖操作方式主要有钢索操作与电动/液压操作方式两种。钢索操作主要借助于起货设备;电动/液压操作通过油缸、液压马达或开舱机进行驱动。主要的舱口盖形式有吊离式、单拉式、铰翻式、折叠式、直拉式、滚移式、背载式、伸缩式、卷收式、滑移式等,以及多种形式组成的组合形式,见图 6.21。

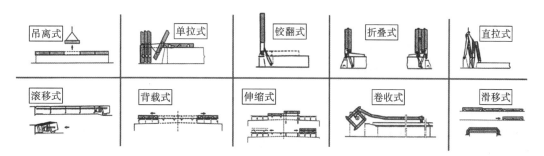

图 6.21　主要舱口盖形式

近代钢质货船中常用的货舱口盖为吊离式、单拉式、折叠式、滚移式和背载式等 5 种,见图 6.22,其中单拉式货舱口盖的使用已日趋减少。

图 6.22　近代钢质货船的货舱口盖

表 6.3 中给出了常见形式的货舱口盖的收藏位置和主要的适用船型。

表 6.3　常见形式的货舱口盖的收藏位置和主要的适用船型

货舱口盖形式	收藏位置	货舱口位置	优选船型
吊离式	可堆放于船上或码头上	露天甲板或中间甲板	大型集装箱船、多用途船、杂货船
折叠式	高收藏于舱口端部	露天甲板或中间甲板	杂货船、多用途船、冷藏船、6.5万吨以下散货船
滚移式	低收藏于舱口侧部	露天甲板	4万吨~40万吨大型散货船、矿油两用船或矿谷油三用船
单位式	低收藏于舱口端部	露天甲板	小型杂货船、散货船、多用途船
背载式	可收藏于净开口内外	露天甲板或中间甲板	杂货船、多用途船

6.5.2　上层建筑尺度的确定

为了充分利用上层建筑的布置地位,上层建筑内一般也包含多层甲板。例如,最高一层甲板通常布置罗经等导航仪器,一般就将其称为罗经甲板;驾驶室所在的一层甲板称为驾驶甲板;布置救生艇的一层甲板称为救生艇甲板;旅客和船员居住的甲板一般称为起居甲板或游步甲板。

上层建筑的尺度是指整个上层建筑的长度、宽度与高度。

确定上层建筑尺度时,要考虑船舶性能、驾驶视线、与主船体构件配合的需要。

(1) 考虑对船舶性能的影响。

① 上层建筑的尺度会影响船舶的空船重量。

② 上层建筑的尺度会改变其重量和重心纵向位置,进而影响船舶的浮态。

③ 上层建筑的尺度会影响船舶的稳性。例如,过分发达的上层建筑,将使得全船重心高度过大,对初稳性不利;上层建筑尺度过大会导致受风面积过大、风压倾侧力矩过大,对船舶的大倾角稳性不利。

④ 上层建筑的尺度会影响船舶的操纵性。如果船舶的水上侧面积与水下侧面积之比过大,当船受横风作用时,横漂严重,对船舶操纵性不利,也增加了离靠码头的困难。

因此,确定上层建筑尺度时,要注意权衡利弊,充分考虑其尺度大小对船舶各种性能的不利影响。

(2) 考虑驾驶视线的需要。

通常将从驾驶员眼睛到船首遮挡物(通常是首端舷墙顶点)所引直线与水面的交点,到首柱的区域称为"盲区",见图6.23。盲区长则驾驶视线差,盲区短则便于航行时及早发现船首附近的障碍物,并采取相应的避让措施。

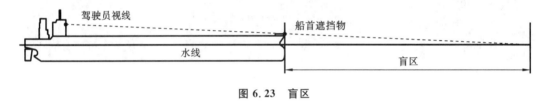

图 6.23 盲区

SOLAS规定对于船舶总长超过55 m,1998年7月1日以后建造的船舶,从驾驶位置上所见的海面视域,在所有吃水、纵倾和甲板上载有货物的状态下,自船首前方至任何一舷10°范围内,均不应有超过两倍船长或500 m中的小者的盲区,见图6.24。

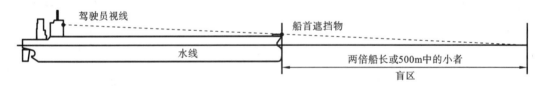

图 6.24 SOLAS规定的船舶盲区

一般情况下,船上的驾驶室通常设在上层建筑的最高层。因此,盲区大小取决于上层建筑的高度及位置。设计时可参考实船资料来设计上层建筑,尽量使盲区小一些。

需要注意的是,由于船型不同、装载状态不同,船舶的盲区长度往往差别较大。例如,船舶设计时对盲区长度的控制,客船的盲区长度为船长的60%～70%,散货船及油船的盲区长度在满载状态下约为船长的1.25倍,压载时约为船长的2倍。

(3) 考虑与主船体构件的配合需要。

将上层建筑端壁与主船体横舱壁以及纵向加强构件对齐,有利于结构强度和船舶振动。除此之外,常常还需要考虑与主船体内舱室划分的配合。例如,对于运输船舶,一种常用的确定上层建筑长度的方式是将上层建筑端壁与机舱的首尾舱壁对齐,见图6.25。

(4) 考虑其他的限制因素。例如,上层建筑总高度有时受航线上桥梁或船闸高度限制,上层建筑各层的长度还应考虑到露天甲板上设备布置及船员作业需要的地位。此外,上层建筑

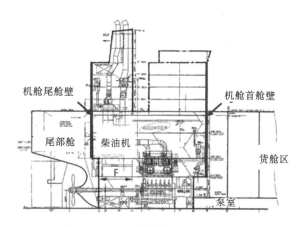

图 6.25 上层建筑长度的确定方式

尺度还须顾及建筑造型的需要。

总之,上层建筑尺度应考虑到多方面的因素并结合设计船的具体情况加以确定。

6.5.3 舱面设备的布置

除了货舱口和货舱口盖以及上层建筑以外,上甲板上的平面空间还需要被分配给各类舱面设备。主要有锚泊和系泊设备、救生设备、起货设备、桅和信号设备等,见图 6.26。

这类舱面设备的布置需要充分考虑船舶类型、航区、吨位、人数等因素,根据现行有关法规的规定并结合设计船的实际需要来确定。

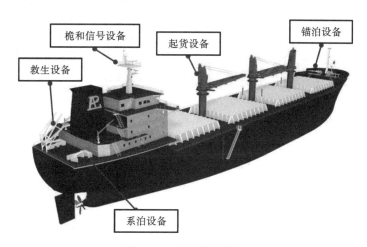

图 6.26 各类舱面设备

6.6 上甲板上层建筑的布置

一般来讲,上层建筑是上甲板以上各种围蔽建筑物的统称。上层建筑可以用来设置各种用途的舱室,例如生活舱室、工作舱室、储藏室和机电设备舱室等。

在总布置设计中,对上层建筑的区划与布置是指对其形式、尺度、层数、外部造型的确定及内部各舱室的划分和布置等多方面的工作。

6.6.1 上层建筑的主要形式

上层建筑主要有船楼和甲板室两种。

船楼是指在上甲板上伸至两舷,或距舷边的距离小于4%船宽的上层建筑。依其在长度方向上位置的不同,船楼又可分为首楼、尾楼及桥楼,见图6.27。

图 6.27 船楼

因船楼与主体有同样宽度,故增加了内部容积和有利于舱室布置。如果船楼的结构强度和封闭条件符合载重线公约关于封闭上层建筑的条件,则船楼作为储备浮力对稳性有一定的贡献,从而有助于提高船的安全性。

甲板室是指侧壁从船两舷向内缩进,船侧留有外走道的上层建筑,见图6.28。外走道的设置,便于人员在甲板上首尾通行和上下船,还有利于乘客观赏风光。

图 6.28 甲板室

6.6.2 上层建筑布置的一般原则

船舶上层建筑的布置应根据船的使用要求和特点来确定。下面就设计时的一般原则做简单说明。

(1) 首楼的布置。首楼的设置主要应考虑船迎浪或斜迎浪航行时减少甲板上浪的程度。甲板上浪严重将威胁到甲板上船员、设备和甲板开口封闭装置等的安全。因此,载重线法规对船首的最小高度有明确规定,见式(6-4)。首楼甲板的宽度与长度还应满足锚泊和系泊设备及其他设备布置地位的需要。

$$h_b = \left(6075\left(\frac{L}{100}\right) - 1875\left(\frac{L}{100}\right)^2 + 200\left(\frac{L}{100}\right)^3\right) \times \left(2.08 + 0.609C_b - 1.603C_{wf} - 0.0129\left(\frac{L}{d_1}\right)\right)$$

(6-4)

式中:h_b——船首的最小高度,单位为 mm;

L——船长,单位为 m;

C_b——方形系数;

C_{wf}——前半体水线面面积系数；

d_1——最小型深的85%处的吃水，单位为 m。

首楼可分为长首楼和短首楼，一般运输货船通常设置短首楼，见图6.29。

图 6.29 长首楼和短首楼

短首楼内部一般仅布置锚机控制室、灯间、油漆间、缆索与索具舱、木匠工作室等。某些船舶（例如海洋拖船），为布置舱室需要也有将首楼加长，甚至将首楼与中部上层建筑相连的做法。少数货船为弥补货舱舱容不足，将首楼延长至第一货舱的后端，货舱范围内的首楼空间也用于装货。

对于有较高的首干舷的船和富裕干舷船，在满足相关法规对船首最小高度的要求的前提下，在设计时也可不设首楼，见图6.30。

图 6.30 无首楼

（2）中部与尾部上层建筑的布置。客船及其他需要较大舱室地位的船舶，上层建筑常从中部向首尾延伸相当的长度以满足布置地位的需要（见图6.31），其形式可以是甲板室，也可以是船楼。

图 6.31 中部与尾部上层建筑的布置

海洋调查船及海洋拖船等因其性能及布置地位的需要，常采用自船首延伸至船中后部的长首楼形式，见图6.32。

图 6.32　船中后部的长首楼形式

一般运输货船的上层建筑,除首楼外,通常都设在机舱上面的区域,作为布置船员生活舱室、工作舱室及储藏室之用。上层建筑设在机舱上面的布置容易解决内部通道及电缆、管路的设置问题,能节省地位和造价,也能给船员的工作与生活带来方便。

个别尾机型船或上层建筑高度受限制的船,为改善其驾驶视线,也有在中部或首部另设置短的上层建筑,用于布置驾驶室及船员生活舱室的,见图 6.33。

图 6.33　中部或首部另设置短的上层建筑

(3) 机舱棚的布置。机舱棚位于机舱口上方,机舱口四周有围蔽直通至露天甲板,其上设置有机舱顶盖,见图 6.34。机舱棚顶应高出露天甲板以防风暴天气时波浪海水的侵入。

图 6.34　机舱棚的布置位置

机舱棚设置在其他上层建筑之后,从外观上看,机舱棚可以与其他上层建筑在底部相连形成一个整体,也可与其他上层建筑分离设置,形成独立的上层建筑,见图 6.35。

机舱棚的作用有:方便地吊进和吊出主机、锅炉、其他设备;把机舱围蔽起来,保证机舱的安全;减少机舱的噪声、热气对舱外的影响;有利于机舱的通风采光等。

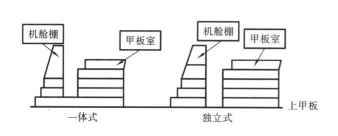

图 6.35　机舱棚布置形式

机舱棚的最小尺度应以能方便地吊机为依据,但考虑到主机、锅炉等大件吊进后一般不再吊出,因此,也可采用先吊进主机、锅炉等大件设备,再安装舱棚的施工工艺。这时舱棚的尺度大小只需供布置某些设备,如日用热水箱、风管、烟道、主机及锅炉的突出部分、格栅及扶梯等,在维修时有便于柴油机吊缸的空间即可,这样可节省空间,缩小上层机舱棚的尺度。

滚装船、尾甲板作业渔船、车辆渡船等船舶,因需要大的尾部甲板地位,故一般不在主机上方设置大的机舱棚。而利用甲板上的可拆船盖来封盖吊进主机的开口,采用尺寸较小的机型以保证主机顶部到甲板之间有必要的维修间隙,在其他部位(如两舷)设置小的舱棚作为进出机舱、吊送物料、配件的通道,见图 6.36。按《规范》规定,机舱应有两个出口。一般在机舱棚左右舷各开一个,此外,还应在轴隧后端设置直通上甲板的逃生口。救生艇甲板上设置整体可拆式天窗用于通风采光。

图 6.36　舷侧机舱棚

(4) 层数与层高。对于上层建筑的尺度,要根据设计船的具体情况结合 6.5 节"上甲板平面空间的规划"所述的各种因素而定。层数与层高则应满足舱室布置和人员活动的需求。一般来讲,大型海船的上层建筑层数在 5 层以上。舱室净高度应在 2 m 以上。当考虑到结构构件(例如甲板纵桁、通风管等)和内装(例如天花板及灯具等)的需要时,上层建筑的层高在 2.5 m 左右。设计时可参考同类型船选取。

(5) 舱室划分。上层建筑各层舱室的划分与布置应根据各舱室的使用要求和特点来考虑。在勾画总布置草图时,一般参考母型船进行初步划分,但应注意结合设计船的特点加以改进。对于主要的生活舱室和工作舱室的具体划分与详细内部布置将在本书的6.8节"生活舱室的布置"和6.9节"工作舱室的布置"中介绍。

(6) 外观造型。船舶作为浮动在水上的建筑物,其建筑的形象很大程度上取决于外观造型,因此造型设计也是总布置设计的一项重要内容。

上层建筑的大小和层数对船的外观造型有直接的影响。一般来讲,总体布局时,除按前述的使用要求去考虑外,还必须根据船的用途、尺度和航速,把主体、上层建筑以及烟囱、桅杆、救生艇等单元体,从总体外观上进行协调研究,以使不同用途的船舶在造型上有各自的特性和风格。例如,大型运输货船可表现出高大雄壮的气势,高速船体现出快捷和灵巧,观光旅游船应给人优美、舒畅的感觉,见图6.37。

图 6.37 船的外观造型

总之,设计造型时,应使船舶主体轮廓鲜明、完整,主次分明并具有稳定向前的动感。各个单体之间要表现出平衡、协调、紧凑。做到整体与局部、局部与局部、主体与单体之间的尺度,由首至尾、自下而上保持匀称,有韵律性和节奏感。此外,船舶外观造型设计还应体现时代精神,在追求外观造型时还应考虑简化造船工艺、降低造价等因素。

6.7 浮态计算与调整

船舶在各种装载情况下的浮态对船舶的快速性与安全性有较大影响。因此,一般需要在完成了总体布局区划后,通过浮态调整工作来保证船舶在各种载况下均有适宜的浮态。

船舶的横倾可以通过将全船重量重心维持在中纵剖面上,来较为方便地避免。因此,本节中的船舶浮态是以首、尾吃水来表示的,首、尾垂线处的吃水差称为船的纵倾值。浮态调整又称纵倾调整。

纵倾调整工作首先要计算出船在各种装载情况下的浮态,然后根据计算结果分析各载况的浮态是否符合要求,如不符合,则需调整总布置,即通过改变各部分重量的纵向分布进行浮态调整,直至符合要求为止。

当然,总布置设计过程中,浮态仅是许多考虑因素之一。为调整浮态而修改总布置时必须注意对其他方面因素的影响。也就是说,这种调整是在可能的范围内进行的。必要时也可以通过修改型线,即改变浮心纵向位置的方法来满足船舶浮态的要求。

6.7.1 船舶浮态要求

船舶装载情况变化,船的浮态也随之发生变化。

如果船舶产生较大首倾,则阻力增加、首甲板上浪,同时尾吃水减少,螺旋桨推进效率降低,并可能发生空泡现象,严重时可导致"飞车";反之,如产生较大尾倾,则首部船底可能出水并产生砰击;在限制航道中行驶可能发生搁浅或触礁。因此,营运船舶在各种装载情况下应有适宜的浮态。

对于一般运输货船,设计中需着重考虑的典型装载情况是:满载出港、满载到港、压载出港和压载到港四种载况。

满载情况的浮态应保证基本平浮或适当尾倾,一般不允许首倾。对于采用尾机型的船舶,为减少管系,油水等消耗品大多位于尾部。这种布置情况下,船舶满载出港时如果正好平浮,则到港时尾部重量减少,船会产生首倾。为克服首倾,通常将满载出港的浮态调整为适当尾倾,使船舶到港时接近平浮。

压载状态的船舶平均吃水较小,为保证螺旋桨浸没于水中,必须有一定的尾倾,但也要保证船首有一定的吃水。一般希望首吃水大于或等于船长的2.5%~3.0%。

6.7.2 船舶浮态计算

浮态计算是在型线设计和总布置设计的基础上进行的,主要的计算依据是:型线图,静水力曲线图,邦戎曲线图,总布置图等。

通常,计算浮态时会一并核算不同载况下的初稳性,因此在计算船舶重量的各个分量时,不但要求取船舶重心的纵向位置,同时也要计算出其重心的高度值。

计算某一装载情况下的浮态一般分两步进行。

第一步,计算装载情况下船舶的重量和重心。

(1) 计算空船重量,确定重心位置。计算方法可参考本书第2章中的相关内容。

(2) 绘制舱室容量图并编制舱容汇总表,作为进一步计算货物、油水舱重量和重心的基础。舱室容量图的具体计算方法可参考本书第3章中的相关内容。

(3) 计算各货舱的货物重量和相应的重心位置。其中货物重量由相应货舱的型容积乘以容积折扣系数后,再根据所载货物类型除以货物的积载因素得出。

(4) 计算包括压载水舱、各油水舱在内的液舱液体的重量和重心位置。其中油、水重量的计算按相应舱室的型容积乘以相应液体的密度和容积折扣系数得出。

(5) 计算人员、行李、食品等项的重量和重心位置。计算方法可参考本书第2章中的相关内容。

(6) 将上述重量和重心的计算结果汇总至"装载情况重量及重心计算表",见表6.4。

表 6.4 装载情况重量及重心计算表

重 量 项 目	重量	重心高度	垂向矩	舯 前		舯 后	
				重心距舯	纵向矩	重心距舯	纵向矩
空船							
货物							
液体							
人员、行李							
食品							
总计							

第二步,计算载况浮态。根据"装载情况重量及重心计算表"求得全船在某一装载情况下的总重量和重心位置后,即可计算该载况下的浮态及初稳性。计算可通过列表方式进行。表6.5中各静水力参数取自静水力曲线计算结果,计算原理可参考《船舶静力学》中的有关内容。

根据计算结果中的首吃水和尾吃水值,即可得到该载况下的船舶浮态。如果不符合要求,则应进行调整,使之达到适宜的浮态。

表 6.5 浮态及初稳性计算表

序号	项目	单位	符号及公式	数值
1	排水体积	m³	∇	
2	排水量	t	Δ	
3	平均吃水	m	d	
4	重心距船中	m	x_g	
5	浮心距船中	m	x_b	
6	每厘米纵倾力矩	t·m	MTC	
7	纵倾值	m	$t = \dfrac{\Delta(x_g - x_b)}{100 \text{MTC}}$	
8	漂心距船中	m	x_f	
9	首吃水变化	m	$\delta d_f = \left(\dfrac{L}{2} - x_f\right)\dfrac{t}{L}$	
10	尾吃水变化	m	$\delta d_a = -\left(\dfrac{L}{2} + x_f\right)\dfrac{t}{L}$	
11	首吃水	m	$d_f = d + \delta d_f$	
12	尾吃水	m	$d_a = d + \delta d_a$	
13	重心距基线	m	z_g	
14	横稳心距基线	m	z_m	
15	初稳性高	m	$GM_0 = z_m - z_g$	
16	自由液面修正值	m	$\delta GM = \dfrac{1}{\Delta}\sum w_i i_x$	
17	修正后的初稳性高	m	$GM = GM_0 - \delta GM$	
18	横摇周期	s	T_g	

6.7.3 船舶浮态调整

一般情况下,浮态的调整以满载出港状态作为基本情况并兼顾到港情况。压载状态通过调整压载水的数量和位置来保证浮态的要求。当满载状态下需要进行浮态调整时,通常采取如下措施。

(1) 考虑改变燃油舱、淡水舱的布局。

油水舱沿船舶纵向位置的移动,可调整船的纵倾。

设一定重量的油水舱在船长方向上移动时,会产生移动力矩,该力矩可使得船舶重心移动一定距离。当油水舱后移时,船舶重心也向后移动,反之,则向前移动。重心移动距离参见下式。

$$\delta x_g = \frac{M_x}{\Delta} = \frac{\sum M_{xi}}{\Delta} = \frac{\sum W_i \cdot x_i}{\Delta} \tag{6-5}$$

式中:δx_g——重心移动距离;

M_x——移动油水舱所产生的总移动力矩;

Δ——排水量;

M_{xi}——移动油水舱 i 所产生的移动力矩;

W_i——油水舱 i 的重量;

x_i——油水舱 i 在纵向上移动的距离。

根据式(6-5),假设油水舱重量为船舶总重的 0.5%,当油水舱向后移动 50 m 时,船舶重心会向后移动 0.25 m。

可见,用调整油水舱的纵向位置来调整满载出港的浮态是有效的。

船舶到港时,由于油、水已消耗掉,因此必须注意消耗的油、水对到港浮态的影响。对于主机功率大、航程远的船,由于油、水储存量大,因此要注意出港和到港浮态变化太大的情况。此时如果将油水舱分别布置在首尾可较好地兼顾出港和到港情况。例如燃油舱布置在尾机舱的前部,淡水舱布置在首部(淡水舱布置在首部增加了管系的长度)。解决到港浮态的另一个常用的方法是用压载水来调整浮态,因为油、水消耗后船的载重量有了调整的余地。

(2) 考虑调整机舱位置。

调整机舱位置和长度对改变浮态效果显著。

这是因为一方面由于机舱重量较大,改变其位置对空船重心 x_g 的影响大;另一方面调整机舱位置也必然改变了货舱的位置,货物重心也改变了。

尾机型船调整机舱位置的最大不利因素是影响到货舱容积。因此,对于机舱长度已缩短到最小尺度、尾尖舱也已为最短长度而货舱容积又偏紧的情况,调整机舱位置就几乎没有可能性。除此以外,其他情况可考虑用改变机舱位置来调整浮态。对于中尾机型船或中机型船,用改变机舱位置来调整浮态是最高效和方便的。

(3) 考虑配置浮心纵向位置。

前面的几种调整办法都在不同程度上影响了原来总布置的合理性,因此只能在一定范围内使用。为了不影响总布置的合理性,另一种有效的调整措施是改变浮心纵向位置,通过适当牺牲快速性来换得总布置上的合理性。由于浮心纵向位置在最佳浮心纵向位置附近适量移动时对快速性的影响很小,所以快速性牺牲不大。因此,当在总布置方面由于种种因素的限制和考虑,难以合理地解决浮态问题时,最直接有效的方法是修改浮心纵向位置,使船舶满足浮态要求。需要指出的是,上述方法对各种类型的运输船、各种装载情况都适用,是常用的方法。

压载状态的浮态调整主要依靠改变压载水舱的位置和数量来实现。

通常货船的首尾尖舱、双层底、散货船的顶边舱和底边舱、双壳体船的舷边舱等处所,除了可作为油水舱以外,还可作为压载舱。对于单壳体又无顶边舱和底边舱的干货船,如果压载舱容不足,也可考虑在船的适当部位设压载深舱。但是这种做法对于货船而言会牺牲货舱容积。如果压载舱容积足够大,可通过改变压载水分布的方法来调整压载状态的浮态。调整压载浮态时,对于压载量较大的大船(如散货船),应特别注意对静水弯矩的影响。因为这类船最大的静水弯矩往往出现在压载状态。此外，调整压载水分布时，一般不允许压载舱使用部分压载，因压载舱不灌满会产生自由液面，对稳性不利。必要时可将大的压载舱划分成小舱，这种做法的不利影响是增加了压载管系和结构重量。

船舶在实际营运中的载况是多种多样的，在调整好满载和压载状态的浮态后，其他装载情况的浮态一般不会有问题，例如半载情况很容易用不同的配载来调整浮态。

需要注意的是，船在航行时有适当的纵倾并非坏事，除非航道水深对船的最大吃水有严格的限制。这是因为大量的船模和实船试验表明，在一定的排水量和航速下，快速性最佳的浮态不一定是平浮，也就是说船在某一纵倾情况下的快速性更好。因此有人建议，新船设计时，对船模进行扩充试验，即进行变排水量、变航速、变纵倾的试验，寻找一定排水量和航速情况下的最佳纵倾条件，以便通过改变装载条件来提高船舶营运的经济性。

对于载重量占排水量百分比小的船舶，一般不需要很大的压载水量。这给利用燃油、淡水及压载水舱来调整纵倾提供了方便。例如客船，其重心通常与机舱位置同向纵移，故合理确定机舱位置可控制船舶纵倾；对于采用固体压载的船舶，变换布置在船底的固体压载的纵向位置可以灵活方便地调整船舶的纵倾。

6.8 生活舱室的布置

在总布置设计时，进行了初步的总体布局区划以后，就要对各种舱室进行划分，并对舱室内部进行布置，同时还要规划全船的通道。舱室的布置与通道的布置密切相关。

当各种船舱、舱室以及通道，划分与布置妥当后，设计船的总体布局才算基本确定下来。

舱室设计的基本要求是在适用、经济的前提下，尽力改善乘员的工作和生活条件，尽量做到舒适、方便和安全，特别是客船更应如此。

舱室和通道的设计必须满足相关法规和规范关于消防及救生的规定。船员和乘客的舱室还应满足我国海事局相关法规的规定。

设计新船时，舱室的布置可参照相关法规，并参考近期建造的同航线母型船来进行。由于各船的用途、档次、吨位大小、航线及乘员人数的不同，实船上实际的生活舱室布置情况会有很大差异，但都必须满足相关法规给出的最低标准。

船上的舱室可分成生活舱室及工作舱室两大类。在本书中，主要参照《国际航行海船法定检验技术规则》和《国内航行海船法定检验技术规则》在"船员舱室设备"和"乘客定额与舱室设备"中的有关规定，来了解海上航行船舶生活舱室布置的基本原则。对于内河航行船舶生活舱室的布置，可另行参考我国《内河船舶法定检验技术规则》做进一步的了解。

6.8.1 船员舱室的布置

船员舱室主要包括船员卧室、船员餐厅、船员卫生处所、船员医务处所、船员娱乐场所等。

船员舱室的布置主要根据船员职务、人数、船舶类型、吨位大小，以及航运公司的习惯、航线、航距等情况而定，相关法规有具体的规定，下面对其中的主要内容做简要介绍。

（1）对船员卧室的规定。

船员卧室一般根据船员等级来布置。

船员一般分高级船员及普通船员两个级别。高级船员是指船上的大副、二副、三副、大管轮、二管轮、三管轮、电机员、事务长以及医生等。普通船员是指除船长、轮机长和高级船员以外的其他船员。

普通船员卧室的最高定员,货船为 2 人一间,客船为 4 人一间,特种用途船允许超过 4 人一间。高级船员卧室一般为一人一间。

通常船员卧室应布置在最高载重线以上船的中部或后部,在条件受限时,卧室可布置在船的前部,但不能布置在防撞舱壁之前。船员卧室还应满足相关法规在"船舶安全"中的相关要求。

一般来讲,船员卧室的甲板面积应不小于表 6.6 中的规定。船员卧室的净高应不小于 1980 mm。

表 6.6 船员人均卧室面积 （单位:m²）

船员级别	总吨位/t		
	1000～2999	3000～9999	≥10000
普通船员（单人间）	3.75	4.25	4.75
普通船员（双人间）	2.75	3.25	3.75
高级船员	6.50	7.50	
客船普通船员	2.35	单人间:3.75;多人间:3.00	

除此之外,相关法规对船员卧室家具也给出了最低要求。典型的舱室布置如图 6.38 所示。

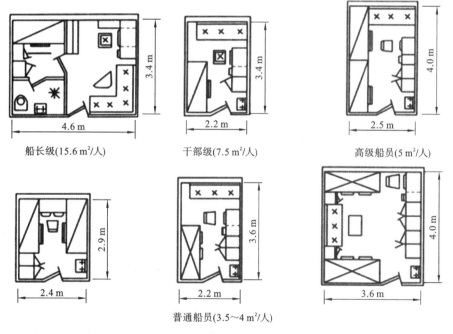

图 6.38 典型的舱室布置

(2) 对船员餐厅的规定。

船员餐厅应与卧室隔开,并尽可能靠近厨房。一般要为高级船员和普通船员分别设置餐厅,条件不允许时,也可仅设 1 间公用餐厅。对后勤部门人员超过 5 人的 5000 总吨以上的船舶,应为其单独设置餐厅。高级船员和普通船员餐厅的甲板占有面积应按可能在餐厅同时用膳的人数来确定,每人不小于 1 m²。

(3) 对船员卫生处所的规定。

等于或大于 1600 总吨的船舶,应分别在驾驶室和机舱人员易于到达的处所设置独立的卫生间。除此之外,应根据船舶吨位配置相应的独立卫生间:等于或大于 5000 总吨,但小于 15000 总吨的船舶,至少在 5 个高级船员的独用卧室内设独用卫生间;等于或大于 10000 总吨,但小于 15000 总吨的船舶,除上述要求外,还应为其他高级船员设独用或两室合用卫生间;等于或大于 15000 总吨的船舶,每个高级船员的卧室应设有独用卫生间。独用卫生间内应配有 1 只抽水大便器,1 只浴缸或淋浴器,以及 1 只有冷热淡水龙头的洗脸盆。如不能满足上述要求,则应按每 6 人或少于 6 人配 1 只大便器和 1 只淋浴器或浴缸,且大便器的配备数应满足:小于 3000 总吨的船舶,至少为 4 只,等于或大于 3000 总吨的船舶,至少为 6 只。

(4) 对船员医务处所的规定。

船员人数超过 15 人,且从事航行的时间超过 3 天的任何船舶,应设置船员医务室。医务室应设有病房。病房至少应设置一张病床。医务室应设有专用卫生间。

(5) 对船员娱乐场所的规定。

每艘船应为高级船员和普通船员提供有适当设备、适宜位置的娱乐场所。当餐厅兼作娱乐场所时,则应为餐厅配备相应的设备。每艘油船及类似船舶应设有 1 间吸烟室。对等于或大于 8000 总吨的船舶,应设有 1 间吸烟室或 1 间能看电影或电视的图书室。如有可能,应提供 1 个游泳池。

6.8.2 客舱的布置

客舱一般是指设有固定座位或铺位,专供乘客休息的舱室。客舱的布置需要考虑客船种类和客舱等级等因素,相关法规中有具体规定。

客船分类和客舱等级在本书 3.9 节"客船的布置地位"中,已经有详细介绍。在本节中,进一步对单个客舱布置的相关规定做简要介绍。

(1) 对客舱净高度的规定。

客舱净高度,即自舱室地板上表面向上量至天花板下表面的垂直距离,若无天花板则量至横梁下缘,应不小于 2.1 m。对设置单层铺的客舱,客舱净高度应不小于 1.9 m。

(2) 对客舱尺度的规定。

每间客舱的纵横尺寸,不仅要满足最小面积的要求,而且要结合家具的配置、床铺的安排来考虑。具体设计时,应先对不同等级的典型客舱进行布置,再扩展到各区域的客舱进行布置。上层建筑内客舱的分隔壁可以是轻型木作结构,可不位于肋位上。

表 6.7 中给出了国内航行海船的乘客铺位最小尺度和乘客铺位最小高度的规定,可供参考。国际航行海船的乘客铺位要求与国内航行海船中的第一类客舱的要求相同。

表 6.7 乘客铺位的最小尺度

项 目		第 1 类客船/m	第 2、3 类客船/m
床铺的长度和宽度(量自床架内缘)		1.90×0.70	1.90×0.70
双层铺位设置的高度	自甲板地板上表面量至下层铺板的下表面	0.30	0.30
	自下层铺板下表面量至上层铺板的下表面	0.90	0.85
	自上层铺板下表面量至天花板下表面或横梁下缘	0.90	0.85

6.8.3 乘客公共处所与服务处所的布置

乘客公共处所与服务处所一般包括厨房、餐厅、粮食库与食物库、行李舱与卧具室、休息与娱乐处所等。对乘客公共处所与服务处所的布置，相关法规有具体的规定。

(1) 对厨房的规定。

厨房应尽可能设在靠近餐厅处，尽可能远离厕所、医务室、浴室等处所，避免设置在高温处所之上。厨房的面积应根据客船类别、乘客人数及服务的制度而定。

(2) 对乘客餐厅的规定。

在国际航行客船和第 1、2 类国内航行客船上应设置乘客餐厅。乘客餐厅所能容纳进餐的乘客人数，以及每位乘客所占有的甲板面积应满足表 6.8 中的最低要求。

表 6.8 每位乘客所占有的甲板面积

船舶类型	每批进餐乘客人数占总乘客人数的比例	平均每位乘客所占有的甲板面积/m^2
第 1 类国际航行客船	40%	1.0
第 2 类国际航行客船	25%	0.8
第 1 类国内航行客船	25%	0.8
第 2 类国内航行客船	20%	0.8

餐厅内的餐桌及座椅应可靠地固定在甲板上，椅子可为转动式座椅。餐桌的宽度，对向而坐的应不小于 0.6 m，同向而坐的应不小于 0.4 m，每一位乘客座位所占餐桌的长度应不小于 0.5 m。

(3) 对乘客休息室和娱乐室的规定。

第 1 类国际航行客船应设有乘客休息室和娱乐室，建议设置游泳池和儿童游戏室。第 2 类国际航行客船和第 1、2 类国内航行客船应设有乘客阅览室。休息室、娱乐室和阅览室的门应向外开，并应有良好的通风和照明设备。

6.8.4 乘客卫生处所的布置

乘客卫生处所一般包括盥洗室、厕所和公共浴室等。乘客卫生处所最好上下层对齐，并尽可能布置在一舷，以简化管路，方便管路设计。对乘客卫生处所的布置，相关法规有具体规定。

(1) 对乘客公共盥洗室的规定。

各类客船均应设置公共盥洗室。乘客公共盥洗室应与船员的盥洗室分开设置。客船的公共盥洗室应与公共厕所分开设置。乘客公共盥洗室水龙头的数目按乘客人数而定。

(2) 对乘客厕所的规定。

客船上应设置足够数量的乘客厕所，男女乘客厕所应分开设置，乘客厕所应与船员厕所分开设置。各层甲板上的厕所应尽可能布置在同一垂直区域，一般不应把厕所设置在厨房之上，也应尽量避免设在餐厅、粮食库、食物库及居住舱室上面。厕所的布置应保证厕所的异味不至于透入邻近居住舱室、公共处所、粮食库、食物库和医务处所。厕所中每个被分隔的大便器所占面积应不小于 0.8 m^2。男厕所内应设有小便器或小便槽，小便器的间距不应小于 0.6 m。

(3) 对乘客公用厕所的规定。

除舱室内专用的厕所外，客舱内还应根据乘客人数设置公用的男女厕所。其数量一般不应小于表 6.9 中的规定。

表 6.9 厕所数量标准

乘客总人数	至少应设置的大便器数量(个)
不超过 500 人	乘客人数/40
500 人以上至 1000 人	$13 + \dfrac{乘客人数 - 500}{60}$
1000 人以上	$21 + \dfrac{乘客人数 - 1000}{80}$

注：计算大便器数量时，如有小数，按四舍五入计算。

(4) 对乘客公共浴室的规定。

第 1、2 类国内航行客船，除舱室内专用的浴缸或淋浴器外，尚应设置公用的淋浴器，其最低配备标准应不小于表 6.10 中的规定。

表 6.10 淋浴器配备标准

客船种类	客舱等级	
	2 等客舱(淋浴器)	3、4、5 等客舱(淋浴器)
第 1 类客船	每 40 人设 1 个	每 80 人设 1 个
第 2 类客船	以乘客总人数计算，每 80 人设 1 个淋浴器	

注：(1) 航行于炎热海区的客船，建议适当增设浴缸或淋浴器。
(2) 1 等客舱内应设浴室，2 等客舱可根据营运需要设浴室。
(3) 如单独的舱室设有专用浴室，该舱室的乘客人数可不计入乘客总人数内。

船上至少应有男女浴室各 1 间。盆浴室的面积应不小于 2.5 m²。有更衣室的单独淋浴室的面积应不小于 1.6 m²。当在一个浴室内设有几个淋浴器时，每个淋浴器应以不透水的隔板分隔，且每个淋浴器占用的地板面积应不小于 0.8 m²，另应设有存衣柜。

6.8.5 乘客医务处所的布置

乘客医务处所的布置，相关法规有具体规定。

(1) 对医务室的规定。

国际航行客船和第 1 类国内航行客船上应设置乘客医务室，医务室由诊疗室、药房及病房组成。医务室宜布置在船的中部，以利于乘客就医。第 1 类国内航行客船可根据需要配备医生或护士。第 2 类国内航行客船应设诊疗室。第 3 类国内航行客船应备急救药箱。病房应设单独的卫生间。病房应有单独的出入口。病房、诊疗室和药房的门的宽度应不小于 0.8 m。病床的尺寸应不小于 2 m×0.8 m，病床的布置应尽可能使其两边均有通道。

(2) 对病床数的规定。

第 1、2 类国内航行客船上的病床数应符合表 6.11 中的规定。

表 6.11 病床数规定

乘客总人数	第 1、2 类客船上应设置的病床数(张)
不超过 300 人	1
300 人以上至 500 人	1
500 人以上至 750 人	2
750 人以上至 1000 人	2
1000 人以上	3

需要注意的是,除上述舱室外,视各船的具体情况和用船单位的要求,还需设置其他用途的一些舱室。例如,粮食库与食物库,行李舱与卧具舱,为乘客生活服务的商店、俱乐部、健身房、洗衣室和烘衣室等,以及货船常设的码头工人休息室等。

6.9 工作舱室的布置

船上的工作舱室分属于不同的部门,可主要分为甲板部和轮机部,客船一般还设有业务部。其中:甲板部工作舱室主要有驾驶室、海图室、报务室、蓄电池室、充电机室、船员办公室、理货室、货油控制室、油漆间、木工间、水手长储藏室、缆索间等;轮机部工作舱室主要有机舱集控室、舵机舱、应急发电机室、应急消防泵舱、应急消防控制室、CO_2 室、液压泵舱/甲板机械控制室、机修室、分油机室、乙炔瓶及氧气瓶室、船员或机舱部办公室、电工电控室、电缆/风管围阱、空调机室、计程仪和测深仪围阱等;客船的业务部工作舱室主要有客运办公室、民警办公室、值班室及广播室等。

以上工作舱室中,主要的工作舱室包括驾驶室、海图室、报务室、应急发电机室、应急消防泵舱、CO_2 室等。结合相关法规和规范的规定,本节将对上述主要工作舱室的基本布置原则做简要介绍。对于其他工作舱室的布置,可依据相关法规和规范的要求,根据其设施特点和工作要求参考近期母型船进行布置。

【问题 6.8】 船上的工作舱室分属于不同的部门,但不大可能属于下面的哪个部门?
(A) 甲板部　　(B) 轮机部　　(C) 人事部　　(D) 业务部
【答案】 C。

6.9.1 驾驶室

驾驶室一般都位于最上层驾驶甲板上。

如图 6.39 所示,驾驶室横向一般不通到两舷,留着的两舷驾驶甲板,用于驾驶员瞭望观测。驾驶室两边设有扶梯通往罗经甲板,为保证驾驶员的视野,驾驶室的窗应尽可能大些,窗框尽可能细些,并应在船体中心线上开一扇窗。驾驶室中应有通往海图室的门和到报务室的便捷通道。

SOLAS 对驾驶室的可视范围有如下主要规定。

(1) 对盲区长度的要求。

从驾驶位置上所见的海面视域,在所有吃水、纵倾和甲板上载有货物的状态下,自船首前

图 6.39 驾驶室

方至任何一舷 10°范围内,均不应有超过两倍船长或 500 m 中的小者的盲区,见图 6.40。

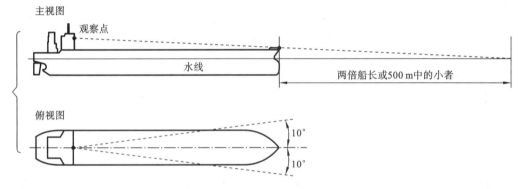

图 6.40 对盲区长度的要求

(2) 对盲视扇形区域的要求。

在驾驶室外正横前方从驾驶位置所见的海面视域内,任何由货物、起货装置或其他障碍物造成的盲视扇形区域的角度,应不超过 10°。盲视扇形区域的总角度不应超过 20°。

在盲视区之间的可视扇形区域角度应至少为 5°。但在自船首前方至任何一舷 10°范围内,每一单独的盲视区均应不超过 5°,见图 6.41。

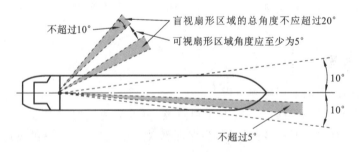

图 6.41 对盲视扇形区域的要求

(3) 对水平视域的要求。

首先,从驾驶位置上所见的水平视域应延伸为一个不小于 225°的扇面,即从正前方至船舶任一舷不小于 22.5°的正横后方向。

其次,从每一驾驶室翼桥所见的水平视域应延伸为一个至少为225°的扇面,即从船首另一侧至少45°经正前方,然后从正前方经180°至船舶相同一舷的正尾方。

最后,从主操舵位置所见的水平视域应延伸为一个从正前方至船舶每一舷至少60°的扇面,见图6.42。

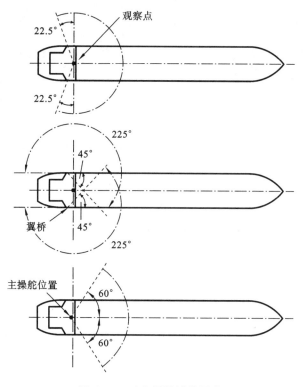

图 6.42 对水平视域的要求

【问题 6.9】 布置驾驶室时,一般应当满足下面哪项要求?
(A)布置在最上层甲板上 (B)横向通到两舷 (C)尽可能保证视野 (D)设置报务室
【答案】 C。

【问题 6.10】 简述 SOLAS 对驾驶室可视范围三个方面的要求。
【答案】 第一,对盲区长度的要求。第二,对盲视扇形区域的要求。第三,对水平视域的要求。

6.9.2 海图室

海图室一般设在驾驶室后紧邻着的右舷。室内设置海图桌、航海资料文件柜、测位仪表等。面积一般为 $6 \sim 16 \, m^2$。小型船舶因地位限制,海图室常设置在驾驶室内,见图6.43。

6.9.3 报务室

《规范》对报务室的布置有以下主要规定。

第一,报务室应布置于邻近驾驶室,并在同一层甲板上。如该甲板地位有限,则不得低于救生艇甲板。

第二,报务室的发信天线引出线应直接通向露天甲板,小于500总吨的货船除外。

图 6.43 海图室

第三,报务室的总面积,至少应为家具及无线电设备所占面积的 2 倍,高度应不小于 2 m,小于 500 总吨的货船除外。

第四,报务室应设置两扇门。一扇顺船前进方向直接开向露天甲板,另一扇通向内走道。或设置一扇门和一扇应急逃生窗。

第五,报务室通向内走道的门上,应在离甲板 500 mm 处,设置 400 mm×500 mm 的应急出口,应急出口应便于从室内向外打开。

第六,禁止在报务室内居住,小于 500 总吨的货船除外。

第七,报务员工作时的位置应面向船首或船尾。

6.9.4 应急发电机室

《规范》要求客船和 500 总吨以上的货船均应设置独立的应急电源,为满足海损时的用电需求。应急电源可为蓄电池组或发电机组,通常采用后者,小船则多用应急蓄电池。应急配电板等附属设备通常也一起布置在应急发电机室内。应急发电机室的布置有如下要求:

第一,应急发电机室一般应布置在最高一层连续甲板以上,易于从露天甲板到达之处,最终破损平衡水线以上的位置,且不应设置在防撞舱壁之前。但货船,以及在特殊情况下经船级社同意者除外。

第二,任何 A 类机器处所发生火灾或其他事故时,不应妨碍应急电源的使用。应急发电机室尽可能不与 A 类机器处所的限界面相毗邻。

这里的 A 类机器处所,是指装有下列设备的处所以及通往这些处所的围壁通道:

① 用作主推进的内燃机;
② 用作其他用途的合计总输出功率不小于 375 kW 的内燃机;
③ 任何燃油锅炉或燃油装置。

6.9.5 应急消防泵舱

1000 总吨位及以上的客船和 2000 总吨位及以上的货船,为保证任一舱失火时不使所有的消防泵同时失去作用,《规范》规定应设置固定独立驱动的应急消防泵舱。

不在上述范围内的客、货船,作为船级社同意的替代措施,可设置 1 台动力驱动的应急消防泵,该泵应布置在机器处所之外,但不要求固定。

由于应急消防泵的排量和压头均有要求,因此固定应急消防泵的位置应尽可能低些。

6.9.6 CO_2 室

相关法规规定,船上的 A 类机器处所和油船的货油泵舱、1000 总吨位及以上的客船和 2000 总吨位及以上货船的装货处所均应设置固定式灭火系统。

固定式灭火系统有气体灭火系统、高倍泡沫灭火系统和压力水雾系统三种,使用中可任选一种,目前通常采用的是 CO_2 气体灭火系统。

CO_2 气体灭火器是将液态 CO_2 储存在钢瓶内的灭火器材。储存液态 CO_2 钢瓶的储存室称为 CO_2 室或灭火站室。

CO_2 室应位于船上较安全和随时可到达的地方,应能从开敞甲板进入,并必须与被保护处所分开,通常布置在艉室或上甲板专门的房间内,绝不可布置在人员生活区。

6.10 通道的布置

民用运输船舶上的通道主要包括人行通道和货物通道。

货物通道的布置涉及一系列与货物装卸和运输有关的设备,例如舱口盖和滚装设备等。可以参考相关的设计手册和书籍。

本节主要介绍人行通道的布置。人行通道可分为室内通道和室外通道。人行通道布置的基本原则是满足使用和安全要求,符合相关法规和规范的规定,使得通行便捷并节省布置地位。

在本节课程中,主要参照《国际航行海船法定检验技术规则》和《国内航行海船法定检验技术规则》在"船舶安全"和"乘客定额与舱室设备"两篇中的有关规定,来了解人行通道布置的基本原则。

6.10.1 室内通道的布置

室内水平通道(即走道)的布置从使用方面看,希望尽量直通,不要迂回曲折。垂直通道中的梯道布置应尽可能上下对齐,扶梯的位置要明显、易寻。通道要分主次,主要通道应宽敞。

对于日常生活所需的通道和入口的布置,《国际航行海船法定检验技术规则》和《国内航行海船法定检验技术规则》在"乘客定额与舱室设备"中有相关的最低要求。主要内容如下:

(1) 客船的通道与入口的布置应保证各舱室的乘客易于从其居住舱室进出,各舱室的乘客易于到达露天甲板,遇有紧急情况,各舱室的乘客易于到达救生艇登乘甲板乘客集中站。

(2) 由固定舱壁所围蔽的每个乘客居住处所应设置供乘客上下的扶梯,扶梯数及宽度应按该处所乘客人数而定,并应按上下两层甲板中载客较多的一层甲板的乘客人数配置,表6.12中给出了其最低要求。

表 6.12 扶梯配置要求

	乘客人数 n	扶梯数	扶梯最小宽度/m
国际航行海船	$n \leqslant 90$	2	0.9
	$n > 90$	2	$[0.9+0.01\times(n-90)] \leqslant 1.8$

续表

乘客人数 n		扶梯数	扶梯最小宽度/m
国内航行海船	n≤100	2	0.8
	101≤n≤150	2~3	0.8~1.0
	151≤n≤200	2~3	1.0~1.3
	n≥200	2~3	1.0~1.5

(3) 扶梯应为钢制或其他等效材料结构。扶梯的倾角(即与地板的夹角),一般应不大于45°,对不设梯道平台的扶梯垂直高度应不大于3.5 m。当扶梯的高度大于1 m时,应设有扶手。梯踏步的垂直间距应不大于0.25 m,踏步的深度应不小于0.25 m,踏步板上应设有防滑装置。

(4) 客船上乘客通道的最小宽度应符合表6.13的规定。位于围蔽处所内的客舱,应沿着有两个出入口并通向露天甲板的通道布置。

表6.13 乘客通道的最小宽度要求

国际航行海船	
通道类型	通道最小宽度/m
露天甲板两舷外通道	1.2
客舱通往露天甲板的通道	1.0
客舱内通道50人及以下	0.8
客舱内通道50人以上	1.0
乘客铺位之间的通道	0.8

国内航行海船		
通道类型	第1类国内航行海船通道最小宽度/m	第2、3、4类国内航行海船通道最小宽度/m
露天甲板两舷外通道	1.2	1.0
客舱/公共舱室通往露天甲板的通道	1.0	1.0
客舱/公共舱室内通道50人及以下	0.8	0.8
客舱/公共舱室内通道50人以上	1.0	1.0
乘客铺位之间的通道	0.8	0.8
乘客座椅之间的通道(同向而坐)	—	0.5
乘客座椅之间的通道(对向而坐)	—	0.75

(5) 上甲板以下的客舱通向露天甲板的出入口,应设置在上层建筑或甲板室内的通道处,如果出入口直接通向露天甲板时,则应在出入口处设置围蔽室,该围蔽室的出入口应朝向船尾。其净高度不得低于1.85 m。

通道的设计除了要满足人员平时的出入需要外,还必须满足相关法规关于脱险通道布置的要求。当船舶发生火灾时,脱险通道对人员的撤离和消防救援工作具有重要作用。《国际航行海船法定检验技术规则》和《国内航行海船法定检验技术规则》在"船舶安全"中对脱险通道的布置给出了详细的规定。主要内容如下:

(1) 一切货船起居处所以及船员经常使用的处所,应有通往开敞甲板继而到达救生艇、筏的脱险通道；

（2）在货船起居处所的各层，每一受限制的处所或处所群至少应有两个远离的脱险通道；

（3）最低的开敞甲板以下的主要脱险通道应是梯道，另一个可以是围壁通道或梯道；

（4）根据处所的部位、性质和使用人数经恰当考虑可例外地免除一个脱险通道。走廊只有一条脱险通道时长度不能超过 7 m。

（5）客船的每一水密舱或主竖区或类似的受限制处所或处所群，至少应有两个脱险通道；

（6）客船舱壁甲板以下处所的两个脱险通道中至少一个不得利用水密门，若对该处所的性质和部位及经常使用的人数有恰当考虑后，也可以免除其中的一个脱险通道，但剩下的一个脱险通道应是主管部门认为满意的安全通道；

（7）在舱壁甲板以上处所的两个脱险通道中至少应有一个是通到形成垂直脱险通道的梯道；

（8）客船每一机器处所以及货船的"A"类机器处所，均应设置两个脱险通道。通道的布置可以有两种方式。一种布置方式是有两部尽可能远离的钢梯，且可通到处所上部同样远离的门，从该门到客船的救生艇、筏登乘甲板或货船的开敞甲板，应有通道，其中一部梯子的通道应有钢质连续防火遮蔽，其下端应设有自闭式门；另一种布置方式为有一部钢质梯子引向上部的一扇门，从该门可以通往登乘甲板，此外，在该处所下部远离钢梯处设有一扇能从两面开关的钢门，由该门到登乘甲板有安全脱险通道。

（9）电梯不能视为一个脱险通道。

6.10.2 室外通道的布置

对室外通道的布置，需要考虑船员到达各处甲板和操作的便捷性。客船还要考虑乘客的游步区域。国际航行船舶还要注意满足相关法规的要求，如澳大利亚码头工人法规。对于室外通道的布置，还有一些具体规定。主要内容如下：

（1）梯子的布置。除了要考虑在各层甲板之间设置斜梯外，还要设置进入各货舱以及空舱、深舱的梯子，见图 6.44。到货舱、空舱及深舱的梯子一般可用直梯，但进入货舱的直梯长度如果超过 6 m，应采用斜梯和直梯的组合梯子。

图 6.44　梯子的布置

（2）考虑船舶在锚地停泊时船员上下船以及引航员的需要，船舶的两舷一般都设有舷梯，见图 6.45。舷梯的长度要考虑在梯的倾角不大于 55°时，梯的下端能到达轻载或压载水线以上 700 mm 处。

图 6.45 舷梯

6.11 舵设备的布置

在 6.2 节至 6.10 节中,通过介绍船舶空间的几何区划、浮态计算与调整、各种船舱、舱室以及通道的划分与布置,了解了船舶总体布局区划的基本原则。

在总体布局区划的基础之上,需要进一步了解船舶总布置设计中的舾装设备布置。

按照舾装部位,船舶舾装设备有外舾装和内舾装之分。外舾装也称甲板设备舾装,内舾装也称舱室舾装。

这些外舾装设备主要包括:舵设备、锚泊和系泊设备、起货设备、救生设备和信号设备等。本节主要介绍舵设备的布置。对于船舶舾装设备更为详细的设计方法与资料需参阅有关的法规、规范、文献和设计手册。

6.11.1 舵的分类

舵设备主要是指舵。舵是实现船舶操纵的主要设备。操舵能使船舶改变航向,把舵置于零舵位则具有稳定航向的作用。舵可以概括地分为普通舵与特种舵,这里主要介绍普通舵。

普通舵都是被动舵,即在相对来流速度作用下才产生舵力和转船力矩,没有相对来流速度也就没有舵效。

普通舵可以根据不同特点进行分类。根据舵的支承情况,分为多支承舵、双支承舵、半悬挂舵和悬挂舵四种,见图 6.46。

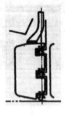   

多支承舵　　　双支承舵　　　半悬挂舵　　　悬挂舵

图 6.46 不同支承情况下舵的类型

根据舵的剖面形状,可分为平板舵和流线型舵。

根据舵杆轴线在舵宽度上的位置可分为不平衡舵、平衡舵和半平衡舵(即半悬挂式半平衡舵),见图 6.47。

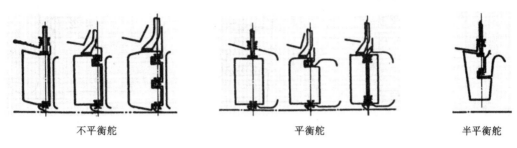

不平衡舵　　　　　　　平衡舵　　　　　　　半平衡舵

图 6.47　不同舵杆轴线下舵的类型

6.11.2　舵形式的选择

舵形式的选择与船舶的用途、大小和船尾型线有关。

一般而言,悬挂式平衡舵适用于中小型船舶,尤其适用于双桨双舵船。双支承平衡舵常用于一般运输船舶。直接处于舵柱后的双支承或多支承不平衡舵常用于破冰船,一般运输货船大多不设舵柱。与挂舵臂构成组合体的半平衡舵常用于中高速集装箱船和双桨油船及货船。

从舵与船尾型线配合来区分,双支承以及多支承舵的船尾型线是闭式尾框,悬挂式和半悬挂式舵对应的船尾型线是开式尾框。

【问题 6.11】　在选择舵的形式的时候,一般与下列哪个因素的关系不大?
(A)船舶的用途　(B)船舶的大小　(C)船舶的尾型线　(D)船舶的首型线
【答案】　D。

6.11.3　舵的形状参数

舵可以作为小展弦比的机翼,其形状可用表征机翼的参数表示,见图 6.48。舵的形状参数的选择需要考虑的主要要素有:舵面积,舵的外形,展弦比,平衡系数,厚度比和舵剖面等。

(1) 舵面积。

舵面积是指未转动的舵叶轮廓在中纵剖面上的投影面积。

舵面积需根据船型和操纵性要求来选择。常用的方法是根据大量实船统计资料来选择舵面积,或者按经验/半经验公式来估算舵面积。

$$A_R = \mu L d \tag{6-6}$$

式中:A_R——舵面积;
　　μ——舵面积系数;
　　L——船长;
　　d——吃水。

在用实船统计资料估算舵面积时,船长常用船体垂线间长 L_{pp},吃水常采用设计吃水 d。

除此之外,常见的舵面积确定方法还包括:按经验/半经验公式计算、根据图谱估算、按母型船操纵性指数估算等。详细的方法可参考《船舶设计实用手册》等相关资料和文件。

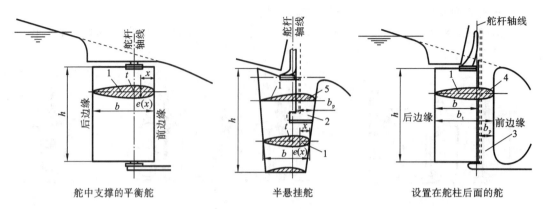

图 6.48　舵的形状参数

h—舵高；b—舵宽（弦长）；t—剖面的最大厚度
1—舵剖面；2—挂舵臂；3—舵柱；4—舵柱剖面；5—挂舵臂剖面

(2) 舵的外形。

舵的外形主要考虑舵的强度以及与船尾部形状相配合来确定。

舵的外形主要有矩形和梯形两种，见图 6.49。矩形舵构造简单，双支承舵大多采用矩形。悬挂式和半悬挂式舵的舵杆所受弯矩大，梯形（上宽下窄）舵可减小舵杆的弯矩，因此悬挂式和半悬挂式舵大多采用梯形。

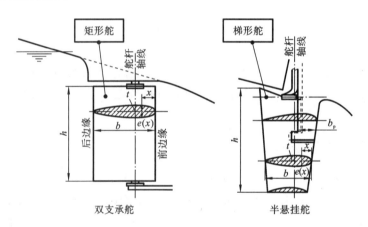

图 6.49　舵的外形

舵的外形可以用舵高和舵宽来表征。其中：舵高 h 为沿舵杆轴线方向，舵叶上缘至下缘的垂直距离；舵宽 b 为舵叶前、后缘之间的水平距离。对矩形舵，舵宽 b 即各剖面弦长，对非矩形舵可用平均舵宽 b_m 表示。

(3) 展弦比。

展弦比指舵高与舵宽之比值。展弦比是决定舵流体动力性能的主要参数。通常，平面舵的展弦比在 1.8 以下，有舵柱的不平衡舵和带挂舵臂的半平衡舵的展弦比通常为 1.5～2.4。

展弦比大的舵，在失举角前同样的舵角下，升力系数比展弦比小的舵要大，舵效好。在一定的舵面积下，展弦比的选择受船尾框尺寸的限制。

(4) 平衡系数。

平衡系数又称平衡比，指舵杆轴线前的舵面积与整个舵面积的比值。对不平衡舵（见图

6.50),舵杆轴线在舵的导缘,平衡系数等于零。

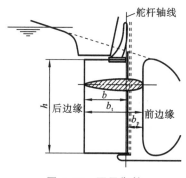

图 6.50 不平衡舵

平衡系数选取的原则是尽可能减小舵杆扭矩,降低舵机功率,并要考虑正航小舵角和大舵角以及倒航工况最大扭矩的匹配,使不同工况的扭矩相差不太悬殊。一般情况下,平衡系数为 0.25～0.27,小船的人力舵平衡系数为 0.19～0.21,高航速船的平衡系数为 0.27～0.32。

(5) 其他参数。

除了上述形状参数外,与舵的强度和水动力性能相关的形状参数还包括厚度比 t/b,指舵剖面的最大厚度与舵宽的比值;舵剖面指与舵杆轴线垂直的舵叶剖面。对沿高度方向厚度不变的矩形舵,在整个高度方向其剖面是一样的,见图 6.51。

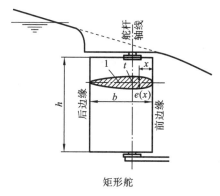

图 6.51 舵的其他参数

h—舵高;b—舵宽(弦长);t—剖面的最大厚度;1—舵剖面

【问题 6.12】 选择舵的形状参数时,需要考虑的主要因素有哪些?
【答案】 舵面积、舵的外形、展弦比、平衡系数、厚度比和舵剖面等。

6.11.4 舵的数目及安装位置

舵的数目取决于船型和航行情况,与螺旋桨数目有很大关系。

普通单桨船大多采用单舵,并置于桨尾流区域内,当船的吃水及舵高受到限制而又需要较大的舵面积以保证足够的操纵性能时,可采用单桨双舵,甚至单桨三舵。

双桨船上,采用置于双桨后方的双舵可提高舵效,当需要舵面积较大而舵高又受限制时,可用双桨三舵。我国长江中下游大中型客货船上有采用双桨单舵者,航行中也具有满意的操纵性。

舵的位置应与桨和船尾线型良好配合,以保证:
(1) 螺旋桨有通畅的来流,供水充足;
(2) 舵能充分吸收桨尾流的动能,把它转化为推力和舵法向力;
(3) 舵上缘与船底间隙足够小,可利用边界效应提高舵效;
(4) 使桨、舵有效地受到船体遮蔽保护,以避免损伤。

一般船舶的舵均布置于船尾螺旋桨的尾流中。此时,舵可利用螺旋桨尾流来提高舵效,同时舵也可起到整流作用,从而改善推进效率。

舵的下缘一般不宜低于基线,以防船搁浅时舵被碰坏,也不宜高于螺旋桨盘面的最低点,以便充分利用螺旋桨尾流。舵的上缘也尽量接近船尾底部,以降低舵杆弯矩,并减少舵上缘的绕流,从而提高舵效。

6.12 锚泊和系泊设备的布置

锚泊和系泊设备是船舶运营必不可少的舾装设备,需在总布置设计中加以考虑以满足要求。

6.12.1 锚泊设备概述

锚泊又称抛锚系留,是船舶的一种停泊方式。根据船舶使用要求,锚泊设备主要可以分为三种:一是航行锚泊设备;二是定位锚泊设备;三是深海系留锚泊设备。

航行锚泊设备又称为临时锚泊设备,供船舶在锚地、港口或遮蔽水域内等待泊位或潮水时临时停泊之用。因此,航行锚泊设备并非设计成供船舶在恶劣天气时处于完全开敞的远离海岸的水域中,或在行进或漂移中系住船舶之用。在上述条件下,船舶,特别是大型船舶上的锚泊设备所承受的巨大负荷,会使得设备的某些部件损坏甚至丢失。

定位锚泊设备和深海系留锚泊设备是在作业时需要控制船位,需要根据作业水域水深和环境条件配备的专用的锚泊设备。定位锚泊设备和深海系留锚泊设备需要根据计算得到的风、海流及波浪等环境力的大小来进行设计。涉及风、浪、流载荷的计算,本书不展开介绍,详情可参考相关的文献和设计手册。

对于民用运输船舶,主要考虑的是航行锚泊设备。在设计中,航行锚泊设备的选择与布置需要满足《规范》的最低要求。

按在船上所处的位置,锚泊设备又可分为首部锚泊设备和尾部锚泊设备。民用运输船舶一般不设尾部锚泊设备。锚泊设备一般是由锚、锚链、锚链筒、导链滚轮、掣链器、起锚机、锚链管、锚链舱和弃锚器等组成,见图6.52。

其中,锚的种类繁多,通常根据锚的构造特征可分为转爪锚和固爪锚,两者又可分为无杆锚和有杆锚,见图6.53。

各种类型的锚各有特点,设计中应根据不同船舶对锚的要求来选用。有关各种锚以及锚链的特点可参阅船舶舾装设计书籍和舾装设计手册。

6.12.2 系泊设备概述

系泊具有多种形式,一般包括码头系泊,连接到相邻船旁的旁靠系泊,连接到单浮筒或者结构架上的单点系泊,以及连接到多个浮筒上的多浮筒系泊等,见图6.54。系泊设备主要包括缆桩、系缆索(或称系船索)、导缆器、导缆孔和绞缆机等。

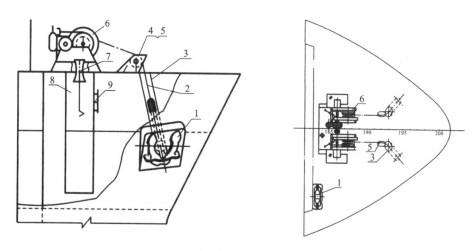

图 6.52 锚泊设备
1—锚；2—锚链；3—锚链筒；4—导链滚轮；5—掣链器；6—起锚机；7—锚链管；8—锚链舱；9—弃锚器

霍尔锚（无杆转爪锚）　　丹福斯锚（有杆转爪锚）　　史蒂芙夏克锚（无杆固爪锚）　　单爪锚（有杆固爪锚）

图 6.53 各种类型的锚

旁靠系泊　　　　　　　　单点系泊　　　　　　　　多浮筒系泊

图 6.54 系泊类型

6.12.3 舾装数

在航行锚泊设备的设计中，需要首先计算舾装数 N，然后再根据船级社规范的要求，来确定首锚质量和数量以及首锚链直径和长度的最低标准。

对于系泊设备设计，各国船级社规范一般还会根据舾装数 N，给出拖索长度和破断载荷，系船索根数、长度和破断载荷的参考值。

需要注意的是，在 2018 年的中国船级社《钢质海船入级规范》中，不再给出系船索的相关参考值，可参考其他国家船级社的规范，例如，2019 年的 DNV-GL 规范。

因此，在锚泊设备和系泊设备的布置中，需要首先考虑舾装数的计算。舾装数是一个根据计算得到的表征满载船舶在海上受到风、海流等载荷大小的数值。舾装数越大，船舶在海上可能受到的风力、海流力等就越大，为此要配备更重的锚，更粗更长的锚链和系缆绳等，以及相应的带缆桩之类的辅助设备。

目前，各国船级社的规范多采用国际船级社协会提出的舾装数计算公式。

需要指出的是，提出该舾装数计算公式时的基本假设是：水流速度最大为 2.5 m/s，风速最大为 25 m/s，相应抛出的锚链长度与水深之比在 6～10 倍的范围内。对于船长大于 135 m 的船舶，该公式的基础假定变为：最大水流速度为 1.54 m/s，最大风速为 11 m/s，最大有义波高为 2 m。而且假定在正常情况下，一艘船舶一次仅用一只首锚及锚链，并且假定根据该公式计算结果所配置的锚泊设备适用于船舶在良好的锚地底质上系留而防止走锚现象。在不良的锚地底质上，锚的抓力将会明显降低。

根据《规范》规定，如图 6.55 所示，海船的舾装数 N 可以根据船舶夏季载重水线下的型排水量、船宽、从夏季载重水线到最上层舱室顶部的有效高度，以及船舶侧投影面积总和来进行计算，如下式所示：

$$N = \Delta^{2/3} + 2Bh + 0.1A \tag{6-7}$$

式中：N——舾装数；

Δ——船舶夏季载重水线下的型排水量，单位为 t；

B——船宽，单位为 m；

h——夏季载重水线到最上层舱室顶部的有效高度，单位为 m；

A——船舶侧投影面积总和，单位为 m²。

从夏季载重水线到最上层舱室顶部的有效高度 h 根据下式计算：

$$h = f + \sum h_i \tag{6-8}$$

式中：f——船中夏季载重水线至上甲板的距离；

h_i——各层宽度大于 $B/4$ 的上层建筑，在其中心线处计量的层高，见图 6.56。

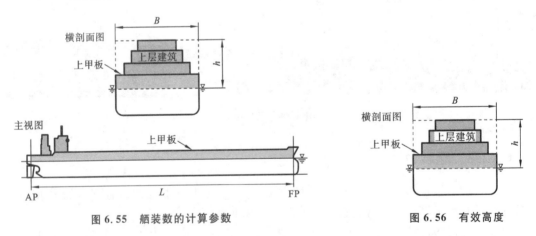

图 6.55　舾装数的计算参数　　　　图 6.56　有效高度

如图 6.57 所示，船舶侧投影面积 A 即水线以上的侧投影面积，根据下式计算。

$$A = fL + a \tag{6-9}$$

式中：f——船中夏季载重水线至上甲板的距离，单位为 m；

a——各层宽度大于四分之一船宽的甲板室的侧投影面积总和，单位为 m²。

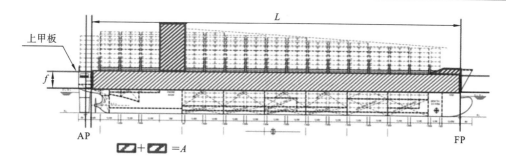

图 6.57 船舶侧投影面积

需要指出的是,在确定船舶侧投影面积时,对于高于 1.5 m 的舷墙,如图 6.58 中阴影所示的面积应计入船舶侧投影面积总和。

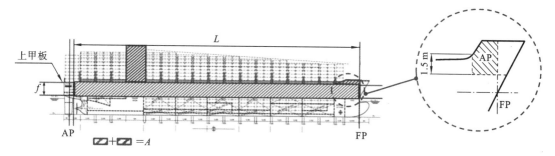

图 6.58 高于 1.5 m 的舷墙

还需要指出的是,为选取拖索和系船索而计算舾装数时,船侧面积应计入甲板上货物的侧投影面积。

6.12.4 锚泊设备布置

一套典型的锚泊设备的组成如图 6.59 所示,包括锚、锚链筒、锚链、掣链器、起锚机、锚链管、弃锚器、锚链舱、转向器、木铺板等。

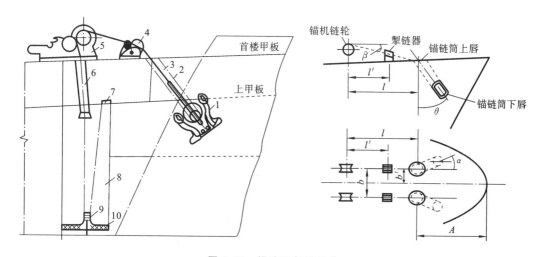

图 6.59 锚泊设备的组成

1—锚;2—锚链筒;3—锚链;4—掣链器;5—起锚机;6—锚链管;7—弃锚器;8—锚链舱;9—转向器;10—木铺板

其中,锚和锚链的相关参数主要根据船舶种类、航区和舾装数的要求来确定。

其他锚泊设备的布置,如图 6.60 所示,一般有以下规律。

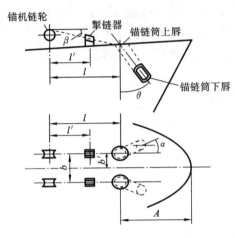

图 6.60 其他锚泊设备的布置

b—锚机链轮中心距;b'—两锚链筒在甲板上开口中心线横向距离的 1/2;A—锚链筒上口离船首端的距离;
l—锚机链轮中心到锚链筒上唇中心的距离;l'—锚机链轮中心到掣链器的距离;θ—锚链筒的竖直夹角;
α—锚链筒与船舶中纵剖面的夹角;β—锚机链轮与锚链筒唇口之连线与水平线的夹角

(1) 两锚链筒在甲板上开口中心线横向距离的 1/2 与锚机链轮中心距之间的关系应满足,当锚链筒与船舶中纵剖面的夹角小于 15°时,前者等于后者的一半,当锚链筒与船舶中纵剖面的夹角大于 15°时,前者等于后者的一半减去 1 到 2 个锚链直径。

(2) 锚链筒上口离船首端的距离取决于前部布置的需要,首部丰满的船,该距离一般为 80 到 90 个锚链直径,首部较瘦削的船,一般为 90 到 110 个锚链直径。

(3) 锚机链轮中心到锚链筒上唇中心的距离一般取 60 到 70 个锚链直径,锚机链轮中心到掣链器的距离可为锚机链轮中心到锚链筒上唇中心距离的一半。

(4) 锚链筒的竖直夹角,对起抛锚,以及锚在收藏位置时离开水线的高度有影响,其竖直夹角一般以 35°到 45°为宜。

(5) 锚链筒与船舶中纵剖面的夹角影响起抛锚阻力,锚链筒越垂直,起抛锚阻力越小,一般取 5°到 15°,最大不超过 20°。

(6) 锚链筒与船舶中纵剖面的夹角以及锚链筒的竖直夹角决定了锚链筒下口距中线的距离,设计时希望这一距离足够大以保证船在反向横倾 4°起锚时,锚爪不能钩住首部底龙骨或撞击壳板。

(7) 另外,还要求锚收起后锚与船壳紧贴。因此,锚链筒位置的最后确定,应根据型线图来做详细校核。现代运输货船大多设有球首,为使锚抛起时锚爪不碰球首,要求锚链筒出口处距船中心有足够的距离。一般双链轮起锚机的布置常不能满足这种要求,因此球首船大多采用单侧式锚机,即 2 只首锚各用一台单侧式锚机。

(8) 锚链筒的长度至少应使锚卸扣在锚爪紧贴船壳时不露出锚链筒外。收藏标准无杆锚的锚链筒长度一般可根据锚重来计算。

(9) 锚链筒的内径一般为 9.5 到 10.5 个锚链直径。

(10) 锚机链轮与锚链筒唇口之连线与水平线的夹角不宜过小,以免造成抛锚困难。

(11) 锚链管的内径大致为 6.5 到 7.5 个锚链直径,布置时应力求竖直并对准锚链舱的中心。

(12) 锚链舱尽可能做成圆柱形,并窄而深,以利于锚链自行盘链堆积。圆形锚链舱的直径可取 24 到 30 个锚链直径。

(13) 锚链舱的容积可按锚链长度及锚链直径而定。例如,每 100 m 长锚链的锚链舱的容积可根据锚链直径按 $(0.00085\sim0.001)d^2$ 立方米进行估算。

【问题 6.13】 根据船舶使用要求,锚泊设备主要可以分为三种,不包括下列哪一种?
(A) 航行锚泊设备 (B) 回转锚泊设备 (C) 定位锚泊设备 (D) 系留锚泊设备
【答案】 B。

6.12.5 系泊设备布置

一套典型的系泊设备如图 6.61 所示,包括三滚轮导缆器、拖索、系缆索、导向滚轮、双滚轮导缆器、拖缆桩、导缆孔、带缆桩、绞盘、绳车。

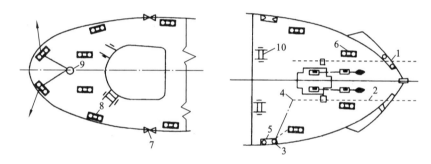

图 6.61 典型的系泊设备
1—三滚轮导缆器;2—拖索;3—系缆索;4—导向滚轮;5—双滚轮导缆器;
6—拖缆桩;7—导缆孔;8—带缆桩;9—绞盘;10—绳车

一个系泊系统是否有效、合理,对船舶、船员、码头和环境的安全是很重要的。如何以最佳系泊方式去抵抗各种外力,这是系泊设备布置中要解决的问题。

首先考虑系缆索的布置,这是系泊设备布置的出发点。

布置系缆索的目的是抵抗从任何方向来的外力。

由于这些外力最终可以被分解成纵向和横向分力,因此把系缆索的布置归结为纵向(即倒缆)和横向(即横缆)两类。在某些系泊模式中,除了倒缆和横缆外还设有首尾缆。

图 6.62 给出了一个典型的系泊模式。

其中首尾缆抵抗纵向力的作用像倒缆,抵抗横向力的作用像横缆。首尾缆在张紧状态下,其纵向分力方向相反,且互相抵消,因此对船舶的纵向约束所起的作用不大。

《规范》给出的系缆索数量是参考值,一般为最低要求,实船常常根据实际情况增加系缆索数量。

首尾需各设一对平行于船体中心线的带缆桩,兼作拖桩用。首部布置在锚机前的外侧,尾部布置在尾甲板绞车的前面。

带缆桩的配置数可参考表 6.14 中给出的值。

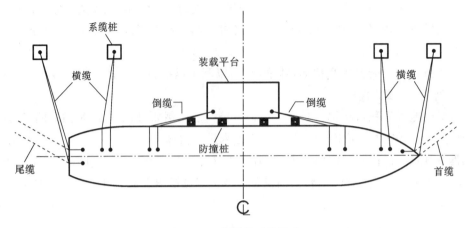

图 6.62 典型的系泊模式

表 6.14 全船各部位带缆桩配置数

船长/m	30～60		60～100		100～150		150 以上	
主上层建筑位置	中部	尾部	中部	尾部	中部	尾部	中部	尾部
首楼甲板(长首楼除外)	2～4	2～4	4	4	4	4	4～6	4～6
上甲板 前部	0～4	0～4	4	4	4	6	4	8
上甲板 后部					4～6			
尾部	2～4	2～4	2～4	2～4	2～6	4	4～6	4～6

对于其他系泊设备的布置,一般应注意以下几点。

(1) 绞缆机械和绳车应作适当安排。首部通常用锚机绞缆卷筒进行绞缆;尾部设绞车或立式绞盘。绳车应设在便于收藏而又不影响系缆操作和效能的部位。

(2) 导缆器和导缆孔的配置应与带缆桩结合考虑,通常每只带缆桩配 1～2 只导缆器,在舷墙处则设导缆孔。小船可采用无滚轮导缆钳,大船则采用带滚轮导缆钳,以减少钢索的磨损。

(3) 导缆器、导缆孔及导向滚轮的布置,应结合绞缆机械卷筒和带缆桩的位置统一考虑,以充分发挥绞缆机械的作用。

【问题 6.14】 系泊有哪三种主要形式?系泊设备主要包括哪些组成部分?

【答案】 旁靠系泊,单点系泊,多浮筒系泊。系泊设备主要包括缆桩、系缆索(或称系船索)、导缆器、导缆孔和绞缆机等。

6.13 起货设备的布置

船舶起货设备又称"船舶起重设备",是指安装在船上用以装卸货物的装置的总称。船舶类型、货种和货舱数目的不同,所配备的起货设备的种类和数量也不同。目前,船舶采用较多的是吊杆起货设备和船用起重机两大类,如图 6.63 所示。

【问题 6.15】 下列哪个因素与确定配备起货设备的种类和数量的因素不直接相关?

(A) 船舶的航速　(B) 船舶的类型　(C) 货舱的数目　(D) 货物的种类

【答案】 A。

图 6.63 船舶起货设备

6.13.1 吊杆起货设备的类型与特点

吊杆起货设备从操作上来说,可分为双杆联吊和单杆吊两种。

单杆操作是用一根吊杆进行货物的装卸,吊杆吊起货物后,拉动牵索使货物随吊杆一起摆向舷外或货舱口,然后放下货物,再把吊杆转回至原位,如此往返作业。装卸时每次都要用牵索摆动吊杆,所以效率低,劳动强度大,如图 6.64 所示。

双杆操作用两根吊杆,一根置于货舱口上空,另一根伸出舷外,两吊杆用牵索固定在某一工作位置上。两吊杆的起货索则连在同一个吊钩上,如图 6.65 所示。

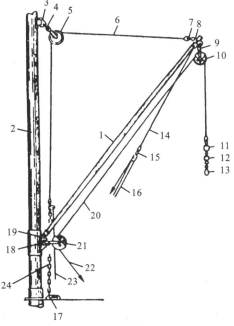 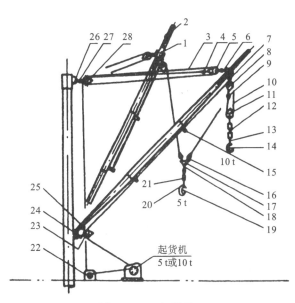

图 6.64 单杆吊

1—吊杆;2—起重柱;3—千斤索眼板;
4,7,9,15—索具卸扣;5—千斤索滑车;6—千斤索;
8—吊杆眼板;10—起货滑车;11—平衡锤;12—转环;
13—吊钩;14—吊杆索;16—吊杆牵索滑车组;
17—千斤索甲板眼板;18—吊座;19—支承转轴;
20—吊货索;21—导向绞车;22—通向绞车的绳端;
23—通向开口滑车的绳端;24—吊杆定位链

图 6.65 双杆联吊

1—吊杆;2—吊杆叉头;3—千斤索;
4,6,7,18—钢索卸扣;5—带绳扣千斤索滑车;
8—带绳扣起货滑车;9,16,27—钢索套环;10—起货钢索;
11—起货绞车;12,21—吊货短链;13,17—三角眼板;
14—单杆作业用吊钩;15—护索环;19—双杆作业用吊钩;
20—吊钩卸扣;22—千斤索绞车;23—吊货索导向绞车;
24—导向滑车叉头;25—吊杆仰角指示器;26—千斤索眼板;
28—千斤索滑车

只要分别收、放两起货钢索,就可把货物从船上卸至码头,或者把货物从码头装到船上。双杆操作的装卸效率比单杆操作高,劳动强度也较轻。

但是,需要注意的是,双杆操作时的起货能力比单杆的小。双杆操作的起货能力一般设计为单杆操作的40%到60%。

根据起货重量,还可以将吊杆起货设备分为轻型吊杆和重型吊杆。轻型吊杆是指起重量不超过10 t的吊杆。重型吊杆是指起重量超过10 t的吊杆,如图6.66所示。

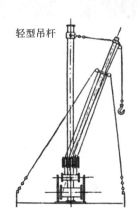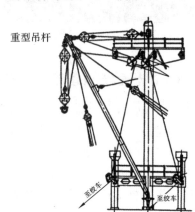

图6.66 轻型吊杆和重型吊杆

吊杆起货设备的主要优点是设备构造简单,初投资较低。但是,吊杆设备所占用的甲板面积和空间相当大,操作复杂,效率低。而且普通吊杆设备的起重量较小,操作不便,不能适应集装箱以及大件货物装卸的要求。

6.13.2 船用起重机的类型与特点

船用起重机有多种类型以适应各种吊运作业的需要。例如,用于散货船、多用途货船和集装箱船的货物吊机(又称甲板吊机);用于油船输油管的软管吊机(又称油管吊机);用于各类船舶的杂物吊机(又称供应品吊机);用于海洋工程作业船舶的吊机;用于散装物料自卸船输送臂的吊机;用于渔船的起网吊机,以及其他专用吊机。

船用起重机的用途极其广泛,几乎涵盖各类船舶和各种船型,是现代船舶不可或缺的重要配套设备之一。

船用起重机按结构类型可分为一般形式回转起重机、单梁移动机、回转行走吊机、折臂回转吊机、伸缩臂回转吊机、悬臂式回转移动吊机、门形行走吊机(见图6.67)和"A"形架吊机等。

船用起重机具有如下优点。

(1) 模块化程度高,占用甲板面积小,布置灵活,安装方便。船用起重机通常将起升、回转、变幅等设备和操控室组装成一体,安装在与船体连接的基座上。该基座的形状和大小可根据设备布置和船体结构的具体情况进行设计并加强。

(2) 起重量大、装卸货物速度快、效率高。船用起重机通过起升、回转和变幅操作,可迅速将吊钩移送到货舱口区域的任意位置,并连续进行吊货作业。同吊杆装置的烦琐作业相比,极大地提高了装卸效率。

(3) 操作便捷,安全可靠。船用起重机的操控室位于吊机顶部塔身,与吊臂一起回转。操控台视野宽广,设有操纵手柄或操纵杆,控制吊机的起升、回转和俯仰,操作简单、安全可靠。配置

图 6.67　悬臂式回转移动吊机和门形行走吊机

便携型操纵器的吊机,操纵人员可随时移动位置,操控货物的吊运,观察更清楚,吊运更安全。

（4）船舶电站工作更安全。船用起重机配置的启动、故障显示和报警系统自动化程度高,与船舶电站的电力载荷问询系统联网后,使船舶电站工作更安全可靠。

船用起重机的这些优点能满足集装箱船及大件货物运输船装卸货物的要求,使得其在20世纪50年代出现以后,得到了飞速的发展,成为现代船舶主要的起重设备之一。

但是,船用起重机也有如下一些缺点。

（1）船用起重机布置位置高,重量大,导致船舶重心升高,对船舶稳性带来负面影响。高大的塔身遮挡驾驶员的视线,对船舶的航行不利。

（2）船用起重机的构造及其系统复杂,自动化程度高,价格昂贵,不但增加了造船的费用,而且提高了维护保养的要求。

（3）船用起重机起货作业时起升、回转和变幅可联动进行,致使耗电功率增加,要求船舶有较大的电站容量。

6.13.3　吊杆起货设备的布置

在配置吊杆起货设备时,主要考虑的因素是起货吊杆的起重量、每一货舱口必需的吊杆数量和合理的吊杆数量,以及吊杆的作业范围等。

第一,考虑起货吊杆的起重量。

载重量1500 t以下的沿海货船的轻型吊杆起重量不超过3 t,起重量1~1.5 t的吊杆用得较广。

无限航区各类散货船,按船舶载重量大小来配备相应起重量的轻型吊杆和重型吊杆。

第二,考虑吊货杆的数量。

各货舱吊货杆的配置,与船舶的用途、装载货物的种类、货舱口尺度和货舱容积有关。

对于载重量不大的近海航行船舶、辅助船舶,如拖船、挖泥船、驳船等,即装载少量机电及化工设备的船舶及吊杆使用机会较少的船舶,每一货舱口上部设置一根吊杆。

通常,载重5000 t到7000 t的货船,每一货舱口设置两根轻型吊杆,既可实行单杆操作,也可实行双杆操作,可保证有效的装卸作业。

在巨型干货船上,货舱口长度超过10 m时,每一货舱口的两端,各设置两根吊杆。

第三,考虑吊杆的作业范围。

对于吊杆装置,一般规定在水平偏角 45°～60°和仰角 30°～45°时,轻型吊杆的吊钩能跨出舷外 3～5 m,重型吊杆的为 5.5～6 m,吊钩至少能达到舱口长的 2/3 范围,吊钩能升到距甲板 6～7m 以上的高度。

6.13.4 船用起重机的布置

船用起重机的类型很多,但无论何种类型的起重机,在配置船用起重机时,都必须满足如下一些基本要求。

(1) 能以额定起吊速度吊起额定负荷;
(2) 能按操作者的要求,方便灵活地装卸货物;
(3) 能按起吊轻货、重货、空钩以及货物着地等不同情况,在较广的范围内调节其速度,且具有良好的加速和减速的特性;
(4) 在起货或者卸货的过程中,能根据需要随时停止,且握住货重。

对于船用起重机主要参数的选择,一般有以下基本原则。

(1) 驱动动力的类型,往往取决于船东的选择;
(2) 起吊能力的大小,主要取决于装卸货物的种类,例如,集装箱船通常选用 36～40 t 的起吊能力,同时也应考虑造价的因素;
(3) 跨度的大小,通常应使得舷外跨距不小于 6 m,同时也要满足舱内装卸的要求。此外还要考虑吊臂的搁置位置。
(4) 起重机的回转、变幅和起货速度等。这些参数在各厂商的产品样本上均已标明,设计者可根据船东的要求选择。

船用起重机通常布置在两货舱间的船体中心线上,可兼顾前、后两舱的货物装卸作业。这种布置的前、后两台起重机可以联吊、装卸重货。

需要注意的是,对集装箱船而言,上述布置不理想,因为在起重机处会影响集装箱的堆装,故开发了细长型起重机,它仅占一个箱位,可以布置在船舷处,如图 6.68 所示。

图 6.68 船用起重机和细长型起重机

【问题 6.16】 目前,采用较多的船舶起货设备有哪两大类?配置这些起货设备的要点是什么?

【答案】 吊杆起货设备、船用起重机。在配置吊杆起货设备时,主要考虑的因素是吊杆的起重量、吊杆的数量、吊杆的作业范围等。在配置船用起重机时,主要考虑的因素有:额定负荷、操作方便灵活、速度可调节、可随时停止且握住货重。

6.14 其他舾装设备的布置

其他舾装设备主要包括救生设备和信号设备等,本节将介绍这两种设备的布置。

6.14.1 救生设备的布置

救生设备是指在船舶遇险时,使船上人员安全迅速撤离船舶并在水上维持生命的专用设备的总称,如图 6.69 所示。

图 6.69 救生设备

船舶救生设备的主要类型如下。

① 救生载具:系指救生艇、救生筏、救助艇及救生浮具等。

② 个人救生设备:系指救生圈、救生衣、救生服、抗暴露服及保温用具等。

③ 视觉信号:系指火箭降落伞信号、手持火焰信号及漂浮烟雾信号等。

④ 存放、登乘、降落与回收设备:系指各类降落设备(包括吊挺架与艇绞车)、救生筏架、登乘梯及海上撤离装置等。

⑤ 抛绳设备:系指抛绳器和抛绳枪(附抛绳)等。

⑥ 通用应急报警系统与有线广播系统。

⑦ 无线电救生设备:系指双向甚高频(VHF)无线电话设备、雷达应答器(SART)以及救生艇筏应急无线电示位标等。

救生设备的配置是按船舶类型、航区、吨位、人数等因素根据现行相关法规的规定来确定的。

救生设备种类繁多,内容庞杂,难以尽述,本节主要对救生载具的配置和布置作简单说明。

(1) 了解救生载具的基本类型。主要包括救生艇、救生筏和救助艇。

救生艇有多种构造与形式,如全封闭救生艇、部分封闭救生艇、耐火救生艇等,其降落方式有吊放式和自由降落式,如图 6.70 所示。

救生筏的构造有气胀式和刚性两种,救生筏的降落方式有抛投式和吊放式,如图 6.71 所示。一般船舶上多数配备的是玻璃钢结构的全封闭救生艇和气胀式救生筏。

救助艇是海上救助的指挥艇,也是值勤救生艇,如图 6.72 所示。救助艇可随时营救落水

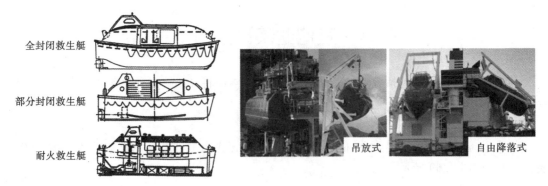

图 6.70 救生艇的多种构造与降落方式

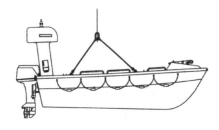
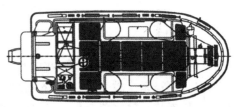

图 6.71 救生筏的构造和降落方式

图 6.72 刚性舷外挂机型救助艇

人员,海难时承担集结和指挥任务。救助艇的配备要求是:货船和 500 总吨以下的客船应至少配备一艘救助艇;500 总吨及以上的客船,每舷至少配备一艘救助艇。若救生艇符合救助艇要求,则可兼作救助艇。

(2) 根据相关法规和使用经验,救生载具一般有如下布置规则。

① 救生艇、筏应布置在尽可能靠近起居和服务处所的地方;乘员集合和登乘的地方应有足够的场地,每人的甲板面积至少为 0.35 m²,通往登乘站的通道、梯道和出口应有足够的宽度。

② 顺船舷吊放降落的救生艇,沿船宽方向应不突出于舷外;沿船长方向,距首端至少保证三分之一的船长。

③ 船尾布置的救生艇应尽可能远离推进器,船长为 80~120 m 的货船,救生艇尾端在推进器之前的距离至少为 1 倍艇长;船长大于 120 m 的货船和大于 80 m 的客船,该距离至少为 1.5 倍艇长,以免艇入水后被螺旋桨水流吸入。

④ 机舱的舷外排水孔应尽可能避开艇的降落位置,否则应设有盖罩,以防排水进入救生

艇内。

⑤ 在安全可行的情况下,救生艇、筏应尽可能存放在靠近水面处。但在满载情况下,船舶在不利纵倾至10°并向任何一舷横倾达20°,或横倾到露天甲板边缘入水角时在登乘位置上的救生艇、筏应离水面不小于2m。

⑥ 船艉降落的救生艇、筏,抛投式气胀救生筏均应配备一具登乘梯,以供船上人员登入降落在水面的救生艇、筏;登乘梯的长度在船舶纵倾至10°并向任何一舷横倾达20°的不利情况下,应可从甲板延伸至最轻载航行水线。

【问题6.17】 简述船舶救生设备的主要类型。

【答案】 救生载具,个人救生设备,视觉信号,存放、登乘、降落与回收设备,抛绳设备,通用应急报警系统与有线广播系统,无线电救生设备等。

【问题6.18】 确定救生设备的配置时,应主要考虑哪些因素?

【答案】 应考虑船舶类型、航区、吨位、人数等因素,根据现行相关法规的规定来确定救生设备的配置。

6.14.2 信号设备的布置

信号设备主要包括号灯、闪光灯、号型、号旗及音响信号等,如图6.73所示。信号设备配置可参考相关法规予以确定,本节主要介绍信号桅和信号灯的布置。

图6.73 信号设备

信号桅是船舶上与信号设备密切相关的装置,主要用于布置信号灯和航行设备天线以及悬挂信号旗和其他信号设备。信号桅的布置有具体的相关规定。

(1) 总长大于等于50 m的船舶应设置前、后桅。前、后桅均应安装在船舶纵中剖面内,前桅距离船首不大于1/4船长,前、后桅的水平距离应不小于船长的1/2,但也不必大于100 m;

(2) 后桅通常设于尾部上层建筑的顶甲板上,该桅除安装各种信号灯以外,还用于安置雷达天线等,因此也称为雷达桅。

海船信号灯布置的一般要求如图6.74所示。其布置的相关具体规定可概括如下。

(1) 总长大于等于50 m的海船,应装置前、后桅灯。前桅灯应装在中线面,距离最上层连续甲板的高度不小于6 m,但也不必大于12 m。后桅灯也应装在中线面上,高度至少应高出前桅灯4.5 m。

(2) 舷灯应尽可能安装在两舷舷侧,左红右绿,一般安装在驾驶甲板两舷处。

(3) 尾灯应在船舶中线面上尽可能接近船尾,通常安装在尾楼甲板后壁或尾部甲板栏杆上。

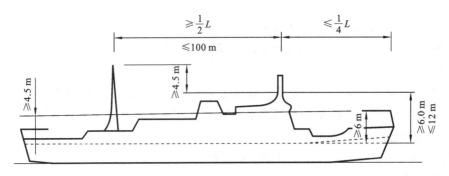

图 6.74　海船信号灯的布置

(4) 首锚灯高度距上甲板应不小于 6 m，尾锚灯比首锚灯至少低 4.5 m。

从号灯布置要求可见，总布置设计中还必须结合信号设备的布置要求来规划前后桅及雷达、无线电天线的位置。

除了上述设备，船舶上的其他主要舾装设备还包括滚装设备、通风设备等，如图 6.75 所示。舾装设备可参考相关法规、规范和设计手册进行布置。

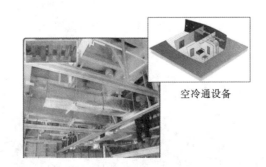

图 6.75　其他主要舾装设备

习　题

6.1　为什么说总布置设计是船舶设计中极为重要的一环？

6.2　总布置设计应遵循哪些基本原则？

6.3　总布置设计包括哪些主要内容？其工作程序如何？

6.4　如何确定水密横舱壁的数目和位置？

6.5　货船采用尾机型布置有哪些优缺点？

6.6　为什么许多船舶都设置了双层底？确定双层底高要考虑哪些因素？

6.7　顶边舱与舷边舱的作用是什么？通常在哪些船上采用？

6.8　简述油、水舱的布置原则。

6.9　何为船舶上层建筑？它通常有哪几种形式？各有何优缺点？

6.10　确定上层建筑尺度应考虑哪些因素？

6.11 草图布置后为什么要进行纵倾计算与调整？如何估算初始设计阶段船舶的浮态？通常，调整船舶浮态有哪些要求？为什么？
6.12 货船纵倾调整的方法有哪些？如何调整客船纵倾？
6.13 简述船舶生活舱室、工作舱室及公共处所的布置原则。
6.14 机舱棚的作用有哪些？如何确定机舱棚的尺度和位置？
6.15 简述船舷梯道与通道的布置原则。
6.16 一艘货船通常有哪些舾装设备？怎样进行选型与布置？

参 考 文 献

[1] 顾敏童. 船舶设计原理[M]. 上海:上海交通大学出版社,2001.
[2] 方学智. 船舶设计原理[M]. 北京:清华大学出版社,2014.
[3] 刘寅东. 船舶设计原理[M]. 北京:国防工业出版社,2019.
[4] 陈顺怀. 船舶设计原理[M]. 武汉:武汉理工大学出版社,2020.
[5] 林焰. 船舶设计原理[M]. 大连:大连理工大学出版社,2016.
[6] 谢云平. 船舶设计原理[M]. 北京:国防工业出版社,2015.